韩喜平 主编

新时代中国精神价值传承

抗美援朝精神

陈松友 等 著

东北大学出版社

ⓒ 陈松友 等 2023

图书在版编目（CIP）数据

抗美援朝精神 / 陈松友等著. — 沈阳：东北大学出版社，2023.11
（新时代中国精神价值传承 / 韩喜平主编）
ISBN 978-7-5517-3457-8

Ⅰ.①抗… Ⅱ.①陈… Ⅲ.①革命传统教育—中国—青少年读物 Ⅳ.①D642-49

中国国家版本馆 CIP 数据核字（2023）第232548号

出 版 者：	东北大学出版社
	地　址：沈阳市和平区文化路三号巷11号
	邮　编：110819
	电　话：024-83680267（社务室）　83687331（市场部）
	传　真：024-83680265（办公室）　83680178（出版部）
	网　址：http://www.neupress.com
	E-mail：neuph@neupress.com
印 刷 者：	辽宁一诺广告印务有限公司
发 行 者：	东北大学出版社
幅面尺寸：	170 mm × 240 mm
印　　张：	13
字　　数：	219 千字
出版时间：	2023 年 11 月第 1 版
印刷时间：	2023 年 11 月第 1 次印刷
责任编辑：	孙德海
责任校对：	汪彤彤
封面设计：	潘正一
责任出版：	唐敏志

ISBN 978-7-5517-3457-8　　　　　　　　　　　　　　　定价：58.00 元

人无精神不立,国无精神不强。一个国家要有精神,它是国本;一个民族要有精神,它是脊梁。习近平总书记强调指出:"精神是一个民族赖以长久生存的灵魂,唯有精神上达到一定的高度,这个民族才能在历史的洪流中屹立不倒、奋勇向前。"在几千年的历史流变中,中华民族生生不息、绵延发展,饱受挫折又不断浴火重生,其中很重要的一点就是我们的民族积淀了自身最深沉的价值追求和精神烙印。习近平总书记指出,"中华民族在几千年历史中创造和延续的中华优秀传统文化,是中华民族的根和魂","中华优秀传统文化是中华民族的精神命脉"。翻开中华民族精神图谱,无数耳熟能详的诗词诠释了中华民族精神脉络的核心内涵,例如:"天行健,君子以自强不息"的奋斗精神,"天下兴亡,匹夫有责""先天下之忧而忧,后天下之乐而乐"的爱国情怀,"人生自古谁无死,留取丹心照汗青""为有牺牲多壮志,敢教日月换新天"的牺牲精神,"鞠躬尽瘁,死而后已"的奉献精神,"苔花如米小,也学牡丹开"的自强精神,"革故鼎新""徙木为信"的创新思想,"老吾老以及人之老,幼吾幼以及人之幼""扶危济困"的公德意识,等等。中华民族既坚守本根又不断与时俱进,始终保持着坚定的民族自信和强大的修复能力,培育了共同的情感和价值、共同的理想和精神。这

些千百年传承下来的精神理念、精神文化，成为积淀中国精神的价值内核。

中国共产党在领导中国革命、建设和改革的伟大历史进程中，之所以创造了惊天地、泣鬼神的辉煌业绩，就在于坚守初心使命、就在于不畏艰难险阻、就在于有一大批革命先驱、有一大批英雄人物，形成了伟大精神激励与指引，这种逐步积累和形成的思想结晶和精神谱系，是中国共产党人精神境界、精神风貌、精神力量的集中写照，是中国共产党百年历史经验的总结。把马克思主义基本原理同中国具体实际、同中华优秀传统文化相结合是必由之路，谱写了马克思主义中国化时代化的最新篇章。中国精神包含的独一无二的理念、智慧、气度和价值，增添了中国人民内心深处的自信和自豪。这种强大的精神支撑，成为中华民族战胜一切艰难困苦的有力武器和实现中华民族伟大复兴的动力之源。

伟大事业需要伟大精神。在我们全面建成小康社会，向着社会主义现代化强国奋进的新征程中，党的二十大报告要求我们弘扬伟大建党精神，自信自强、守正创新、踔厉奋发、勇毅前行。深入研究和广泛宣传中国精神，传承民族精神、弘扬时代正气、培育时代新人，要求理论工作者把中国精神阐释好。《新时代中国精神价值传承》（以下简称《丛书》）正是这样一套回应时代关切、弘扬中国精神的书籍。《丛书》选取中国共产党带领广大人民进行革命、建设、改革的奋斗历程中凝练形成的井冈山精神、长征精神、延安精神、东北抗联精神、抗美援朝精神、雷锋精神、铁人精神、"两弹一星"精神、特区精神、女排精神、劳模精神、科学家精神等为源，由全国高校十余位知名教授、专家集体撰著，以历史的视角，放置于实现中华民族伟大复兴中国梦的大背景下，阐释中国精神的具体样式，立足近代以来中华民族伟大复兴历程，特别是中国共产党带领中国人民从站起来、富起来到强起来所展现出来的民族集聚、动员和感召效应的精神及其气象，从党的领导特点和大党风范入手，追溯和解读中华民族悠久的历史传统和中华儿女可歌可泣的历史经历，研究中国精神形成的历史背景、形成过程，挖掘其科学内涵和新时代的重要价值，展现当代中华民族精神的历史穿透力和生命冲击力。《丛书》包括12分册，分别是：《井冈山精神》《长征精神》《延安精神》《东北抗联精神》《抗美援朝精神》《雷锋精神》《铁人精神》《"两弹一星"精神》《特区精神》《女排精神》《劳模精神》《科学家精神》。这些共同构成了中国精神的重要内容，是社会主义核心价值观的精髓和具体体现，昭示着中国共产党人的初心和使命，镌刻着中华民族砥砺前行的优秀品格，是迄今为止学术界和出版界反映以爱国主义为核心的民族精神和以改革创新为核心的时代精神的大型学术普及类系列著作，是中国文化软实力的重要显示。

伟大精神铸就伟大梦想。今天，我们比历史上任何时期都更接近中华民族伟大复兴的目标，比历史上任何时期都更有信心有能力实现这个目标。实现中华民族伟大复兴不仅需要强大的物质力量，更需要强大的精神力量。要把这种精神力量汇聚成14亿多中华儿女强大的奋进合力，就不能把中国精神存放在"博物馆"内、停留在"象牙塔"中。推出《丛书》，可以推进中国精神时代化、大众化，永续传承，把它变为新时代的实践伟力。站在新时代的历史基点上，立足精神对事件的辐射和普照，阐释一定历史时期的民族精神对重大社会事件、历史发展进程甚至个人事业与生活的重大影响；立足事件对精神的折射和反映，分析历史事件、个人事迹对民族精神的具体呈现，以期在精神与史实的双向观照中，使中国精神触动整个民族情结和个体心理情感，凝聚中华儿女奋斗的精神动力。从普适性来讲，中国精神不仅是中国共产党成就伟大事业的宝贵精神财富，也是全体中华儿女在实践中总结、凝练和形成的价值理想。《丛书》定位于普及性学术著作，力求以通俗易懂、生动鲜活地讲述故事的形式呈现，引领新时代精神风尚，激发中华儿女特别是青年一代干事创业的热情。从价值层面看，《丛书》重点挖掘在中国特色社会主义新时代的价值，这对于汇聚中国力量，弘扬中华优秀传统文化，践行社会主义核心价值观，坚守中国共产党人精神谱系，提升中国文化软实力，培养担负民族复兴大任的时代新人具有重大意义。

"求木之长者，必固其根本；欲流之远者，必浚其泉源。"我们坚信，这套极具学术性、知识性、资料性和可读性的《新时代中国精神价值传承》，能够成为铸牢中华民族共同体团结奋斗的精神纽带，为凝聚起中华民族的磅礴力量，建设中华民族现代文明贡献一份力量。

韩喜平

2023年6月

韩喜平，国家级领军人才计划入选者，哲学社会科学领军人才，中央马克思主义理论与建设工程首席专家。

第一章 抗美援朝精神形成的历史逻辑与实践逻辑

一、抗美援朝精神形成的历史逻辑 / 003

（一）历史渊源上：中朝两国情谊深厚 / 003

（二）现实社会中：东北地缘战略因素 / 009

（三）时代发展下：民族复兴大国外交 / 014

二、抗美援朝精神形成的实践逻辑 / 016

（一）中国共产党的坚强领导是抗美援朝精神形成的有力保障 / 016

（二）马克思列宁主义的科学理论是抗美援朝精神形成的理论基础 / 029

（三）中国人民志愿军的艰苦奋战是抗美援朝精神形成的实践基础 / 031

第二章 抗美援朝精神的科学内涵

一、祖国和人民利益高于一切、为了祖国和民族的尊严而奋不顾身的爱国主义精神 / 037

（一）中朝唇齿最相关，出国支援冒万难 / 037

（二）订立爱国公约，全力保障前线 / 044

二、英勇顽强、舍生忘死的革命英雄主义精神 / 049

（一）杨根思：生当作人杰，死亦为鬼雄 / 049

（二）黄继光：捐躯赴国难，视死忽如归 / 053

（三）邱少云：愿得此身长报国，何须生入玉门关 / 057

三、不畏艰难困苦、始终保持高昂士气的革命乐观主义精神 / 060

（一）穷且益坚，不坠青云之志 / 060

（二）黄沙百战穿金甲，不破楼兰终不还 / 079

四、为完成祖国和人民赋予的使命、慷慨奉献自己一切的
革命忠诚精神 / 082

（一）疾风知劲草，板荡识诚臣 / 082

（二）岂不畏艰险，所凭在忠诚 / 086

五、为了人类和平与正义事业而奋斗的国际主义精神 / 089

（一）毛岸英出国作战，捍卫疆土完整与世界和平 / 089

（二）罗盛教勇跳冰窟，忍寒冒死救助朝鲜儿童 / 092

第三章　抗美援朝精神的历史地位与作用

一、弘扬民族精神，传承红色基因 / 097

（一）不屈不挠、自强不息的爱国精神 / 097

（二）坚韧不拔、勇往直前的民族气概 / 100

（三）争取和平、维护和平的坚定信念 / 103

二、汇聚民族力量，创造战争伟业 / 105

（一）官兵齐心：步枪打空战，重创美军空军势力 / 105

（二）军民连心：常香玉义演为志愿军捐献战斗机 / 108

（三）举国同心：工厂就是战场，机器就是枪炮 / 110

三、助力军队建设，维护国家安全 / 113

（一）单一兵种作战向多军兵种作战转变 / 113

（二）健全后勤指挥机构充实后勤保障力量 / 115

（三）军队装备技术得到充实与更新 / 119

四、打出军威国威，奠定大国地位 / 122

    （一）中国军人不怕战、不怕死的英雄气概 / 122

    （二）中国人民不好惹、惹不得的民族气节 / 124

    （三）中华民族保和平、守正义的大国担当 / 126

第四章　抗美援朝精神永续传承

一、利用红色资源：历史是最好的教科书 / 133

    （一）不忘峥嵘岁月——丹东抗美援朝纪念馆 / 133

    （二）牢记血色历史——沈阳抗美援朝烈士陵园 / 137

二、传承红色基因：新时代的抗美援朝精神 / 142

    （一）舍生忘死的白衣天使是新时代的护国战士 / 142

    （二）中印边境四名英烈：用生命昭示祖国山河寸土必争 / 146

三、赓续红色血脉：逆境中弘扬抗美援朝精神 / 151

    （一）在贸易战困境中加强科技创新 / 152

    （二）新冠病毒感染阴霾下进行5G战"疫" / 161

    （三）新时代征程里谱写中国复兴 / 165

第五章　抗美援朝精神的当代价值

一、新时代党和人民宝贵的精神财富 / 171

    （一）展示中华民族不畏强权的钢铁意志 / 171

    （二）塑造中国人民万众一心的顽强品格 / 174

    （三）证明中国军队敢打必胜的血性铁骨 / 176

二、军队现代化建设的力量之源 / 178

    （一）政治建军：培养听党话、跟党走的人民军队 / 178

    （二）科技强军：练强能打仗、打胜仗的人民军队 / 181

（三）依法治军：锻造法纪严、风气正的人民军队 / 183

三、开展党史学习教育的生动教材 / 184

　　（一）树立"不忘初心、牢记使命"的理想信念 / 185

　　（二）坚定"立党为公、执政为民"的政治立场 / 187

　　（三）落实"一个中心、两个基本点"的基本方略 / 189

四、培育中华民族共同体意识的经典案例 / 190

　　（一）抗美援朝精神增强中华民族自信心 / 190

　　（二）抗美援朝精神巩固中华民族共同体 / 193

　　（三）抗美援朝精神增强中华民族凝聚力 / 194

后　记 / 197

第一章 01

抗美援朝精神形成的历史逻辑与实践逻辑

一、抗美援朝精神形成的历史逻辑

（一）历史渊源上：中朝两国情谊深厚

中国和朝鲜是一衣带水的邻邦，地理上唇齿相依的联系使得两国间产生了源远流长的深厚情谊。两国人民之间的友好交往自古以来便存在并一直延续至今。

见诸史书的中朝关系始于商末周初，主要表现为商末王族箕子率众去朝鲜，以及之后箕氏朝鲜的建立①。一系列文献记载和考古发现证实，在商末周初时期，中国和朝鲜之间已经有了广泛的接触，并且在这种广泛的接触中朝鲜与中国产生了相近的文化，从而促进了两国社会的不断发展，两国人民也在广泛接触中逐渐培养出深厚的情谊。

在其后的各个历史时期，中国与朝鲜之间始终保持着密切往来。特别是明代以来，中朝两国人民先后三次共同抵抗外来侵略，使这种情谊日益深厚。正是这三次共同战斗结下的深厚情谊，为双方的第四次并肩斗争——抗美援朝战争——奠定了基础，也为抗美援朝精神的孕育形成奠定了历史基础。

1. 明代援朝御倭战争中结下的深厚情谊

在16世纪末进行的明朝援朝御倭战争，是中朝两国友好关系史上的重大事件之一，它将中朝友谊发展到新的高度。②

16世纪末，日本重归统一之后，丰臣秀吉出于巩固其统治地位、满足国内快速发展的商业对更大市场的需求、缓和国内矛盾等多方面原因，实行积极对外扩张的策略，决定发动先进犯朝鲜而后侵略中国的战争。1592年，日本

---

① 杨昭全、韩俊光：《中朝关系简史》，辽宁民族出版社，1992，第5页。
② 同上书，第229页。

派出17万水陆大军从釜山登陆进攻朝鲜。由于李氏朝鲜长期政治腐败、军备废弛，日军在朝鲜登陆后节节胜利，不到一个月便攻占了朝鲜王京汉城（今首尔）。王京陷落，朝鲜国王宣祖出逃至位于中朝两国交界地区的义州。在此形势危急之时，朝鲜宣祖火速向明朝求援，明朝遂急令辽东都司遣兵援朝，后又派宋应昌、李如松率军渡过鸭绿江援朝御倭。明军渡江之后，便和朝鲜军民一道打击日本侵略者，先后收复了平壤、开城等大城市，后又派兵截断日军粮道，迫使日军放弃汉城、退居南部海岸。王京收复，振奋人心。而后，朝鲜又陆续收复了汉江以南地区，胜利在望。

但日本并不甘心就此失败。丰臣秀吉眼见败局已定，遂假意求和，争取时间，以谋再战。由于明廷内部的主和派在争论中占据上风，因此这场战争进入了为期四年的和谈阶段。援朝明军除少部分继续留朝外，其余全部渡江回国。1597年，日军再次大举入侵朝鲜，朝鲜水军几乎全军覆没，陆上也陆续丢失了不少城镇，朝鲜又陷入危局，只得再次向明朝请求援助。于是明朝便开始了第二次援朝御倭。此次明朝派出的援朝军队来自全国各地，包括水陆两军，规模庞大。明军进入朝鲜之后，再次与朝鲜军队组成联军同入侵的日军作战。通过在稷山、素沙坪取得的两次胜利，联军重创日军，使其不敢北犯，只得退向南方。而后，朝鲜水师在李舜臣的率领下取得了鸣梁大捷，联军又兵分四路向日军进攻，同侵略者展开决战。丰臣秀吉眼见战争败局已定，而自己的身体健康也每况愈下，遂下令撤军。他在临终前悲惨地说道："勿使我十万兵为海外鬼。"然而，非正义的战争注定要以失败告终。在日军从海上退逃之际，明、朝两国水军联合同日军在露梁海面展开大战，日军500艘兵船仅有50余艘最终脱逃，大败而归。这场日本发动的侵略战争、朝鲜的反侵略战争、中国的援朝御倭战争至此结束。

中朝两国军民并肩战斗，取得了这场抗击侵略者战争的最终胜利。通过这次战争，粉碎了日本对朝鲜、中国乃至整个亚洲的侵略图谋，保障了两国的安全，两国军民也在抗倭斗争中结下了深厚的战斗友谊。在战争中，包括老将邓子龙在内的无数明军将士战死他乡，以李朝名将李舜臣为代表的无数朝鲜军民牺牲生命。他们都是为了一个共同的目标——抗击侵略者，他们都是两国崇高友谊的光辉象征。

2. 清代御俄战争中结下的深厚情谊

沙皇俄国本是一个欧洲国家，后经过不断的军事扩张，将其势力一直延伸到外兴安岭北面的勒拿河流域和贝加尔湖，与中国东北边境接壤。

从1640年左右开始，沙皇俄国乘中国国内明、清两朝更迭，战事尚未完全结束之机，多次入侵中国东北边境的黑龙江流域和贝加尔湖以东地区，占据尼布楚、雅克萨等地，在其所经之地无所不为，并准备继续吞并中国大片领土。

1643年下半年，哥萨克侵略军侵入中国黑龙江流域。由于受到当地达斡尔等少数民族的坚决抵抗，侵略军最终于1646年逃回其在西伯利亚的基地雅库茨克。1649年，又一支沙俄侵略军入侵。这次他们还带着沙皇要中国皇帝归顺且永为臣仆的狂妄训令，这充分暴露了沙俄想要侵占全中国的野心。侵略军沿途烧杀掳掠，使黑龙江两岸满目疮痍。越来越多的残酷事实使清廷逐渐认识到事态的严重性，于是清廷开始采取措施，坚决抗击沙俄，措施之一就是邀请邻邦朝鲜援助。①

由于此时中国国内仍处于明、清两朝交替之际，清军主力尚在关内与明朝残余势力交战，留在东北的清军数量有限，势单力薄，而朝鲜则距离较近，因此清廷便遣使赴朝鲜，请其施以援手。朝鲜也决定应邀出兵，向中国提供支援。于是，在中国面临外来侵略之际，中朝两国军民又一次并肩而立，组成联军，共同抗击侵略军。

朝鲜援军于1654年2月出发开赴宁古塔，与镇守宁古塔的清将尼哈里、沙尔瑚达等一同前往迎战沙俄侵略军。在途经松花江下游的厚通江（又名混同江）②时与侵略军相遇。由于中朝军民密切配合，团结战斗，此战历经八天终于取胜，侵略军首领斯捷潘诺夫率残部仓皇而逃。其后朝鲜援军回到朝鲜，中朝联军赢得了抵抗沙俄侵略的胜利。

但是，被打败的沙俄侵略军仍然贼心不死，还受到沙皇政府的鼓舞，因此他们依旧在黑龙江、松花江流域各地流窜，侵害当地中国居民的生命和财产安

---

① 杨昭全：《中朝关系史论文集》，世界知识出版社，1988，第161-167页。
② 杨昭全、韩俊光：《中朝关系简史》，辽宁民族出版社，1992，第268页。

全。为了确保边境安宁,捍卫国家领土,清廷决定彻底消灭这股侵略军;但此时关内战争尚未结束,清廷仍没有足够的兵力用来消灭侵略者,因此再次遣使向朝鲜求援。朝鲜也再次应允,并且决定援助一些粮食。于是,面对沙俄侵略军,中朝军民第二次并肩站在了一起。

1658年7月,中朝两国军民第二次联合抗击沙俄侵略军的战斗正式打响。此次战斗十分激烈,"双方首先展开激烈的炮战。而后……清、朝联军的士兵跃上敌船,英勇杀敌。沙俄匪徒,有的被击毙,有的躲入舱里,有的弃船登岸逃走。继之清、朝联军又发射火炮,敌船7只被焚,3只被围困,只有1只趁夜色逃走。……匪帮头目斯捷潘诺夫也被击毙。"[1]经过此战,联军大获全胜,此次中朝军民联合御俄战争胜利结束。

清代中朝军民联合御俄战争是中朝两国军民自明代御倭战争以来第二次并肩抗击外来入侵。此战取胜,不仅粉碎了沙皇俄国侵略中国的美梦,也使朝鲜免受沙俄的侵略,具有重大意义和影响。这次战争也进一步增强了中朝两国彼此互助、互相支援的深厚情谊,使两国军民之间的联系更加密切。

3. 近代共同反抗日本侵略结成的深厚情谊

近代以来,中朝两国的命运仍然密切相关。中国方面,清朝逐渐走向衰败,国力日趋孱弱;朝鲜方面,李氏王朝的封建统治也趋于衰败。而另一方面,以欧美为代表的资本主义国家却逐渐崛起,中国和朝鲜的邻国日本也通过明治维新走上资本主义道路,国力逐渐强盛。"掠夺是一切资产阶级的生存原则"[2],明治维新以后,日本逐步形成了"大陆政策"。于是,在其指导之下,吞并朝鲜、之后侵略中国,又一次成为日本当局的战略目标。

日本为了逐步实现这一目标,于1875年入侵了位于朝鲜半岛西侧的江华岛,并以此为由逼迫朝鲜签订了《江华条约》,为其后续的侵略行径铺平了道路。日本在日俄战争中取胜之后,通过《乙巳保护条约》(即《日韩保护条约》)控制了朝鲜的内政外交,在吞并朝鲜上又前进了一大步。最终通过1910年签订的《日韩合并条约》完全占领朝鲜,在汉城设立总督府,对朝鲜

---

[1] 杨昭全、韩俊光:《中朝关系简史》,辽宁民族出版社,1992,第270-271页。
[2] 马克思、恩格斯:《马克思恩格斯文集》第10卷,人民出版社,2009,第347页。

全境实行野蛮的殖民统治。

中国在近代也饱受日本侵略。1894年中日甲午战争爆发后，日本先后占领了我国东部的台湾、澎湖列岛以及东北部的南满、蒙东等地区，并在这些地区实行殖民统治。1931年，日本发动九一八事变，在四个多月里便占领了东北全境。1937年，日本发动七七事变，开始全面侵华战争。

1917年俄国十月革命胜利后，世界上被压迫民族都大受鼓舞，处于水深火热之中的朝鲜和中国人民也受其影响，于1919年先后爆发了三一运动和五四运动。此后，两国的革命目标是一致的——反对日本帝国主义侵略，实现民族独立、人民解放。

中国人民面临着和朝鲜人民同样的被日本侵略者奴役、压迫的命运。反抗日本侵略的共同要求将中朝两国人民紧紧联系在一起。也正是这样的共同要求，不断加深两国人民之间的深厚情谊。中朝两国的关系也进入新阶段——两国人民在共同的反帝斗争中并肩作战，互为对方的亲密战友。此时，朝鲜已被日本吞并，因此中国人民对于朝鲜人民抗日的支援主要表现在对中国境内的朝鲜革命志士开展反日斗争给予支持。朝鲜人民对于中国人民抗日的支援也主要表现在这些处于中国境内的朝鲜革命志士对中国人民开展的抗日斗争给予支持。①

面对两国人民的反侵略斗争，日本帝国主义进行了血腥镇压，这使得"中朝合作共同反日"的口号在中国各地民众中的呼声越来越高，各地先后出现了多个由两国人士发起成立的中韩互助组织，如1921年3月由毛泽东、李愚珉等在长沙成立的中韩互助社，4月由周剑秋、申翼熙等在上海成立的中韩互助社，施泽、李基彰等建立的武汉中韩互助社。除此之外，北京、广州等地也成立了类似的互助组织。②这些互助组织的成立充分反映了两国人民的深厚情谊和共同抗击侵略者的迫切要求。这些互助组织的积极活动，也促进了两国人民的团结，有利于两国人民日后的并肩战斗。

中国人民与朝鲜人民合作进行武装抗日主要集中在中国东北地区。朝鲜人民中的先进分子认为，"中国的抗日斗争就是朝鲜的抗日斗争，中国东北的解

---

① 杨昭全、韩俊光：《中朝关系简史》，辽宁民族出版社，1992，第343页。
② 同上书，第353页。

放就是朝鲜的解放"①，因此，在抗日战争期间，他们一方面参加了中国共产党领导的东北抗日联军，在东北地区抗击日军；另一方面，又将东北作为后方，回国打击日本侵略者，开展复国斗争。

九一八事变后，中国共产党派出大量共产党员、共青团员进入东北地区从事抗日武装创建工作。其中，在东满延吉、汪清等朝鲜人聚居地区先后建立了以朝鲜人为主的反日游击队。据统计，1933年东满地区的330多名游击队员中，有近九成是朝鲜人，其中包括后来成为朝鲜最高领导人的金日成。②除金日成外，日后成为朝鲜领导人的崔庸健、金策等也在这一时期加入了东北抗日联军。此外，还有无数朝鲜革命志士同中国军民并肩作战，甚至将宝贵的生命永远留在了这片黑土地上。以他们为代表的朝鲜人民同中国人民一道抗击日本侵略者，为取得中国人民抗日战争和世界反法西斯战争的最终胜利作出了重大贡献。

此外，参加东北抗联的朝鲜人民，也在中国人民的支持下积极开展复国斗争，不断潜回国内打击在朝鲜境内的日本侵略者。在这个过程中，中国人民始终是朝鲜人民抗击侵略者、开展民族解放斗争的坚定支持者。中共中央在《为抗日救国告全体同胞书》、《关于目前政治形势与党的任务决议》（1935年12月25日）、《中共中央扩大的六届六中全会政治决议案》等文件中，毛泽东在《为动员一切力量争取抗战胜利而斗争》《论联合政府》等文章和报告中，都旗帜鲜明地表明了全力支持朝鲜人民争取民族解放、愿意同朝鲜人民组成统一战线共同抗击日本侵略者的坚定立场，明确提出"联合朝鲜……的工农人民反对日本帝国主义"③，"建立中日两国与朝鲜、台湾等人民的反对侵略战争的统一战线，共同进行反对日本法西斯军阀的斗争"④，"中国人民应当帮助朝鲜人民获得解放"⑤等观点。这高度体现了中国共产党和中国人民对朝鲜人民反击侵

---

① 薛衔天：《从并肩抗日到抗美援朝——以东北革命根据地为中心的中朝关系》，《近代史研究》2012年第6期。
② 黄龙国编《朝鲜族革命斗争史》，辽宁民族出版社，1988，第241-245页。
③ 毛泽东：《毛泽东选集》第2卷，人民出版社，1991，第356页。
④ 中共中央文献研究室中央档案馆编《建党以来重要文献选编》第15册，中央文献出版社，2011，第759页。
⑤ 毛泽东：《毛泽东选集》第3卷，人民出版社，1991，第1086页。

略者、谋求民族独立事业的支持。

除此之外，还有很多朝鲜革命者直接参加了中国共产党领导的八路军、新四军，在更广大的范围内参与了中国人民抗日战争。在山海关以内的朝鲜人还建立了朝鲜独立同盟和朝鲜义勇军，同八路军、新四军密切合作，开展抗日斗争。他们都为中国人民抗日战争的胜利发挥了不可磨灭的重大作用。

1945年8月15日日本宣布无条件投降，中朝两国人民反对日本帝国主义的神圣事业终于取得胜利。近代以来饱受日本欺凌的中朝两国人民终于摆脱了日本侵略者的奴役和压迫。在抗击侵略者过程中，两国军民亲密无间，始终同生死、共患难。他们积极参加抗日联军，开展抗日活动，支援抗日部队，不断生动地诠释中朝两国人民亲如一家的深厚情谊。正是这种深厚情谊支撑着两国军民坚持长期斗争，支撑着两国军民打败侵略者。同时，这种深厚情谊又在并肩战斗的过程中日益深化。正如周恩来所说："共同的斗争使我们两国人民结成了深厚的战斗友谊。我们的友谊是用鲜血凝成的，是久经考验而且经得起考验的。"[①]

一部中朝关系史，也是两国人民不断结下深厚情谊的历史。两国人民的深厚情谊是两国共同的宝贵财富。这种情谊源远流长，发端于商末周初的古代社会；这种情谊久经考验，三次共同抗击外来侵略的斗争使之愈加深厚；这种情谊历久弥坚，并在接下来的抗美援朝战争中再一次得到升华，成为抗美援朝精神产生的历史渊源。

（二）现实社会中：东北地缘战略因素

东北地区，顾名思义，位于我国东北部，其具体的地域范围在各个历史时期均有所不同，但总的来说均是以今天辽宁、吉林、黑龙江三省和内蒙古东部四个盟市为主体构成的广大区域。东北地区北邻俄罗斯，南接朝鲜半岛，西南与华北地区直接相连，具有极其重要的战略地位。

[①]《在平壤机场欢迎周恩来总理的仪式上金日成首相和周恩来总理的讲话》，《人民日报》1970年4月6日，第3版。

"东北是一个极其重要的区域"①，东北地区是我国工业化起步最早的地区之一，也是新中国工业化建设的摇篮。它地处东北亚核心区域，在国际形势和国际交往中也有特殊的地位。此外，在抗美援朝战争爆发后，它是最接近前线战场的地区，因此成为抗美援朝战争的战略后方。

1. 东北地区是新中国工业化建设的摇篮

东北地区地域辽阔，各种资源矿藏十分丰富，且具有较好的工业基础，是"中国工业特别是重工业最大的中心"②，是新中国工业化建设的摇篮。新中国成立前夕和初期，东北地区的工业发展有如下特点：

从工业部门来看，东北地区工业规模大、部门全，既包括钢铁、煤炭、电力、化工、冶炼等重工业部门，也包括纺织、造纸、制糖、陶瓷等轻工业部门，其中以重工业为主。以1949年东北地区的国营工业为例，重工业总产值占工业总产值的71.59%，而轻工业总产值占工业总产值的28.41%。③新中国在诞生之初还是一个落后的农业国，我国能造桌子椅子、茶碗茶壶，但是"一辆汽车、一架飞机、一辆坦克、一辆拖拉机都不能造"④。在这样的情况下，现代工业特别是重工业对于新生的共和国来说无疑是具有非凡意义的，因此以重工业为主的东北工业基地在全国的战略地位是极其重要的。

从经济成分来看，东北地区国营工业占绝对优势。按照中国共产党采取的新民主主义政策，新民主主义的经济主要由五种成分构成，相应地，新民主主义的工业自然也包括五种成分，即国营工业、合作社工业、国家资本主义工业、私人资本主义工业和个体手工业。在东北地区，国营工业占据绝对优势。在东北全境解放之后，中国共产党将原本属于官僚资本主义性质的工矿企业陆续转化为国营企业，并通过设立领导机构、制定工业恢复计划等措施，实现了对工业的统一领导，而且在全国最早开始了有计划的经济建设，这为新中国成

---

① 中共中央文献研究室编《毛泽东文集》第3卷，人民出版社，1996，第410页。
② 中央档案馆编《中共中央文件选集》第17册（1948），中共中央党校出版社，1992，第455页。
③ 石建国：《从开埠设厂到"共和国长子"——东北工业百年简史》，中国人民大学出版社，2016，第81页。
④ 中共中央文献研究室编《毛泽东文集》第6卷，人民出版社，1999，第329页。

立初期实现财政经济状况的根本好转奠定了基础,为开展大规模经济建设提供了宝贵经验。

从分布范围来看,东北地区的工业比较集中且主要分布在南部。由于历史原因,东北地区的现代工业主要集中在以沈阳为中心的鞍山、抚顺、本溪、大连、安东(今丹东)、辽阳、营口、锦州、吉林、通化、长春、牡丹江、哈尔滨、齐齐哈尔等15座城市①。其中大部分处于东北南部,临近中朝边界。东北的工业分布呈现出"北轻南重"的特征。

以上三个特点,一方面说明东北地区作为重要的工业基地对于新中国开展经济建设的重要性,另一方面也说明了在美国武装干涉朝鲜战争并严重威胁我国东北边境的情况下新中国出兵抗美援朝的必要性。

随着新中国成立和国民经济恢复,东北工业基地的地位越发重要,而朝鲜战争的爆发,特别是美国的武装干涉却直接威胁到我国这个工业化建设的摇篮。对此,毛泽东指出:"我们不出兵让敌人压至鸭绿江边,国内国际反动气焰增高,则对各方都不利,首先是对东北更不利,整个东北边防军将被吸住,南满电力将被控制。"②周恩来也明确了东北地区战略地位的重要性:"我国的重工业半数在东北,东北的工业半数在南部,都在敌人轰炸威胁范围之内。"③在这种情况下,新中国没有办法安定地进行恢复生产工作。

2. 东北地区是东北亚的核心地区

由包括中国东部、朝鲜半岛、日本、俄罗斯远东地区和蒙古国等在内的广袤土地所组成的东北亚地区,由于涉及多个国家和不同的国家制度,长期以来一直存在着错综复杂的关系,而作为东北亚核心地区的中国东北则更容易受到局势变化的影响。

第二次世界大战结束后,东北亚地区的局势日趋复杂。随着第二次世界大战结束,世界进入了美苏两极格局。日本刚刚战败,它的侵略行径给中国和朝

---

① 石建国:《从开埠设厂到"共和国长子"——东北工业百年简史》,中国人民大学出版社,2016,第81页。
② 中共中央文献研究室编《毛泽东文集》第6卷,人民出版社,1999,第103页。
③ 周恩来:《周恩来军事文选》第4卷,人民出版社,1997,第73页。

鲜半岛带来了巨大的创伤。朝鲜半岛因为美国和苏联的对峙而人为地分裂为两个国家,且两国间摩擦冲突不断。中国经历了解放战争,成立了新中国,并着手开展各项建设。在这种形势下,朝鲜半岛的摩擦不断升级,最终演变为朝鲜战争。这让刚刚摆脱战火的东北亚地区再一次被战争的阴影笼罩,而美国的武装干涉则加重了这个阴影。

对于中国而言,对朝鲜战争特别是对美国的武装干涉作何反应,同东北地区的地域因素有极大关系。东北地区北接苏联、南邻朝鲜,中、苏、朝三国同为社会主义阵营国家,在这样的情况下,作为我国重要工业基地的东北拥有一个相对安全的周边环境,无论对于东北还是对于全中国的经济发展都是有利的。但朝鲜半岛南部的南朝鲜(韩国)是在美国扶持下成立的亲美政权,如果任由美国干涉朝鲜战争,让南朝鲜在美国的援助下统一朝鲜半岛,那么朝鲜半岛就会变成美国与苏联冷战的前哨基地,严重威胁我国东北地区的安全,甚至东北会变成美苏的战场。这无论是对于我国的国际安全、经济发展,还是对于东北人民的生命和财产安全,抑或是对于社会主义阵营的安全,都是极为不利的。因此,要极力避免这种情况出现,维护东北亚地区的总体和平。为了达到这个目的,就必须出兵进行抗美援朝。也正因如此,毛泽东才说:"我们认为应当参战,必须参战。参战利益极大,不参战损害极大。"①

3. 东北地区是抗美援朝的战略后方

"抗美援朝,保家卫国",这是中国共产党和中国政府在朝鲜政府请求中国援助的情况下,从保卫世界和平和捍卫中国国家利益的立场出发,顺应中国人民民意而作出的重大决策。开展抗美援朝,自然离不开最接近朝鲜战场的东北地区。一方面,中国支援朝鲜的绝大部分人员和物资都要经过东北进入朝鲜,苏联援助的物资也要从东北入境后再运到朝鲜;另一方面,作为最早的解放区和极其重要的工业基地,东北地区的物质基础相对来说较为雄厚。因此,东北是抗美援朝战争中当之无愧的战略后方。

为了支援中国人民志愿军的抗美援朝战争,东北地区的各级党政军机构和东北各族人民齐心协力、各尽所能,为抗美援朝战争的后勤保障工作作出了重

---

① 中共中央文献研究室编《毛泽东文集》第6卷,人民出版社,1999,第104页。

大贡献。中共中央东北局和东北人民政府抽调了一批干部,其中包括中共中央东北局副书记李富春和秘书长张明远等6名委员,同东北军区一道为志愿军的后勤保障工作保驾护航。1950年11月,东北各级政府相继增设了战勤机构,各级干部和广大群众积极组织各种担架队、运输队、医疗队到前线担负各种战勤任务,极大地满足了前线作战所需的各种人力物力。①

东北地区是抗美援朝的后勤运输基地。"千条万条,运输第一条"。东北地区既然是抗美援朝的战略后方,就必然还担负着繁重的运输任务,其中铁路运输尤其重要。在抗美援朝战争中,由于受到美军的轰炸,铁路运输线时常被炸毁,为此东北地区先后有42008名铁路职工赴朝参与铁路抢修和抢运。在铁路受阻的地方则改用汽车、马车等方式转运,以保证及时将物资送到前线,并且依托有利地形,通过在隐蔽地区建仓库等方式来保证物资安全。东北铁路职工、援朝部队与朝鲜军民以团结合作的精神、不屈不挠的勇气和坚持不懈的毅力"建成了一条打不垮、炸不烂的钢铁运输线,创造了现代战争中军事运输的奇迹"②。

东北地区是抗美援朝的军工生产基地。东北地区具有较好的军工基础,因此也担负着抗美援朝期间大部分武器和弹药的生产任务。为了满足前线的需要,军工行业的工人夜以继日地工作,争取提前完成任务,提前将生产出的武器弹药送往前线。

东北地区是部队入朝之前的整训基地。中共中央东北局先后发出《关于动员新兵工作的指示》和《关于新兵入伍条件的补充指示》,在广泛充分的宣传动员下,东北各地青年积极响应,一时间在东北人民中间掀起了一场参军热潮。在抗美援朝期间,东北地区动员了近30万人参加志愿军、近400万人参与后勤工作。他们不怕牺牲、不怕困难,出色地完成了各项任务。

除以上各项工作之外,东北地区还响应国家号召,成为开展抗美援朝运动的最前沿。东北局在《关于深入开展抗美援朝运动工作的指示》中提出:"支援抗美援朝战争是压倒一切的中心任务。"③在这样的号召下,东北群众积极开

---

① 戴茂林、李波:《中共中央东北局(1945—1954)》,辽宁人民出版社,2017,第305页。
② 同上书,第307页。
③ 同上书,第314页。

展生产竞赛、参军参战、爱国公约和爱国卫生等运动,既有力地支援了前线斗争,又在一定程度上发展了国内的生产。

彭德怀在总结朝鲜战争经验时曾说:"朝鲜战争的经验证明,现代战争如果没有后方充分的物资保证,是不能进行战争的;后方有充分物资,如果没有强有力的后勤组织和工作,以保证第一线的充分供应,是不能取得战争胜利的。"[1] 从这个角度来讲,如果没有全国人民的积极支援,特别是没有东北这个"战略后方",要想实现"抗美援朝,保家卫国"的战略目标是不可想象的。

(三)时代发展下:民族复兴大国外交

"我们的事业是正义的。正义的事业是任何敌人也攻不破的。"[2] 抗美援朝战争的正义性是中国人民志愿军的力量源泉及取得胜利的根本原因。这场正义之战得到全世界爱好和平的国家和人民的同情、支持和援助,在抗美援朝战争中,朝鲜党、政府、人民关心、爱护和支援中国人民志愿军,中朝两国人民和军队休戚与共、生死相依,用鲜血凝结成了伟大的战斗友谊。世界上一切爱好和平的国家和人民、友好组织和友好人士,对中国人民志愿军入朝作战给予了有力的支援和支持。抗美援朝战争最终实现了战略目标,打乱了帝国主义扩张势力范围的部署,维护了亚洲以及世界的和平。

抗美援朝是中华人民共和国外交史上的重大事件,是中华民族走向伟大复兴的关键一步。在抗美援朝战争中,苏联以及其他人民民主国家的援助充分彰显了维护和平、坚守正义的国际主义精神。

1950年2月,中国同苏联签订了《中苏友好同盟互助条约》,成为同盟国家。正是在同盟关系的框架下,苏联在抗美援朝战争中为我国提供了诸多帮助。这主要体现在:首先,在国际政治中牵制了美国。苏联是当时世界上唯一能与美国抗衡的国家,因此,中苏同盟关系就"对美国将朝鲜战争扩大到中国

---

[1] 中共中央文献研究室编《建国以来重要文献选编》第4册,中央文献出版社,1993,第635页。

[2] 中共中央文献研究室编《毛泽东文集》第6卷,人民出版社,1999,第350页。

境内具有制约和威慑作用"①。其次，在军事上为志愿军提供武器装备和军事掩护。抗美援朝期间，苏联向志愿军提供了大量各式手枪、步枪、机枪、子弹、火炮、坦克、卡车等武器装备，极大地缓解了志愿军武器装备的缺乏，并且加快了我国军队现代化建设的步伐。此外，苏联还在秘密的情况下派出空军对志愿军的运输线路进行空中掩护，在鸭绿江至清江川之间打造出一条"米格走廊"，掩护了志愿军作战和后勤保障工作；同时在我国空军部队尚未组建完成之时，苏联还派出空军部队协助我国在各重要战略地区进行防空活动。应当指出的是，苏联在提供军事援助方面并未完全履行其事先承诺，但是这些援助在事实上的确为促成《朝鲜停战协定》签订发挥了重要作用，这是应该予以承认的。再次，在经济上帮助了我国的工业化建设。抗美援朝战争爆发以后，西方国家特别是美国加紧了对新中国的封锁和禁运，在这种情况下，苏联积极同中国发展贸易，"1950年中苏贸易额约占中国对外贸易总额的30%，到1953年则上升为56.3%"②。同时还对中国提供技术援助和贷款，在苏联援建的156项工程中，"抗美援朝战争期间就援助141个项目，其中包括美国操纵联合国通过对中国和朝鲜禁运的决议后，苏联向中国援助的91个项目"③。这些援助既帮助中国打破了西方国家的封锁和禁运，奠定了新中国工业化的基础，又极大地支持了抗美援朝战争，奠定了战争的后勤保障基础。最后，苏联还在外交战线上为中国和抗美援朝战争提供积极的声援。苏联在联合国大会上坚决主张，讨论朝鲜问题时应邀请中华人民共和国代表参加，支持中国代表在联合国控诉美国武装侵略台湾，推动朝鲜问题和平解决并揭露美国破坏谈判的行为。苏联还向联合国递交提案，提出在联合国开除台湾"代表"，接纳中华人民共和国代表等。苏联通过这些行动同美国对新中国的孤立行为作坚决的斗争。

除了苏联以外，其他人民民主国家在抗美援朝战争期间也站在保卫和平、维护正义的立场上对抗美援朝战争提供了大量的援助，这些援助为激励斗志、推动胜利所作出的贡献同样不应磨灭。例如，一名志愿军战士在分到匈牙利人民赠送的糖之后在日记里写道："三块糖，甜又甜，吃到嘴里情意长；友谊

---

① 齐德学：《中苏同盟在抗美援朝战争中的作用》，《世界历史》2010年第4期。
② 沈觉人主编《当代中国对外贸易》上，当代中国出版社，1992，第258-259页。
③ 齐德学：《中苏同盟在抗美援朝战争中的作用》，《世界历史》2010年第4期。

糖，来得远，匈牙利人民关怀咱；敌机胆敢来侵犯，我们坚决消灭它。"并由衷地感叹道："在我们的身后，不仅有祖国人民的支持，而且有许多爱好和平的国家和人民支持我们的正义事业。这糖……将激励着我们勇敢地打击侵略者。"①

《朝鲜停战协定》签订是新中国在外交战线上取得的重大胜利，是国际主义精神的重大胜利。"打得一拳开，免得百拳来"。经此一战，中国人民打败了侵略者，震动了全世界，奠定了新中国在亚洲和国际事务中的重要地位，彰显了新中国的大国地位。这一战，让全世界对中国刮目相看，充分展示了中国人民维护世界和平的坚定决心。这一战是当之无愧的"立国之战"。

二、抗美援朝精神形成的实践逻辑

伟大精神源于伟大实践，伟大实践孕育伟大精神。在抗美援朝战争中，中国共产党充分发挥其领导核心的作用，为抗美援朝战争提供了坚强正确的领导，马克思列宁主义为抗美援朝战争提供了科学理论指导，志愿军将士的艰苦奋战则是抗美援朝战争取胜的直接力量。正是在这些实践历程中锤炼了伟大的中国人民志愿军部队、锻造了伟大抗美援朝精神。

（一）中国共产党的坚强领导是抗美援朝精神形成的有力保障

"抗美援朝战争伟大胜利再次证明，没有任何一支政治力量能像中国共产党这样，为了民族复兴、人民幸福，不惜流血牺牲，不懈努力奋斗，团结凝聚亿万群众不断走向胜利。"②中国共产党的坚强正确领导为取得抗美援朝战争伟大胜利提供了有力保障，也为由抗美援朝伟大实践锻造出来的伟大抗美援朝精

---

① 陈兴九：《朝鲜战场一千天——一个志愿军战士的日记》，军事科学出版社，2003，第15-16页。
② 习近平：《习近平谈治国理政》第4卷，外文出版社，2022，第76页。

神提供了有力保障。

70多年前,中国人民志愿军高举保卫和平、反抗侵略的正义旗帜,肩负着人民的重托、民族的期望,如战歌里唱的那样"雄赳赳、气昂昂,跨过鸭绿江"。他们充分发扬伟大的爱国主义精神和革命英雄主义精神,同朝鲜人民和军队一道团结一致、浴血奋战,历经2年9个月,最终赢得了抗美援朝战争伟大胜利。在这个过程中,中国共产党为战争决策、战争动员以及最终的停战谈判提供了坚强的领导。

1. 审时度势、反复权衡,作出"抗美援朝,保家卫国"战略决策

抗美援朝战争不是中国人民要打的,"如果不是美国军队占领我国的台湾、侵略朝鲜民主主义人民共和国和打到了我国的东北边疆,中国人民是不会和美国军队作战的。"①可以说,是美国迫使中国人民不得不打,是美国迫使中国共产党不得不作出"抗美援朝,保家卫国"的战略决策。

中国共产党领导中国人民历经28年的浴血奋战,终于取得了新民主主义革命的伟大胜利,建立了新中国。但是,面对着在一片废墟之上建立起来的新中国,中国共产党的任务依然十分艰巨。正如毛泽东在七届二中全会上所讲的那样:夺取全国胜利,这只是万里长征走完了第一步。……中国的革命是伟大的,但革命以后的路程更长,工作更伟大、更艰苦②。新中国成立之初,在长期战争的破坏下,整个中国百废待兴,中国共产党面临着繁重的建设工作,在诸多方面都存在着严重的困难,"战争创伤还没有医治","土地改革工作尚未完成","国内的土匪、特务还没有彻底肃清","军队的装备和训练尚不充分",③国际环境方面对新中国的发展也存在着很多不利因素。面对这样的情况,中国最需要的就是和平。毛泽东在1949年底访问苏联时,在同苏联领导人的谈话中说,现在最重要的问题是保卫和平。中国需要三至五年的和平喘息

---

① 毛泽东:《建国以来毛泽东军事文稿》上卷,军事科学出版社、中央文献出版社,2010,第555页。
② 本书编写组编《中国共产党简史》,人民出版社、中共党史出版社,2021,第138-139页。
③ 军事科学院军事历史研究所:《抗美援朝战争史》上卷,修订版,军事科学出版社,2011,第167页。

时间，用这段时间来恢复战前的经济水平和稳定全国的局势。解决中国最重要的问题，取决于和平前景。①1950年6月召开的中共七届三中全会明确了党的中心任务——用三年左右的时间争取实现国家财政经济状况的根本好转，为有计划的经济建设创造条件。这说明，中国人民正准备在中国共产党领导下巩固新生政权、逐步开展恢复国家建设的各项工作。

然而，突如其来的朝鲜战争却将新中国原有的建设步伐和计划打乱了。这场于1950年6月25日开始的战争原本是一场朝鲜南、北方政府间为了实现半岛统一而进行的战争，属于朝鲜的内部事务。然而，在朝鲜战争爆发之后，远在大洋彼岸的美国却公然违反由自己签署的联合国宪章中有关不得干涉他国内政的规定，向朝鲜战场派出武装部队。由于担心中国人民解放军会乘朝鲜战争之机攻取台湾，让自己丢掉这艘"永不沉没的航空母舰"，美国还派出海军第七舰队进驻台湾海峡，公然干涉我国内政。美国还操纵联合国安理会通过了指责朝鲜、援助南朝鲜的决议，而且以联合国的名义，纠集各国组成了"联合国军"（实际上其中绝大部分是美国军队）投入到朝鲜战场中。以上种种事实特别是直接派军队介入朝鲜战争，使原本是朝鲜半岛内部事务的一场内战变成了侵略与反侵略的战争，使朝鲜战争国际化、复杂化。②

美国通过"联合国军"介入朝鲜战争以及派海军侵入台湾海峡的行为，不仅干涉了作为中国近邻的朝鲜的内部事务，而且插手中国内政，直接威胁到中国的安全。面对这样的形势，中国共产党不能不及时给予回应。1950年6月28日，针对这一问题，毛泽东讲道："中国人民早已声明，全世界各国的事务应由各国人民自己来管，亚洲的事务应由亚洲人民自己来管，而不应由美国来管。美国对亚洲的侵略，只能引起亚洲人民广泛的和坚决的反抗。杜鲁门在今年一月五日还声明说美国不干涉台湾，现在他自己证明了那是假的，并且同时撕毁了美国关于不干涉中国内政的一切国际协议。"③号召"全国和全世界的人民团结起来，打败美帝国主义的任何挑衅"④。周恩来也指出："六月二十五日

---

① 齐德学：《巨人的较量：抗美援朝高层决策》，辽宁人民出版社，2017，第4页。
② 同上书，第19页。
③ 《毛泽东年谱（一九四九——一九七六）》第1卷，中央文献出版社，2013，第159页。
④ 同上书，第159-160页。

朝鲜战争爆发，给了我们新的课题：支援朝鲜人民，推迟解放台湾。"①值得一提的是，此时朝鲜人民军的作战是进展顺利的，朝鲜也并没有向中国提出援助的请求；但是中国共产党的领导人通过对世界局势的分析敏锐地觉察到，由于美国的干涉，朝鲜战场的局势可能会日益复杂化，甚至可能会威胁到中国大陆，首先是东北地区的安全。为了保护东北特别是临近边境地区的国防安全，并且在必要时能够迅速采取行动，及时援助朝鲜人民军作战，中共中央和中央军委决定组建东北边防军。到1950年8月上旬，东北边防军基本集结完毕并开始进行训练。东北边防军的组建，是中共中央和中央军委从战略全局的高度出发，未雨绸缪、审时度势制定的部署。它的建立为保卫东北地区的国防安全，以及能在关键时刻给予朝鲜人民军必要的援助提供了军事保障，也为后来中共中央作出"抗美援朝，保家卫国"的决策准备了必要的军事力量，充分显示了中国共产党对局势的精准判断和在战略上的高瞻远瞩。

中国共产党从一开始就主张和平解决朝鲜问题，并多次通过外交渠道向全世界表明中国人民主张和平解决朝鲜问题的鲜明立场；但是美国当局不仅无视中国人民的和平主张，反而继续扩大战争，甚至将战火蔓延到中国境内。对此，周恩来通过印度驻华大使和印度政府向美国提出严正警告，如果美国执意继续扩大战争，"我们不能坐视不管，我们要管"，"我们主张朝鲜事件应该和平解决"，"朝鲜战事应该即刻停止，外国军队应该撤退"。②然而，树欲静而风不止，美国当局又一次无视中国的抗议和警告，继续在朝鲜战场增兵，并越过"三八线"北进。面对吃人的老虎，让步终究是无法解决问题的，美国不断扩大战争的行为，推动了中国共产党最终决定"抗美援朝，保家卫国"。但是应当指出的是，中国如果参战就意味着选择当时世界上军事实力一流的美国作为自己的敌人。出不出兵？何时出兵？出多少兵？出兵以后怎样用兵？由谁统兵？③中共中央政治局先后召开5次会议，才最终作出了决定。抗美援朝、出兵入朝作战的决策过程，既曲折又特别慎重。

---

① 周恩来：《周恩来军事文选》第4卷，人民出版社，1997，第43页。
② 同上书，第66-68页。
③ 杨冬权：《开国领袖的立国之战——再论毛泽东与抗美援朝战争》，《军事历史研究》2021年第1期。

1950年8月4日召开的中央政治局会议，是讨论抗美援朝问题的第一次政治局会议。这次会议是为了讨论面对朝鲜战局的现状，中国应采取何种对策。毛泽东在会上明确讲到要帮助朝鲜，他说："如美帝得胜，就会得意，就会威胁我。对朝鲜不能不帮，必须帮助，用志愿军的形式，时机当然还要适当选择，我们不能不有所准备。"[①]不过，出兵援助朝鲜此时还只是毛泽东等人的个人意见，既没有在党内取得共识，也没有对外表露过这一想法。

　　美军于9月15日在仁川登陆之后，朝鲜战局开始急剧变化。9月底，美军和南朝鲜军队全面抵近"三八线"。10月1日，是新中国成立一周年庆祝日，这一天南朝鲜军队越过了"三八线"。也是在这一天，朝鲜劳动党和朝鲜政府请求中国出兵援助。面对这样的情况，毛泽东在第二天主持召开了一次中央书记处会议，专门讨论朝鲜战局和出兵问题。会上，毛泽东认为，不仅应该出兵朝鲜，而且应该尽快出兵；但是参会的大多数人都不同意出兵，因此会议得出了"暂不出兵"的初步看法，并决定两天以后再次召开中央政治局会议继续讨论相关问题。

　　10月4日召开的扩大的中央政治局会议是讨论抗美援朝问题的第二次政治局会议，这次会议开了两天。在第一天的会议上，大多数人还是不赞成出兵，他们的理由主要是：中国历经多年战争，当下最需要的是医治战争创伤；成立新中国才一年，经济还十分困难；原定的新解放区农村土地改革和城市民主改革还没有进行；剿匪反特的任务尚未完成，反革命分子还没有肃清，新生的人民政权还没有完全巩固；与美军相比，一方面中国军队武器装备差，另一方面中国军队也缺乏制空权和制海权。他们的意见基本上是：不到万不得已，最好不打这一仗。[②]经过一天的会议，就是否出兵的问题仍旧没有达成共识，毛泽东宣布第二天继续开会进行讨论和研究。在5日的会议开始之前，毛泽东同刚刚从西安赶到北京准备参会的彭德怀进行了一次谈话。彭德怀表示赞同出兵，并表示自己服从中央的决定，愿意挂帅出征。在下午的会议上，除毛泽东赞同出兵外，周恩来、彭德怀也都表示赞同出兵。经过充分的讨论和研究以后，参

---

① 《毛泽东传》第3册，中央文献出版社，2011，第1071页。
② 杨冬权：《开国领袖的立国之战——再论毛泽东与抗美援朝战争》，《军事历史研究》2021年第1期。

会的其他同志最终就出兵一事达成了共识,会议作出了"抗美援朝,保家卫国"的重要战略决策。从10月2日到5日,经过4天的反复讨论和研究,党中央才最终取得了共识,这是"抗美援朝"决策制定过程的曲折和艰难之一。在中共中央作出出兵决策以后,准备出兵的阶段仍然充满曲折。

10月8日,中国人民革命军事委员会主席毛泽东发布命令,将东北边防军改为中国人民志愿军,并要求志愿军"迅即向朝鲜境内出动,协同朝鲜同志向侵略者作战并争取光荣的胜利"①,这标志着"抗美援朝"由决策阶段开始迈向实施阶段。同日,周恩来、林彪赶赴莫斯科,争取苏联的军事支援。但是斯大林放弃了之前的承诺,表示苏联空军尚未准备好,需要等两个月至两个半月以后才能出动支援志愿军作战。面对这一全新的情况,毛泽东决定再次召开中央政治局会议,讨论在没有苏联提供空中援助的情况下,是否仍然出兵。会议于13日进行,这是中共中央讨论抗美援朝相关事宜的第三次政治局会议,与会者一致认为:在美军已经越过中方一再提醒的警戒线——"三八线"——并不断向北推进的情况下,即使没有苏联提供的空中支援,也应当坚持原定的计划出兵援朝,"应当参战,必须参战。参战利益极大,不参战损害极大。"②

第二天,讨论抗美援朝问题的第四次政治局会议在毛泽东主持下召开,研究志愿军入朝作战的初步部署。这次会议初步决定了三个问题:一是出动时间——10月19日;二是出兵人数——15个师26万人;三是出动后的目标——在得到苏联武器装备之前,主要打伪军,不作攻势作战。③

18日,毛泽东主持召开讨论抗美援朝问题的第五次中央政治局会议。这次会议主要是听取刚刚返回国内的周恩来关于苏联军事援助情况的汇报以及彭德怀关于志愿军入朝作战准备情况的汇报。毛泽东指出:"现在敌人已围攻平壤,再过几天敌人就进到鸭绿江了。我们不论有天大的困难,志愿军渡江援朝不能再变,时间也不能再推迟,仍按原计划渡江。"④当晚,毛泽东即向志愿军

---

① 中共中央文献研究室编《毛泽东文集》第6卷,人民出版社,1999,第100页。
② 同上书,第104页。
③ 杨冬权:《开国领袖的立国之战——再论毛泽东与抗美援朝战争》,《军事历史研究》2021年第1期。
④ 《毛泽东年谱(一九四九——一九七六)》第1卷,中央文献出版社,2013,第216页。

下达了渡江入朝作战的指令。

19日晚，中国人民志愿军跨过鸭绿江。"抗美援朝，保家卫国"正式由决策变为行动。

"抗美援朝，保家卫国"，这是以毛泽东为代表的中国共产党人在新中国面临重重困难的情况下，在全面分析敌我优劣条件的基础上，经过充分的民主讨论和意见征集后，以非凡的胆略和气魄作出的重大战略决策。历史充分证明，这个战略决策是完全必要、完全正确的。中国共产党在危急时刻作出的这一重大决策足以改写历史，它充分体现了中国共产党领导的正确、坚强、有力。没有中国共产党，就没有抗美援朝的伟大决策，也就不可能有从抗美援朝战争中锻造出来的伟大抗美援朝精神。

2. 未雨绸缪、有的放矢，开展卓有成效的战争动员

在"抗美援朝，保家卫国"旗帜引领下，中国共产党领导全国各族人民开展了广泛深入、卓有成效的战争动员，为志愿军艰苦奋战提供了坚强的后盾和不竭的力量源泉，这是最终能够促成停战、达成战略目标的重要原因之一。抗美援朝战争动员包括军事动员、政治动员和经济动员三个方面，每一方面都充分体现了中国共产党发挥的正确领导作用。

抗美援朝战争的军事动员开展得最早，在朝鲜战争爆发后就已经开始。中共中央从战略全局出发，居安思危、未雨绸缪，进行了一系列动员准备工作，全面调整国防部署：组建东北边防军，作为保卫东北安全的国防力量和在必要时可以及时支援朝鲜的武装力量；抽调第九、第十九兵团作为二、三线部队集结于山海关以内；从西南军区抽调部队组成一个兵团北上集结，从中南军区抽调2个军进行整训，作为后备力量。这一系列军事部署，使中国人民能够在抗美援朝战争开始后免于仓促应战，争取了主动地位。正如彭德怀所说，抗美援朝战争之所以能够取胜，"最重要的则是由于党中央和毛主席英明的决策，坚定的意志和正确的领导。当美帝国主义发动侵略战争时，我们即调了五个军置于鸭绿江北岸，待敌越过三八线向我国边境逼近时，出敌不意地给以痛击，取得第一个战役的胜利。这不仅挽救了当时朝鲜人民军败退的局面，而且取得了战争的主动权。如果预先无此准备，想要凭空扭转当时极不利极严重的局面，

那是不可设想的。"①

抗美援朝战争开始后,为了适应战争长期化的特征,中共中央和中央军委组织部队轮番参战,先后动员组织27个野战军、12个空军师、10个炮兵师、10个铁道兵师和装甲兵、工程兵、防空兵、公安部队等多个兵种的部队入朝作战。与此同时,中共中央还领导进行后备力量动员,在国内掀起了参军参战的热潮,动员新参加志愿军的士兵80余万人。此外,还有成千上万的铁路员工、汽车司机、医务人员、民工等被动员起来组成担架队、运输队、医疗队、民工队等,担负战地勤务工作。这些工作保证了志愿军的兵员补充和战地勤务。为了保证战场的各项需求能够得到及时有效的满足,中共中央和中央军委还组织开展了强有力的后勤物资动员,以东北行政区为总后方基地,建立健全后勤保障机构,动员组织大量人力、物力,全力支援前线,通过一系列举措不断增强后勤保障能力,建设了一条打不烂、炸不断的"钢铁运输线"。

抗美援朝战争的政治动员是指中国共产党为了实现"抗美援朝,保家卫国"的目标,发动人民群众支援抗美援朝战争而在志愿军和广大人民群众中进行的广泛、深入的政治宣传。抗美援朝战争与以往中国共产党领导进行的战争相比,最大的不同之处在于战场处于国外。因此,如何才能激发国内人民对抗美援朝战争的支持,是开展政治动员要解决的重要问题。中共中央在抗美援朝战争开始后着手领导各级政治机关、联合社会各界向人民群众广泛宣传党的抗美援朝的方针政策,向人民群众讲明抗美援朝战争的必要性和正义性,揭露美国的侵略行径,在中国共产党和各民主党派联合发表的《各民主党派联合宣言》中明确指出:"帝国主义者的侵略野心是无止境的。美帝国主义者在今年六月二十五日发动侵朝战争,他们的阴谋绝对不止于摧毁朝鲜民主主义人民共和国,他们要并吞朝鲜,他们要侵略中国,他们要统治亚洲,他们要征服全世界。"②向全国人民深刻讲明"唇亡则齿寒,户破则堂危,救邻即自救"的道理。抗美援朝的宣传运动"深入到每个街道,每个乡村,每个家庭,做到家喻

---

① 中共中央文献研究室编《建国以来重要文献选编》第4册,中央文献出版社,1993,第610页。

② 中共中央文献研究室编《建国以来重要文献选编》第1册,中央文献出版社,1992,第455页。

户晓，妇孺皆知"①。当时军民之中存在不同程度的亲美、崇美、恐美的不良倾向和错误思想。面对这种情况，中共中央在志愿军和人民群众中领导开展仇视、鄙视、蔑视美国的"三视"教育，《中共中央关于在全国进行时事宣传的指示》中对此明确讲道："我全国人民对美帝国主义应有一致的认识和立场，坚决消灭亲美的反动思想和恐美的错误心理，普遍养成对美帝国主义的仇视、鄙视、蔑视的态度。"②以此帮助志愿军将士和人民群众抛弃错误思想，树立敢打必胜的坚强决心和坚定信念。除此之外，中共中央还动员全国人民以实际行动支援抗美援朝战争，在国内开展了轰轰烈烈的抗美援朝运动，领导成立了中国人民抗美援朝总会、总分会、分会等群众性动员机构，对全国人民进行政治宣传和鼓动，有效地发动了群众。在中共中央领导下，抗美援朝总会先后在全国号召开展了订立爱国公约、捐献飞机大炮、增产节约、拥军优属等运动，得到了全国人民的广泛响应：工人们提出"工厂就是战场，机器就是枪炮"的口号，自愿加班加点赶制各种战备物资；农民们提出"努力生产多打粮，打败美帝野心狼"的口号，全身心投入到农业生产中，努力为前线提供更多粮食；工商业者们也提出"爱国不落人后"，进行集体纳税以支援前线。在这些运动中，全国人民广泛自愿参与，共捐献人民币5.565亿元，相当于3710架战斗机的价款，在全国营造起支援抗美援朝战争的政治氛围。在志愿军中也开展了卓有成效的政治动员，主要通过召开誓师大会、战评会，下达政治动员令等方式激发志愿军的革命意志，提升志愿军的战斗力。通过一系列政治动员举措，在中国共产党领导下，在爱国主义旗帜下，全国人民不分民族、不分地域、不分界别全都紧密团结起来，满怀着不断高涨的参战、援战热情，汇聚成为"抗美援朝，保家卫国"的中流砥柱和坚强后盾。

经济是战争的基础。抗美援朝战争面临诸多困难，其中之一就是中美两国之间的经济差距。美国是资本主义世界的头号强国，经济实力居于世界首位，1950年工农业总产值为2800亿美元，钢产量为8772万吨。而当时新中国刚刚成立，百废待兴，经济方面远远落后于美国，1950年的工农业总产值仅有100

---

① 逢先知、李捷：《毛泽东与抗美援朝》，中央文献出版社，2010，第66页。
② 中共中央文献研究室编《建国以来重要文献选编》第1册，中央文献出版社，1992，第436页。

亿美元，是美国的 1/28；钢产量为 60.6 万吨，仅相当于美国的 1/144。面对中美之间如此悬殊的经济水平差距，面对新中国百废待兴的现实状况，面对一场不得不打的战争，如何才能在确保战争需要的同时保证国内的经济建设不停滞，是中共中央必须考虑的问题。为了解决这一问题，中共中央通过一系列举措开展了成功的经济动员：调整财政方针，"一切服从战争，一切为了战争的胜利"[①]。国防第一，稳定市场第二，其他第三；实行"边打、边稳、边建"的经济指导方针，在国内进行土地改革、工商业的合理调整、稳定物价、节减国家机构开支等工作，并在水利等领域有重点地进行建设；在全国号召开展爱国生产竞赛，全国人民踊跃参与，工农业生产得到大幅恢复和提升。此外，针对实施过程中出现的问题，党中央则通过开展"三反""五反"运动等加以解决。以上这些措施不仅为抗美援朝战争提供了必要的物质基础，而且直接促进了国民经济的恢复和国内各项建设的开展，打消了战争开始前多数人认为参战可能使国内经济停滞的疑虑。中国共产党领导的有效的经济动员为抗美援朝战争提供了雄厚的物质基础。

开展卓有成效的军事动员，保证必要的军事力量，使志愿军在战争之初即处于主动地位，这是取得抗美援朝战争伟大胜利的基本条件；开展卓有成效的政治动员，将存在于人民群众之中的深厚的战争伟力充分激发出来并转化为现实战斗力，这是提高民众精神力量和援朝军队战斗力的有效保证；开展卓有成效的经济动员，正确处理战争与经济建设的关系，充分保障战争物资的需求，这是取得抗美援朝战争伟大胜利的物质保障。正是通过这三方面的战争动员，中国共产党才能领导中国人民在经济、军事差距悬殊的情况下仍能坚持同以美国为首的"联合国军"作战，并最终促使美方坐在谈判桌前签下《朝鲜停战协定》。

3. 边打边谈、以打促谈，取得抗美援朝战争伟大胜利

中国人民志愿军入朝作战后，全体指战员充分发扬英勇顽强的战斗精神，依靠灵活的战略战术，在同朝鲜人民军密切合作之下，连续开展五次战役，将战线由鸭绿江边推回至"三八线"附近，从根本上扭转了志愿军入朝之前的战

---

① 陈云：《陈云文选》第 2 卷，人民出版社，1995，第 112 页。

争形势，战争由此形成了相持局面。通过这五次战役，美国当局看到其武装占领朝鲜半岛的企图已经很难实现了，加之美国的盟国也不愿在朝鲜战场拖得太久，因此美国不得不打算调整朝鲜战争的策略，寻求"在三八线地区建立一条有利的防线，寻求缔结停战协定，结束朝鲜战争"①。志愿军虽然在前一阶段的战争取得了重大胜利，但是也确实存在一些实际困难，例如武器装备处于劣势，现代化武器装备极度缺乏，缺少空军、海军支持，后勤补给能力较弱等。面对美国主动提出进行停战谈判的情况，中共中央和中央军委考虑到战争有长期化的可能，依靠志愿军当下的武器装备和作战条件，短时间内难以迅速歼灭敌军，因此在经过与朝鲜方面商议后，确定了"充分准备持久作战和争取和谈，达到结束战争"②的方针。由此，抗美援朝开始由中朝与美李间的军事较量逐渐转为边打边谈的新阶段。

1951年7月10日，朝鲜停战谈判开始进行。但是，"朝鲜停战谈判是一次史无前例的停战谈判。它既不是帝国主义者征服了别的国家、强迫别国接受投降条件的停战谈判，也不是帝国主义者争夺火并、相持不决，只好以妥协瓜分殖民地谋得短暂和平的停战谈判，而是一个妄图独霸世界的帝国主义者，在侵略战争中遭受到年轻的新兴的人民民主国家的反抗并遏制之后，不得不罢手而勉强接受的停战谈判。很显然，帝国主义者对于这样的谈判是不会心甘情愿地接受的，他无时无刻不在力图翻案。"③因此，这场谈判注定不会一帆风顺。对此，中共中央早有估计，并及时采取了适当措施，及时调整志愿军的战略部署，决定采取"持久作战，积极防御"的战略方针，由军事斗争为主转变为军事、政治斗争两策并举，在积极争取和平谈判的同时，也要对美方可能采取的军事措施有所防备，为后续的持久作战、边打边谈、以打促谈做了充分的准备。

军事分界线问题是双方都极为关注的问题，是停战谈判的核心问题。以北纬38°线作为军事分界线，这原本是谈判双方都表示赞同的，但是当正式进行关于这一问题的谈判时，美方却出尔反尔，宣称军事分界线的划定应该考虑美

---

① 军事科学院军事历史研究所：《抗美援朝战争史》下卷，修订版，军事科学出版社，2011，第11页。
② 《毛泽东年谱（一九四九——一九七六）》第1卷，中央文献出版社，2013，第359页。
③ 中共中央文献研究室编《建国以来重要文献选编》第4册，中央文献出版社，1993，第381页。

军具有的海军、空军的优势,并予以"补偿"。如果按美方所划定的军事分界线,朝鲜人民军和中国人民志愿军方面将从当时双方的实际接触线向后撤数十千米。对此,中共中央指出:"不管敌人企图如何,仍坚持依照程序首先解决以三八线为双方军事分界线的问题,即使继续僵持下去,也仍然对我有利。""如果僵持久了,敌人以原有阵地以北作为分界线的提议公布出去,极大可能会引起世界多数舆论的惊异和责难。"①当美方的无礼企图遭到中朝方面的坚决拒绝后,便指挥"联合国军"连续发动了夏季、秋季攻势。为了削弱我军的后勤力量、破坏朝鲜北方的铁路,美方还出动其空军力量发动了"绞杀战",企图依靠武力来迫使中朝方面满足他们的要求。对于美方的做法,中共中央是早有估计、早有准备的。在谈判正式开始之前,毛泽东就提醒在前线的彭德怀以及朝鲜方面,"在和敌方代表准备谈判及实行谈判期间……极力提高警惕。我第一线各军,必须准备对付在谈判前及谈判期内敌军可能对我来一次大的攻击,在后方,则举行大规模的空炸,以期迫我订立城下之盟。如遇敌军大举进攻时,我军必须大举反攻,将其打败。"②志愿军通过以打促谈的方式,在两个多月中对美军的进攻进行坚决反击,成功粉碎了敌人的夏秋攻势,取得了夏秋防御战役的胜利,并且通过反"绞杀战"建成了一条"钢铁运输线"。反观美方,"联合国军"仅占领了640多平方千米的土地,却付出了伤亡15.7万人的巨大代价,这遭到来自美国国内巨大的舆论谴责特别是国会的指责。无奈之下,美方不得不再次坐回谈判桌前,停战谈判继续进行。终于,在11月23日,双方就军事分界线问题正式达成协议。现实证明,中共中央关于谈判过程的判断和估计完全准确,对于谈判和战场的指导也是完全准确的。这一阶段谈判的胜利,是中国共产党领导下的志愿军与朝鲜人民军团结一致、有力配合、奋力战斗打出来的,也充分说明同美国这样的敌人谈判讲和是十分不容易的,因此必须有有力的军事力量相配合,才能实现以打促谈的目的,彻底让敌人企图以武力逼迫我们就范的幻想破灭。

关于军事分界线的谈判达成一致后,接下来进入关于停火休战的具体安排、关于战俘的安排,以及关于向双方有关各国政府建议事项等内容的谈判。

---

① 周恩来:《周恩来军事文选》第4卷,人民出版社,1997,第209页。
② 中共中央文献研究室编《毛泽东文集》第6卷,人民出版社,1999,第174页。

关于向双方有关各国政府建议事项的问题和停火休战问题，双方主张虽然存在分歧，但是在充分交流和双方都做出一定让步的基础上分别于1952年2月17日和5月2日达成协议。但是在战俘安排问题上，双方产生了重大分歧。按照《日内瓦公约》的规定（这是第二次世界大战后各国公认的国际公约），实际战争停止后，战俘应即予以释放并遣返，不得迟延，且在任何情况下，战俘均不得放弃公约所赋予的一部分或全部权利。美方作为《日内瓦公约》的缔约国之一，自然应该遵循，但是美方却打着"人权"的幌子拒绝履行《日内瓦公约》的规定，而是提出"自愿遣返"原则，实际上是强迫中朝战俘表示"拒绝遣返"。对此，中朝方面据理力争，对美方的无礼要求予以坚决谴责，但美方毫不理会，并单方面宣布休会，谈判至此又一次中断。对此，中共中央明确表示，美方"蛮不讲理地坚持其所谓自愿遣返实即强迫扣留我方战俘"，"拒绝协商，中止谈判，企图以此压迫即将开会的联合国大会赞同其破坏谈判、扩大战争的阴谋"。并明确表示，"对双方遣返全部战俘的原则决不放弃，对释放和遣返的方法和步骤从来就主张可以协商"，"对方应负拒绝协议、破坏谈判的全部责任"。①

谈判中断后，美方故伎重施，打算通过发动军事攻势逼中朝方面就范，于1952年10月14日发动了"金化攻势"。但是，在中国共产党领导下，此时的中国人民志愿军已经解决了一系列问题，"最初是能不能打，后来是能不能守，再后来是能不能保证给养，最后是能不能打破细菌战。这四个问题，一个接着一个，都解决了。我们的军队是越战越强。"②尽管"联合国军"的进攻十分激烈，但志愿军依托修建的各种坑道工事，严密防守、英勇战斗，寸土必争。在历时40余天的上甘岭战役中，志愿军歼敌2.5万余人，这是战争史上坚守防御的经典战役。此后，"联合国军"再未发动过营级以上规模的进攻。为了尽快实现以打促谈的战略目标，志愿军和朝鲜人民军在1953年5—7月向"联合国军"发起了夏季攻势，这是中方在阵地战阶段举行的最大规模的一次战役。夏季攻势不断取胜，迫使"联合国军"不得不再次坐回谈判桌前。通过

---

① 中共中央文献研究室编《周恩来年谱（1949—1976）》上卷，中央文献出版社，1997，第263页。
② 毛泽东：《毛泽东军事文集》第6卷，军事科学出版社、中央文献出版社，1993，第353页。

谈判，双方就战俘问题最终达成了一致。但是因为南朝鲜方面公然破坏这一协议，中朝方面又继续开始新一阶段的攻势，在6月25日至7月27日的作战中共歼敌7.8万余人，收复了192.6平方千米的土地。通过这次作战，打击了南朝鲜李承晚集团的嚣张气焰，加深了敌方的内部矛盾，加速了停战协定的签订。1953年7月27日，《朝鲜停战协定》在板门店签订。

《朝鲜停战协定》既是谈出来的结果，更是打出来的结果，边打边谈、以打促谈是抗美援朝战争特别是战争后期的主要特征。在这个过程中，无论是军事战略上的部署，还是谈判进程中的指导，抑或是外交战线上的运筹，都离不开中国共产党特别是毛泽东和中共中央的高瞻远瞩和战略决策，正是中国共产党的正确领导，促成了抗美援朝战争的伟大胜利。

抗美援朝战争，从决策出兵，到动员开展，再到促成停战，从头至尾贯穿的一条主线就是中国共产党的领导。我们无法想象，如果没有中国共产党及时作出"抗美援朝，保家卫国"的战略决策，而是放任美帝国主义的侵略行径，将会产生什么样的后果；我们无法想象，如果没有中国共产党在各条战线领导开展卓有成效的战争动员，战争还能否顺利进行；我们也无法想象，如果没有中国共产党权衡利弊、坚定立场，同美方边打边谈，战争的结果将会产生什么样的变数。通过这场战争，中国人民粉碎了侵略者陈兵国门进而将新中国扼杀在摇篮之中的企图，彻底洗刷了近代以来任人宰割、仰人鼻息的百年耻辱。通过这场战争，刚刚成立的新中国打败了侵略者，奠定了在亚洲和国际事务中的大国地位，极大地增强了中国人民的民族自信心和新中国的国际话语权。中国共产党领导中国人民充分展示了不畏强暴的钢铁意志、万众一心的顽强品格、维护世界和平的坚定决心以及人民军队敢打必胜的血性铁骨，中国共产党的坚强正确领导为抗美援朝精神的产生提供了有力保障。

（二）马克思列宁主义的科学理论是抗美援朝精神形成的理论基础

"中国共产党是用马克思主义武装起来的政党，马克思主义是中国共产党人理想信念的灵魂。"[①]马克思列宁主义科学理论的力量贯穿于中国共产党的发

---

① 习近平：《习近平谈治国理政》第3卷，外文出版社，2020，第74页。

展史，也贯穿于抗美援朝精神的形成过程。抗美援朝精神是马克思列宁主义同抗美援朝战争实践相结合的产物。

抗美援朝战争是中朝两国共同抵御帝国主义侵略的正义之战，这个过程中突出表现了爱国主义与国际主义这两个重要的马克思列宁主义科学理论原则。

在马克思主义发展史上，爱国主义和国际主义始终是两个重要的原则，二者之间的关系也随着具体时代条件的变化而不断变化。

爱国主义精神是抗美援朝精神的核心，也是马克思主义的重要原则。马克思主义向来是肯定爱国主义的，但爱国主义不是抽象的，而是具体的、历史的。马克思主义所肯定的爱国主义中的"国"，是指无产阶级取得政权以后所建立起来的无产阶级专政的社会主义国家，而不是资产阶级专政的资本主义国家。马克思认为，只有无产阶级建立了属于自己的国家政权，实行无产阶级专政以后才能实现并维护自身的利益，也只有在这种条件下，才能够谈"爱国"。而在资产阶级专政的情况下，"工人没有祖国"，因此也就无从谈起"爱国主义"。因此在资产阶级强强联手，压迫、剥削无产阶级的时代背景下，马克思在爱国主义与国际主义的关系中更强调国际主义，即无产阶级的国际大联合。《共产党宣言》中那句振聋发聩的"全世界无产者，联合起来！"便是此意。马克思主义不是教条，随着时代的发展变化，马克思主义者对于爱国主义与国际主义关系的看法也发生了变化。十月革命胜利后，当社会主义已经从理论变为现实，当无产阶级已经率先在资本主义链条的薄弱环节取得领导权，建立起社会主义国家后，无产阶级和资产阶级的力量对比发生了重大变化，此时，爱国主义则成了国际主义的前提，国际主义成了爱国主义的延伸，因此保卫祖国也就是同保卫世界无产阶级力量相一致的。

随着时代发展和社会变迁，正确理解和处理爱国主义与国际主义之间的辩证关系，是马克思主义辩证唯物主义的要求。中国共产党人也始终坚持这一正确处理二者关系的原则，始终将爱国主义与国际主义结合起来，抗美援朝战争就是这种结合的典范之一。

"抗美援朝，保家卫国"，这一口号本身就体现了爱国主义与国际主义的结合。

抗美援朝战争是爱国主义的伟大创举。当帝国主义将战火烧至鸭绿江边，当帝国主义的舰队开进台湾海峡，新生共和国的安全遭受着极大的威胁。党中央审时度势,及时决定出兵朝鲜,抗美援朝的决策和一系列重大部署饱含着爱国主义精神;志愿军远赴朝鲜,在异国他乡为了祖国和人民与敌人英勇战斗的事迹饱含着爱国主义精神;全国人民开展轰轰烈烈的抗美援朝运动,全力支援前线的实践饱含着爱国主义精神。

抗美援朝战争是国际主义的伟大创举。在邻国遭受帝国主义侵略的情况下,在朝鲜劳动党和政府向我国请求援助的情况下,派出志愿军入朝作战,既是履行社会主义阵营中同志间固有的政治义务,也是坚持马克思主义国际主义的科学理论的必然要求。在战争期间,志愿军与朝鲜人民军休戚与共、密切合作,对朝鲜人民团结友爱、高度尊重,并且涌现出黄继光、邱少云、罗盛教等英模人物,充分展现出抗美援朝战争中的国际主义精神。

在抗美援朝战争中,中国共产党在马克思列宁主义科学理论指导下,坚持爱国主义与国际主义相结合的马克思主义原则,在"抗美援朝,保家卫国"的雄壮口号中同朝鲜军民并肩战斗,打败了侵略者,重挫了帝国主义的气焰,并在这个过程中锻造出伟大抗美援朝精神。

(三)中国人民志愿军的艰苦奋战是抗美援朝精神形成的实践基础

在抗美援朝战争中,志愿军将士们用舍生忘死的艰苦奋战谱写了气壮山河的英雄赞歌,为家国安宁、世界和平作出了巨大贡献,也为抗美援朝精神注入了民族血液。

抗美援朝战争,是在交战双方力量极其悬殊条件下进行的一场现代化战争。当时中美两国国力相差巨大,但是即使在差距异常悬殊的情况下,中国人民志愿军也毫无畏惧,同敌人展开英勇斗争,在渡过鸭绿江后,"首战两水洞、激战云山城、会战清川江、鏖战长津湖等,连续进行5次战役"[①],此后又通过构筑坚固的纵深防御阵地,借助各种坑道工事,实施多次进攻战和反击战,粉碎了敌人通过"绞杀战"打垮我方运输线的企图,抵御住敌人开展的严重违反人道主义的"细菌战",血战上甘岭创造了现代战争史上的奇迹,创造

---

① 习近平:《在纪念中国人民志愿军抗美援朝出国作战70周年大会上的讲话》,《人民日报》2020年10月24日,第2版。

了威武雄壮的战争伟业。

志愿军将士们是在异常艰苦的自然环境和物质条件下在异国他乡坚持战斗的。一方面,志愿军的武器装备同敌人相比十分落后,美军拥有高度现代化的陆、海、空军,装备着当时世界上最先进的各式现代化武器;而志愿军部队完全没有海军力量,空军力量很小,陆军装备也很落后,严重缺少现代化武器,武器装备上的劣势十分明显。另一方面,在战争中,特别是在战争的前期和中期,志愿军的后勤补给也处于相当艰难的境地。由于运输距离过长、运输工具不足,加之敌军对志愿军运输线路的破坏,"我军补充物资只有百分之六十至七十能达前线,有百分之三十至四十在途中被炸毁"[①]。在冬季近零下40℃的低温环境中,甚至有相当多的战士身着单衣坚持对敌斗争,在高度机动的战场环境下,一口炒面配一口雪是当时志愿军战斗场景的生动写照,足见当时志愿军战斗条件的艰苦。

即使在这样艰苦的条件下,志愿军将士们也丝毫不退缩,高度发扬"一不怕苦、二不怕死"的战斗精神坚持战斗。他们冒着敌人的枪林弹雨勇敢冲锋,顶着敌人的狂轰滥炸坚守阵地。他们当中有用自己的胸膛堵住敌人的枪眼,掩护队友冲锋的黄继光;有英勇战斗至最后一人,抱起炸药包与敌人同归于尽的杨根思;有为了不暴露部队的隐蔽位置,烈火烧身岿然不动的邱少云;有受伤后仍坚持战斗的反坦克英雄谭炳云;有创下用轻武器击落敌机先例的关崇贵;也有在战斗中沉着指挥,组织队伍数次打退敌人反扑的李延年……在他们当中涌现出30多万名英雄功臣和近6000个功臣集体。以他们为代表的志愿军全体将士在极其艰苦的条件下打破了美军"不可战胜的神话",促成《朝鲜停战协定》签订就是他们艰苦奋战所取得的成果。

志愿军将士们用生命和鲜血谱写了气壮山河的英雄赞歌,创造了感天动地的人间奇迹。他们的艰苦奋战让帝国主义侵略者懂得,"现在中国人民已经组织起来了,是惹不得的,如果惹翻了,是不好办的。"[②]他们用艰苦奋战向全世界宣告:"西方侵略者几百年来只要在东方一个海岸上架起几尊大炮就可霸占

---

① 中共中央文献研究室编《毛泽东文集》第6卷,人民出版社,1999,第149页。
② 毛泽东:《毛泽东军事文集》第6卷,军事科学出版社、中央文献出版社,1993,第355页。

一个国家的时代是一去不复返了。"①

"为什么战旗美如画,英雄的鲜血染红了它。为什么大地春常在,英雄的生命开鲜花……"志愿军将士们的艰苦奋战充分展现了不畏强暴、反抗强权的民族风骨,万众一心、勠力同心的民族力量,舍生忘死、向死而生的民族血性,为伟大抗美援朝精神注入了民族血液。

---

① 中共中央文献研究室编《建国以来重要文献选编》第4册,中央文献出版社,1993,第379页。

第二章 02

抗美援朝精神的科学内涵

一、祖国和人民利益高于一切、为了祖国和民族的尊严而奋不顾身的爱国主义精神

1950年6月25日，朝鲜内战爆发。美国政府固守冷战思维，作出武力干涉朝鲜内战的决定。美国不顾中国政府的一再警告，于同年10月组织"联合国军"越过"三八线"，将战火烧到中朝边境，中国国家安全面临严重威胁。值此危难之际，中国共产党和中国政府应朝鲜劳动党和朝鲜政府的请求，排除万难，以非凡的气魄和胆略作出抗美援朝、保家卫国的历史性决策。①面对以美国为首的"联合国军"的侵略行径，中国人民志愿军将士奋不顾身、英勇作战，社会各界纷纷订立爱国公约，竭力保障前线以支持抗美援朝。在这场波澜壮阔的抗美援朝战争中，全体中华儿女充分发扬了祖国和人民利益高于一切、为了祖国和民族的尊严而奋不顾身的爱国主义精神。

（一）中朝唇齿最相关，出国支援冒万难

1. 朝鲜战争爆发前新中国面临的形势和任务

1949年10月1日，毛泽东主席在天安门城楼上向世界庄严宣告："中华人民共和国中央人民政府今天成立了。"伴随着激昂的《义勇军进行曲》，五星红旗冉冉升起，飘扬在天安门广场。中华人民共和国的成立，开辟了中华民族历史的新纪元，使占世界总人口四分之一的中国人民彻底站了起来。然而，由于近代中国长期遭受帝国主义、封建主义和官僚资本主义的压迫，百废待兴。新中国的成立，离实现共产主义的最高目标，只是迈出了万里长征的第一步。1949年3月，党的七届二中全会指出："中国的革命是伟大的，但革命以后的

---

① 《习近平著作选读》第2卷，人民出版社，2023，第355-356页。

路程更长，工作更伟大，更艰苦。"①

新中国成立之初，中国共产党人和中国人民面临着巨大挑战。军事上，国民党退居台湾，并伺机反攻大陆，统一大业仍未结束。在西南、华南等地区还残存着部分国民党部队，他们与当地的土匪勾结，企图破坏新生政权的稳定。经济上，由于长期战乱，整个新中国工业凋敝，基础设施大部分被毁坏，加之国民党对国家经济管控不力，导致通货膨胀、物价飞涨，百姓生活困苦。同时，还有很大一部分解放地区没有进行土地改革，农民无法集中力量进行生产。外交上，以美国为首的西方国家对新中国实行经济封锁、政治孤立、军事包围。②面对这些严峻的考验，1949年9月29日中国人民政治协商会议通过了《中国人民政治协商会议共同纲领》（以下简称《共同纲领》），规定中央人民政府的主要任务是："在全中国境内实施人民民主专政。它将指挥人民解放军将革命战争进行到底，消灭残余敌军，解放全国领土，完成统一中国的伟大事业。它将领导全国人民克服一切困难，进行大规模的经济建设和文化建设，扫除旧中国所留下来的贫困和愚昧，逐步地改善人民的物质生活和提高人民的文化生活。它将保卫人民的利益，镇压一切反革命分子的阴谋活动。它将加强人民的陆海空军，巩固国防，保卫领土主权完整，反对任何帝国主义国家的侵略。"③

在中国共产党带领下，全国人民依照《共同纲领》的预定目标进行了大规模的恢复建设，巩固新生的人民政权。然而就在这时，与中国毗邻的朝鲜半岛爆发了大规模战争。朝鲜是中国的近邻，与中国东北地区接壤。历史已经证明，朝鲜半岛的和平稳定关乎中国主权独立与领土完整。由于朝鲜半岛特殊的地理位置，日本帝国主义曾将朝鲜视为向亚洲殖民扩张的一块跳板。1945年8月15日，日本帝国主义宣布无条件投降。日本投降后，美苏两国经过协商，决定以"三八线"为界，该线以北为苏军对日受降区，以南为美军对日受降区。这条线本该是美苏两国为接受日军投降而临时划分的界线，但由于美苏两国社会制度和意识形态不同，两国军队占领朝鲜后分别推行各自的政策，按照

---

① 毛泽东：《毛泽东选集》第4卷，人民出版社，1991，第1438页。
② 参见中共中央党史研究室：《中国共产党的九十年——社会主义革命和建设时期》，中共党史出版社、党建读物出版社，2016，第360页。
③ 中共中央文献研究室编《毛泽东文集》第5卷，人民出版社，1996，第348页。

自己的意识形态管理所占领的朝鲜地区，使朝鲜南方和北方分别走上不同的发展道路，人为地导致了朝鲜国家和民族的分裂。

朝鲜分裂后，双方在"三八线"附近军事摩擦不断，都遭受过对方的游击刺探与间谍活动骚扰。"李承晚总统毫不掩饰他最终要夺取北朝鲜的意图。穆乔大使对1949年年底在韩国总统官邸青瓦台举行的一次招待会的情景还记忆犹新。一名韩国国防部军官'兴冲冲地进门，赞扬他的小伙子们刚刚占领了三八线以北正对开城的海州'。"[1]自1949年1—12月，南朝鲜在"三八线"上进行军事挑衅共计1836次。[2]美军高层麦克阿瑟曾在李承晚的就职典礼上向李承晚许诺，如果韩国遭遇袭击，美国会像"保卫加利福尼亚州那样保卫韩国"[3]。1950年6月17日，美国国务院顾问约翰·福斯特·杜勒斯到南朝鲜活动，在视察"三八线"南朝鲜军队和阵地时发表演说："没有任何敌人，能够挡得住你们，不论他们多么强大。可是我希望你们将作进一步的努力，因为你们显示出你们巨大力量的时候已经不远了。"19日，杜勒斯在南朝鲜"国民议会"中发表演讲："如果与共产主义妥协，那就等于选择导致灾难的道路。"李承晚也附和道："如果我们不能在冷战中保卫民主，那么，我们就要在热战中赢得胜利。"[4]终于，1950年6月25日，"三八线"附近长期的军事冲突发生了质变，朝鲜大规模内战全面爆发。

2. 中共中央对国家安全形势的分析

朝鲜战争爆发后，1950年6月25日傍晚，美国总统杜鲁门在布莱尔大厦召开会议，商讨在朝鲜的军事行动。会议决定，立即派出空军迟滞朝鲜人民军的攻势；由麦克阿瑟成立军事小组前往朝鲜查明军事所需；从菲律宾撤回美国海军第七舰队，部署于台湾海峡，阻止中国人民解放军解放台湾。6月27日上

---

[1] 约瑟夫·古尔登：《朝鲜战争——未曾透露的真相》上，于滨、谈峰、蒋明伟译，北京联合出版社，2014，第32页。
[2] 朝鲜民主主义人民共和国科学院历史研究所编《朝鲜人民正义的祖国解放战争史》，朝鲜外国文出版社，1961，第18-19页。
[3] 参见大卫·哈伯斯塔姆：《最寒冷的冬天——美国人眼中的朝鲜战争》，王祖宁、刘寅龙译，重庆出版社，2014，第54页。
[4] 柴成文、赵勇田：《抗美援朝纪实》，中共党史资料出版社，1987，第40页。

午,杜鲁门在与美国国会领袖会晤之后,发表了总统声明,宣称:"我已命令美国的空海军部队给予朝鲜政府部队以掩护及支持。"并称:"我已下令第七舰队阻止对台湾的任何攻击……台湾未来地位的确定,必须等待太平洋安全的恢复、对日和约的签订或经由联合国的考虑。"[1]这份声明背弃了有美国参加的有关台湾归属中国的《开罗宣言》和《波茨坦公告》(亦称《波茨坦宣言》),准备将纯属中国内政的台湾问题提交联合国决定,制造中国的分裂。除此之外,杜鲁门政府还操纵联合国安理会通过了出兵朝鲜的非法决议,美军以"联合国军"的名义参战。1950年6月30日,杜鲁门批准了地面部队进入朝鲜的请求。[2]自此,美国公然地武装介入了这场朝鲜内战,使其性质由内战转变为抵抗侵略的战争。同时,美国军舰公然入侵台湾海峡,严重侵犯了中国的主权和领土完整,也使这场战争从一开始就与中国息息相关。

面对美国的侵略行径,1950年6月28日,中央人民政府委员会召开了第八次会议,周恩来总理兼外交部长在会上发表了严正声明:"美国总统杜鲁门在指使南朝鲜李承晚傀儡政府挑起朝鲜内战之后,于六月二十七日发表声明,宣布美国政府决定以武力阻止我台湾的解放。美国第七舰队并已奉杜鲁门之命向台湾沿海出动。我现在代表中华人民共和国中央人民政府声明:杜鲁门二十七日的声明和美国海军的行动,乃是对于中国领土的武装侵略,对于联合国宪章的彻底破坏……事实上,美国政府指使南朝鲜李承晚傀儡军队对朝鲜民主主义人民共和国的进攻,乃是美国的一个预定步骤,其目的是为美国侵略台湾、朝鲜、越南和菲律宾制造借口,也正是美帝国主义干涉亚洲事务的进一步行动。我代表中华人民共和国中央人民政府宣布:不管美国帝国主义者采取任何阻挠行动,台湾属于中国的事实,永远不能改变;这不仅是历史的事实,且已为《开罗宣言》《波茨坦宣言》及日本投降后的现状所肯定。我国全体人民,必将万众一心,为从美国侵略者手中解放台湾而奋斗到底。"[3]美国的入侵对中

---

[1] 陶文钊主编《美国对华政策文件集(1949—1972)》第2卷上,世界知识出版社,2004,第40页。

[2] 参见大卫·哈伯斯塔姆:《最寒冷的冬天——美国人眼中的朝鲜战争》,王祖宁、刘寅龙译,重庆出版社,2014,第79-89页。

[3] 《周外长发表声明 杜鲁门声明和美海军行动是对我武装侵略 我全体人民必将从美侵略者手中解放台湾》,《人民日报》1950年6月29日,第1版。

国安全构成了直接的威胁。中共中央认为,美国企图在朝鲜打开一个缺口,使其成为世界大战的东方基地。因此,"我们对于朝鲜不仅看作兄弟国家问题,不仅看作与我东北相连接而有利害关系问题,而且应该看作重要的国际斗争问题。只要利用朝鲜战争把美国的阴谋揭破,就可以使美帝国主义动员国内人民和动员它的盟国更加困难;如果朝鲜能够获得胜利,我们的台湾问题也就容易解决了"[①]。据此,中共中央在全面分析国际国内形势、权衡利弊之后,作出了意义重大的战略决策:"支援朝鲜人民,推迟解放台湾。"[②]并决定向朝鲜派出使馆人员,密切中朝联系。同时未雨绸缪,于1950年7月7日和10日分别召开了国防会议商讨东北边防问题。中央军委于同月13日作出《关于保卫东北边防的决定》,调集20多万野战军成立东北边防军,同时向苏联订购各式武器装备,巩固东北边防,为之后赴朝作战、抗击美国侵略者做了战争准备。

图 2-1　美军在红滩卸下人员及装备

在朝鲜战争初期,朝鲜人民军势如破竹,一度占领汉城,解放了"三八线"以南的部分地区;但是在进攻釜山阵地时,遭到美军和南朝鲜军的强烈反击,进攻受阻。正当朝鲜人民军将大部分主力配置在前线防御美军和南朝鲜军的反击时,1950年9月15日,美军凭借强大的海空军实力,从朝鲜人民军侧后方的仁川发起登陆,人民军腹背受敌,局势瞬间发生逆转。美军和南朝鲜军

[①] 周恩来:《周恩来军事文选》第4卷,人民出版社,1997,第43-44页。
[②] 同上书,第43页。

会合后,全线向"三八线"逼近。

如果美军继续向北扩大战争,不仅朝鲜人民军将会面临巨大压力,而且会危及中国东北边境。因此,周恩来总理于9月30日在庆祝中华人民共和国成立一周年大会上作报告时,发出严正警告:"中国人民在解放自己的全部国土以后,需要在和平而不受威胁的环境下来恢复和发展自己的工农业生产和文化教育工作。但是美国侵略者如果以为这是中国人民软弱的表示,那就要重犯与国民党反动派同样严重的错误了……谁要是企图把中国近五万万人口排除在联合国之外,谁要是抹煞和破坏这四分之一人类的利益而妄想独断地解决与中国有直接关系的任何东方问题,那么,谁就一定要碰得头破血流。"①

图 2-2 时任印度驻华大使潘尼迦

当时,由于中国尚未与美国等西方国家建交,因此中国政府对于朝鲜战争的态度是需要通过印度政府来转告西方国家。10月3日,周恩来总理召见印度驻华大使潘尼迦,再一次强调:"第一,美军企图越过三八线,以扩大战争,我们要管,这是美国政府造成的严重情况。第二,我们主张朝鲜事件应该和平解决,不但朝鲜战事必须即刻停止,侵朝军队必须撤退,而且有关国家必须在联合国内会商和平解决的办法。"② 然而,美国政府认为这不过是中国政府的"虚张声势"而已,仍然一意孤行,大举北进,对中国的警告置若罔闻。"俄国人或中共干涉朝鲜,要冒世界大战的风险;俄国人尚未做好为了朝鲜而冒险发动世界大战的准备;中国在军事能力上不具备单独进行干涉的能力。"③

美军实施仁川登陆后,朝鲜局势急转直下。这时的朝鲜人民军无论在兵力还是在武器装备方面与以美国为首的"联合国军"相比都处于绝对的劣势。于是,朝鲜劳动党和政府决定向苏联和中国请求直接军事援助。1950年10月1

---

① 中华人民共和国外交部、中共中央文献研究室编《周恩来外交文选》,中央文献出版社,1990,第23-24页。
② 周恩来:《周恩来军事文选》第4卷,人民出版社,1997,第68页。
③ 奥马尔·布雷德利:《将军百战归》,廉怡之译,军事译文出版社,1985,第740页。

日，金日成紧急召见了中国驻朝大使倪志亮和政务参赞柴军武，正式向中国方面提出关于中国紧急出兵救援朝鲜的请求。10月3日，朝鲜劳动党中央常务委员朴一禹①携带求援信函到达北京，递交给了毛泽东。由于苏联不愿与美国在朝鲜战场上正面冲突，所以中共中央不得不在巨大压力下做出艰难抉择。在收到朝鲜方面的求援信后，毛泽东于4、5日在中南海颐年堂紧急召开了中共中央政治局扩大会议，讨论是否出兵援助朝鲜的问题。会议对朝鲜战场的形势以及敌我双方力量进行了全面的分析，得出了两种意见：一种意见主张暂缓出兵；另一种意见是立即出兵援助朝鲜。在经过反复讨论、权衡利弊后，中央政治局的意见最终趋于一致，于10月5日作出了立即组成中国人民志愿军，开赴朝鲜，协助朝鲜人民军，抗击美国侵略者，保家卫国的决策。10月8日，正值美军大举越过"三八线"，毛泽东发布命令，组建中国人民志愿军，并任命彭德怀为中国人民志愿军司令员兼政治委员。同日，中共中央派出周恩来和林彪飞赴苏联与斯大林协商武器援助以及空中掩护等事项。出乎周恩来预料的是，斯大林表示愿意给志愿军提供武器装备以及武器制造技术，但是对于空军掩护问题，由于苏联空军并未完全准备好，得等到两个月或者两个半月之后。②周恩来在后来回忆这次会谈时说，美国军队"逼近了鸭绿江，我们就下决心，去与斯（大林）讨论。两种意见：或者出兵，或者不出兵，这是斯（大林）说的。我们问：能否帮空军？他动摇了，说中国既困难，不出兵也可，说北朝鲜丢掉，我们还是社会主义，中国还在"③。会谈结束后，周恩来立即致电毛泽东，汇报了会谈经过。如果没有空军掩护，中国人民志愿军入朝作战的风险将极大提高。毛泽东不得不暂缓出兵计划，并于13日召开政治局会议。经过上一次会议讨论，中央政治局已经就出兵朝鲜这个决定达成一致意见。这次会议主要围绕没有空军掩护是否能出兵展开讨论。经过反复斟酌，中共中央政治局常委一致认为，即使苏联不派出空军掩护，也还是应该继续出兵朝鲜。同日将这一决定电告周恩来，并派周恩来继续与苏联方面协商："总之，我们认为应

---

① 朴一禹，朝鲜平安道人，曾任朝鲜民主主义人民共和国中央军委委员，内阁副首相兼内务省相。
② 参见中共中央文献研究室编《周恩来年谱（1949—1976）》上卷，中央文献出版社，1997，第85页。
③ 金冲及主编《周恩来传（1898—1976）》下卷，中央文献出版社，2008，第921页。

当参战，必须参战。参战利益极大，不参战损害极大。"①最终，苏联同意在中国出兵的时候以信用贷款的方式提供军事装备。对于空中掩护，苏联也派出空中力量在鸭绿江北岸中国境内驻防。②在全面研究战场情况后，10月18日中共中央召开政治局会议，决定于19日按照原计划派出志愿军渡江。1950年10月19日，这是新中国历史上应该被铭记的一天。这一天，彭德怀率中国人民志愿军按照预定计划跨过鸭绿江，拉开了这场轰轰烈烈的"抗美援朝，保家卫国"战争的序幕。

（二）订立爱国公约，全力保障前线

1. 中共中央关于深入开展抗美援朝爱国运动的指示

1950年6月，朝鲜战争爆发。中共中央权衡利弊后，于10月5日作出决定，部队以志愿军的身份进入朝鲜战场，援助朝鲜人民军抵抗美国侵略者。为了配合抗美援朝的决策，中共中央于1950年10月26日下达了关于在全国范围内开展抗美援朝时事宣传的指示，并成立了"中国人民保卫世界和平反对美国侵略委员会"（简称抗美援朝总会）。在抗美援朝总会领导下，全国各地开展了轰轰烈烈的"抗美援朝，保家卫国"运动。11月4日，各民主党派公开发表联合宣言，支持抗美援朝的决策。《人民日报》于11月6日发表了题为《为什么我们对美国侵略朝鲜不能置之不理？》的社论："在这种紧急的情形之下，中国各民主党派在四日发表联合宣言，明确地说明中国人民对于朝鲜问题的严正立场，并对各地爱国人民以志愿行动抗美援朝保家卫国的要求，加以热烈的支持。各党派联合宣言是一个极端重要的历史文件。它向全世界忠实地表达了中国四万七千五百万人民的共同意见和共同的行动纲领。我们完全无保留地拥护这个伟大的正义的宣言。"③这篇社论在全国范围内引起了热烈反响，各界人士

---

① 中共中央文献研究室、军事科学院编《建国以来毛泽东军事文稿》上卷，军事科学出版社、中央文献出版社，2010，第253页。
② 参见中共中央文献研究室编《周恩来年谱（1949—1976）》上卷，中央文献出版社，1997，第87页。
③ 《为什么我们对美国侵略朝鲜不能置之不理？》，《人民日报》1950年11月6日，第1版。

纷纷表示拥护"抗美援朝，保家卫国"的决策，并愿意用实际行动全力支援志愿军和朝鲜人民，抵抗美帝国主义侵略朝鲜。

为了在全国范围内开展更加深入的抗美援朝运动，1951年2月2日，中共中央作出了《关于进一步开展抗美援朝爱国运动的指示》，强调："目前朝鲜战争仍处在艰苦紧张的阶段……在此情况下，我们必须进一步在全国普遍开展各阶层人民的抗美援朝……目前爱国运动应以下列三件事为中心：（一）反对美国重新武装日本，争取全面的公正的对日合约……（二）慰劳中国人民志愿军和朝鲜人民军……（三）发起订立爱国公约。"①

2. 社会各界自发订立爱国公约

爱国公约的订立，是中国人民最朴素的爱国主义情怀和保家卫国信念的具体体现，它是"中国人民政治协商会议共同纲领的具体化，是各订约单位的一种具体的爱国行动纲领。它使各阶层人民把自己的日常生产、工作学习与爱国的总任务，与抗美援朝、镇压反革命和消灭封建土地制度的斗争，紧密结合起来，成为绝大多数人民步伐整齐的进军；它是结合各阶层人民共同活动的一种重要的形式"②。其具体内容包括开展生产竞赛、优待烈军属、反对美日单独媾和等。

订立爱国公约运动兴起于全国各地的工商界。1950年11月7日，北京市工商业界举办了抗美援朝保家卫国大会。北京的工商联代表们情绪激昂地痛斥了美帝国主义赤裸裸的侵略行径，表达了工商界人士的拳拳爱国之情。大会通过了五条行动准则来切实支持抗美援朝："（一）贡献我们一切力量支援抗美援朝保家卫国的志愿行动。（二）认清敌友，坚定立场，不听信美帝国主义战争贩子们散布的谰言，并严防间谍和匪特的造谣。（三）加紧生产沟通物资，增强我们的战斗力量。（四）保证继续稳定物价，不囤积居奇，不投机

---

① 中央档案馆、中共中央党史研究室编《中共中央文件选集》第5册，人民出版社，2013，第93-95页。
② 刘金质、杨淮生主编《中国对朝鲜和韩国政策文件汇编》，中国社会科学出版社，1994，第179页。

图2-3 抗美援朝支前活动

倒把。（五）不套用资金，不盲目贷放，不扰乱金融。"①在北京市的工商业界作出表率后，全国各地工商界以及其他行业领域纷纷效仿，结合自己的实际情况制定了相应的爱国公约。"至1951年10月，仅北京、天津、上海等城市和河北省的统计，即有80%以上的人口订立了爱国公约，全国邮电工人85%订立了爱国公约，全国农村有50%的人口订立了爱国公约，其中云南省晋宁县有90%的家庭订立了爱国公约。"②全国人民都在这场轰轰烈烈的爱国运动中被动员起来，在做好自己本职工作的同时，为国家和前线的志愿军贡献出最大的力量。

在这场爱国主义运动的热潮中，全国人民迸发出无与伦比的生产积极性，工农业得到了长足的发展。工业方面，截至1951年10月24日，"全国二百二十三万以上订立了爱国公约的工人，改善劳动态度、不断提高技术，在各工厂和企业中积极为增加国家财富而努力。松江省鹤岗煤矿六矿今年一、二月份都没有完成采煤任务，三月份订立爱国公约后，工人们超额二百七十三吨完成第一季度生产计划。北京琉璃河水泥厂等十五个工厂、矿山和企业，今年下半年

---

① 《拥护各民主党派联合宣言 京工商业界集会反对美国侵略 订出五项爱国公约保证巩固经济战线 号召全市工商业者抗美援朝保家卫国》，《人民日报》1950年11月9日，第2版。
② 齐德学、曲爱国主编《抗美援朝战争史》中卷，军事科学出版社，2014，第138—139页。

的生产超过了原订计划，获得的利润可以买战斗机六十一架半。"①农业方面，"1951年3月，山西省著名劳动模范李顺达领导的互助组，向全国各地发出了爱国增产竞赛挑战书。到9月底，就有30个省（行政区）的1.2万多个互助组、2700多个农业劳动模范应战。至10月全国有1000万以上农民参加了爱国丰产竞赛。爱国增产竞赛运动的开展，大大激发了农民群众生产积极性，使1951年的粮食、棉花等农作物的产量都超过了1950年的水平。"②

遵照中共中央指示精神，全国人民在进行生产的同时，积极响应抗美援朝总会的号召，开展拥军优属运动，为远在朝鲜战场上抗击美帝国主义侵略的中国人民志愿军解决后顾之忧。广大人民群众全力帮助军属解决生产生活困难，并将其作为爱国公约的重要内容。针对城市中的志愿军家属，优抚工作部门采取"介绍职业与组织烈属、军属生产为主结合实物补助"的方针。对于有劳动能力的烈属、军属，尽一切可能安排工作或参加生产；对于丧失劳动能力的烈属、军属，则直接发放现金补贴以保证其维持正常生活。例如，天津市人民政府在1951年"给二千二百一十七名烈属、军属、工属介绍了职业。该市的革命残废军人、复员军人除少数年老和有病的外，已全部有了工作。天津市人民政府并拨出八十万斤小米，建立了二十二个生产组织，使五百三十二名烈属、军属、工属参加了生产。"在农村地区，各地政府和广大人民群众主动帮助烈属、军属耕作土地。"据河北省安国县人民政府在八个村的调查，四十八户受代耕的烈属、军属、工属的一百一十三亩三分麦田，平均每亩产麦一百二十七斤，与土质相等的四十八户农民的麦田平均产量相比，每亩多产十三斤。"③对于家庭经济情况极其困难的烈属、军属，当地人民政府拨出优抚专款予以帮助，广大人民群众也为他们捐助各种物资。

3. 竭力保障前线战争

抗美援朝战争初期，由于当时国内工业化水平不高，加之中共中央在形势危急的情况下作出抗美援朝的决策，志愿军部队的后勤保障工作面临巨大困

---

① 《一年来的爱国公约运动》，《人民日报》1951年10月24日，第3版。
② 齐德学、曲爱国主编《抗美援朝战争史》中卷，军事科学出版社，2014，第139页。
③ 《拥军优属已经成为全国人民自觉的行动》，《人民日报》1951年10月25日，第2版。

难，一度影响到志愿军作战任务的完成。

为解决志愿军前线保障问题，东北军区于1951年1月22—30日在沈阳召开了志愿军后勤工作会议。中央军委副主席周恩来、代总参谋长聂荣臻参加了此次会议。会议直指志愿军后勤保障中的主要矛盾，即运输能力不足和战争物资短缺。抗美援朝战争的后勤保障工作与以往的保障工作有着根本区别，即保障物资无法直接从前线获取，只能依靠后方支援。因此后勤保障工作是否到位，直接影响着战役进程。然而，当时志愿军的粮食储备仅够供应四分之一的战士；弹药更是稀缺，只能用作重点配置；战争物资极其紧缺，大量的志愿军战士在零下30℃左右时仅着单衣，造成了大量非战斗减员。①面对这些亟待解决的困难，会议决定首先竭尽全力解决运输问题。"建立东、中、西3条兵站线，新增6个高射炮兵营、5个汽车团（汽车2000辆）、大车1000辆、手推车5000辆、吉普车500辆、火车头30台、修理汽车1000辆，新组建3至4个后勤分部、3个警卫团、2个运输团、8个运输营、11个担架团、50个手术组、3个公路工程队，每分部增加2部电台，每个军后勤和各大站配报话机1部，以保障运输"②。

在中共中央为保障前线做出努力时，全国广大人民群众争先贡献自己的力量。据统计，"截至1951年10月，全国铁路系统报名志愿赴朝的员工达到铁路员工总数的75%，仅赴朝的团员和青年即达6100余人，入朝的铁路员工80%在前线立了功。""赴朝服务的汽车司机，仅据东北各省、市1951年6月的统计，就有5571人，占当时东北地区司机总数10786人的51.6%。他们在敌机的频繁袭扰下，白天精心隐蔽车辆，夜晚在弯曲多险的山道上，将大批军需物资源源不断地运上前线，又把光荣负伤的志愿军战士运回后方治疗。"③广大人民群众用生命筑成了一条条运输线，竭力保障弹药、物资、伤员的及时输送。

针对粮食短缺问题，由于部队经常需要运动作战，一次不能携带太多口粮，同时美军掌握绝对的制空权，在野外生火做饭容易暴露目标，因此，东北

---

① 齐德学、曲爱国主编《抗美援朝战争史》中卷，军事科学出版社，2014，第21页。
② 同上书，第22页。
③ 同上书，第150–151页。

军区后勤部想到了炒面。炒面由70%的小麦、30%的杂粮以及5%的食用盐磨碎构成。这种食品方便携带并且易于保存,只需要和点水就能吃,成为当时志愿军的主要干粮。为了保障前线战士的食品供给,政务院给各地均下达了炒面的任务。全国各地积极响应,无论男女老少,都支起大锅为前线战士炒面。在供应炒面的同时,全国人民也为前线战士加紧生产,送去了其他物资。"至1951年6月底,在9个月的时间里,共前送粮食19万余吨,蔬菜2.7万余吨,油盐6800余吨,汽油29万多桶,子弹2.2亿多发,炮弹668万余发,炸药740吨,手榴弹287万多枚,工兵器材58万余件,锹镐116万余把,战救药40多万公斤,汽车8459辆,大车3473台,手推车25157台,担架14093副。另外还动员了民工大车13152台。"①广大人民群众构筑了前线志愿军最有力的后勤保障。没有广大人民群众的无私奉献,就没有前线战士的捷报频传。

二、英勇顽强、舍生忘死的革命英雄主义精神

抗美援朝战争是一场旷日持久且极其惨烈的战争。面对综合军事实力世界第一的美军,无数志愿军战士抛头颅、洒热血,面对敌人的枪林弹雨视死如归,用胸膛堵住敌枪眼,忍饥受冻绝不退缩,烈火烧身岿然不动,谱写出惊天地、泣鬼神的壮丽史诗。②杨根思、黄继光、邱少云等许许多多战斗英雄的事迹,彰显出中华民族舍生忘死、向死而生的民族血性,充分展示出志愿军战士英勇顽强、舍生忘死的革命英雄主义精神。

(一)杨根思:生当作人杰,死亦为鬼雄

杨根思,原名羊庚玺,1922年出生于江苏省泰兴县黄桥地区羊货郎店的一户贫农家庭。因家里欠地主高利贷,父母不得已终日为地主在农田辛勤劳

---

① 黄毅:《周恩来——抗美援朝战争战略后勤的领导者、组织者》,《军事史林》1989年第6期。
② 《习近平著作选读》第2卷,人民出版社,2023,第359页。

图 2-4　杨根思

作,年幼的杨根思也和哥哥一起每天挖野菜、做农活来帮家里分担压力。在杨根思10岁的时候,父亲因积劳成疾不幸去世,不久母亲也因为悲愤离世。杨根思和哥哥成了孤儿,相依为命。为了活命,两人相继去上海当起了童工。在上海做童工的5年里,杨根思受尽资本家的压榨和剥削,目睹了外国人在中国犯下罪行却不受审判。这些经历深深地触动了杨根思。1944年,22岁的杨根思决定离开上海,去参加新四军。由于在部队表现突出,第二年11月,他加入了中国共产党。

1946年2月,国民党军大举进攻新四军所在的兖州地区。在战斗中,新四军的爆破手们大显身手,摧毁了国民党军的大量防御工事。这让杨根思眼前一亮,他迫切地想掌握这项本领。战斗结束后,杨根思参加了新四军的练兵活动,学习爆破技术。在学习中,杨根思勤学好问,对于爆破的难点反复琢磨。功夫不负有心人,毫无基础的杨根思在结业考试中取得了最好的爆破成绩。1946年7月,杨根思所在的华东第一纵队为了配合华中方面第一师全歼位于枣庄的国民党军,须占领战略要地齐村。面对敌人坚固的碉堡和防御工事,杨根思用木板拖着四五十斤的炸药攻破了敌人的防御。战斗中机敏灵活且胆识过人的杨根思屡立战功,在军中获得了"爆破大王"的称号。

1948年11月,淮海战役打响。被编入华东野战军的杨根思,多次主动担任爆破任务。在淮海战役第三阶段的作战中,杨根思成功摧毁了敌人的一个暗堡群,并俘虏了近一个排的敌人。1950年9月,屡立奇功的杨根思当选为全国战斗英雄和劳动模范代表,并获得前往北京参加国庆周年大典的机会。

1950年6月,朝鲜战争爆发。杨根思刚开完战斗英雄代表大会,就响应国家号召,毅然参加了中国人民志愿军,任志愿军第九兵团第二十军五十八师一七二团三连连长。

1950年10月25日,中国人民志愿军发起第一次战役,并取得了初战的胜利,把以美军为首的"联合国军"从鸭绿江边一直推到清川江以南,初步稳定了朝鲜战局。中央军委和志愿军司令部为了彻底扭转战局,粉碎"联合国军"总司令麦克阿瑟"圣诞节前结束战争"的图谋,准备诱敌深入,在东西两线形成对"联合国军"的包围圈。在这个包围圈中，负责进攻下碣隅里的是第九兵团第二十七军以及杨根思所在的第二十军第五十八师。作为先头部队，杨根思及其战友接到的任务是在11月26日之前到达集结地长津湖下碣隅里地区。按照原计划，部队本应该在集结地领取冬装和物资，但是由于朝鲜战事告急，所以战士们仅穿着单衣、胶鞋便紧急开赴朝鲜战场，抗击美帝国主义对朝鲜的侵略。

此时，正值美军侦察机密切监视中朝边境地区，对朝鲜北部地区各种目标物狂轰滥炸。因此第九兵团严密伪装，隐蔽开进。杨根思带领连里战士乘火车到达朝鲜武坪后，便徒步行军从山间小道赶往下碣隅里，丝毫没有为美军的空中侦察所察觉。美军的侦察机"每天都在山间丛林来回进行侦察，却寻觅不到丝毫踪迹。他们要看得更清楚，就得经常打开舱门，但小飞机里没有取暖设施，因此，他们经常被冻得浑身发抖，四肢僵硬，但依然无功而返……后来，他们从情报人员那里得知，中国军人身穿白色风衣，在雪地里，你根本就注意不到他们的存在。其实，他们①偶尔也会从中国人的头顶飞过，此时，他们②马上全部趴在地上，一动不动，以至于飞机里的侦察员无法注意到他们，这和眼力好坏无关"。③杨根思和他的战友们在几乎没有补给，严格进行隐蔽的情况下，创造了连续行军10天，平均日行军30千米的奇迹，于26日前集结在长津湖指定的战斗位置。

杨根思所在部队驻防的长津湖，位于平均海拔超过2000米的盖马高原。这里交通闭塞，人烟稀少，气候极其寒冷。11月下旬，这里的气温就已经降到零下27℃左右。下碣隅里是位于长津湖南端的一个小镇。驻守在这里的是美军陆战第一师第一团三营。美军陆战第一师是美军的"王牌师"，曾参加过第二次世界大战，屡立战功且装备精良，实战经验丰富，自成立以来从未打过败仗。面对这样的对手，志愿军要想防守住小镇，就必须守住下碣隅里外围的1071.1高地。1071.1高地也被称作小高岭，从这里可以远眺美军陆战第一师的临时机场。小高岭下就是下碣隅里和柳潭里之间的公路，是美军陆战第一师的

---

① 指美军空中侦察力量。
② 指中国人民志愿军。
③ 大卫·哈伯斯塔姆：《最寒冷的冬天——美国人眼中的朝鲜战争》，王祖宁、刘寅龙译，重庆出版社，2014，第370页。

必经之路。防守住小高岭也就切断了敌人的退路。哪一方掌握了 1071.1 高地，就掌握了下碣隅里的公路，也就掌握了战斗的主动权。①

1950 年 11 月 27 日，东线地区普降大雪，最低气温甚至降到零下 40℃左右。上午，东线美军和南朝鲜军开始发起进攻。同日黄昏，志愿军第九兵团也对长津湖地区的美军发动猛烈攻击。经过一昼夜的战斗，第九军团完成了对长津湖地区美军的分割包围，把美军陆战第一师和步兵第七师一部分分别包围在柳潭里、新兴里、下碣隅里等地，阻隔了美军各部之间的联系。

在志愿军的猛烈攻击下，东线美军不得不由进攻转入防御。美陆战第一师师长史密斯为保持通往长津湖以南地区的道路畅通，并加强下碣隅里的防御力量，令古土里的第一陆战团主力立即以一部北上，增援下碣隅里。同时，在下碣隅里的美军向南发起进攻，企图南北对攻，打通古土里通道。11 月 29 日清晨，战斗打响，杨根思带领战士们爬上小高岭，准备修筑防御工事。但是由于天气太冷，脚下的土石被冻得如钢铁一般坚硬，根本不可能靠人力挖出战壕。而此时，美军的飞机和火炮开始对小高岭实施轰炸，倾泻了大量的炸弹、炮弹、燃烧弹。杨根思发现冻土被燃烧弹烧得松动了，并且炮弹还炸出了许多弹坑。于是他便在美军飞机轰炸间隙，和战士们以弹坑作为战壕抢修出了防御工事。

在简易工事修筑后不久，美军陆战第一师的攻击便开始了，如雨点般密集的炮弹落在阵地上。在飞机和火炮的掩护下，美军陆战一师发起了冲锋。坚守阵地的连长杨根思率该连第三排沉着应对，顽强抵抗，连续击退数倍于己的美军进攻 8 次之多。战至上午 10 时，陆战一师指挥官深知，如果再拿不下小高岭，包围圈便会形成，于是命令美军疯狂地进攻。当美军对杨根思阵地发起第九次进攻时，三排阵地上的志愿军战士大部分已经牺牲，弹药也已打光，只剩下杨根思和一名重机枪排排长，其他增援部队尚在途中。这时，杨根思下达了他作为连长的最后一道命令，让这名排长撤退。起初这名排长是拒绝的，但是杨根思告诉他，重武器不能留给敌人。在这名排长带着重机枪撤离后，杨根思抱起一个十斤左右的炸药包，毅然地冲向敌群，拉燃导火索，与敌人同归于尽。杨根思用鲜血和生命守住了阵地，成功地拖住了美军一天一夜，为对敌包

---

① 参见齐德学、曲爱国主编《抗美援朝战争史》上卷，军事科学出版社，2014，第 522 页。

围圈的形成争取了宝贵的时间。①

抗美援朝战争结束后，为了表彰杨根思同志的英雄精神，志愿军总部给杨根思追记特等功，并授予其"特级战斗英雄"称号，还把杨根思所在的三连命名为杨根思连。朝鲜最高人民会议常任委员会授予杨根思"朝鲜民主主义人民共和国英雄"称号和一级国旗勋章、金星奖章，并在长津湖畔建起杨根思纪念碑，以纪念杨根思英勇不屈的革命精神。

（二）黄继光：捐躯赴国难，视死忽如归

黄继光，原名黄积广，1931年出生在四川省中江县一个贫苦的农民家庭，家里受尽地主、封建军阀的剥削。黄继光11岁时，他的父亲黄德仲因为无力偿还地主李积成的高利贷，被李积成折磨得奄奄一息，不久含恨离世，维持家庭的重担便落在黄继光身上。他不得已去地主家做工，这期间受尽屈辱，但同时他也磨炼出坚韧顽强的意志和品格。1949年底，人民解放军进驻中江县，中江解放，黄继光一家也摆脱了地主残酷的压

图2-5 黄继光

迫。1950年1月4日，中江县人民政府成立。为了巩固新生的政权，扫除国民党残余势力，消灭恶霸土匪，当时全国各地都成立了农民协会，以配合解放军开展运动。年仅19岁的黄继光由于亲身经历，革命觉悟不断提高，很快便加入了农民协会，走上了革命斗争的道路。

朝鲜战争爆发后，1950年10月26日，中共中央发出《关于在全国进行时事宣传的指示》。同日，中国人民抗美援朝总会成立，在全国范围内进行抗美援朝爱国动员教育，掀起了"抗美援朝，保家卫国"的爱国运动。在民族利益受到侵犯的时候，黄继光积极响应国家号召，在当地参军动员大会上，第一个报名参加了中国人民志愿军，从此开启了他革命军人的生涯。在国内经历了短

---

① 参见《不朽的杨根思英雄排 他们用肉体和鲜血守住了阵地，在他们的面前，倒下了近千的美国强盗》，《人民日报》1950年12月25日，第1版。

暂的新兵训练后，黄继光跟随新兵团于1951年7月地跨过鸭绿江，抵达朝鲜境内。到达朝鲜后，黄继光努力提升自己的政治觉悟，学习军事与文化知识，凡事勇于争先，多次顺利完成上级交给的任务，不久便成为一名中国新民主主义青年团团员。

1952年4月，黄继光所在的志愿军第十五军到"三八线"附近的五圣山接防。此时的黄继光被调到营部，成为营参谋长的通信员。

1952年10月5日，美军第八集团军司令范佛里特①为了增加停战谈判筹码，并且对志愿军实施报复，给"联合国军"总司令克拉克②写信："为了扭转局势，我们必须首先采取小规模的进攻行动，使敌人陷于被动的防守地位；目前我们都是为应付敌人的进攻而采取防守行动，致使我们遭到了1951年10月和11月以来所有战斗中最惨重的伤亡。"③因此，为了挽回颓势，范佛里特建议克拉克采纳美军第九军团名为"摊牌"的作战计划。"范佛里特指出，在该城以北不到8英里的地方，第九军团敌人的军队都设有工事，双方间隔只有200码。在598高地和该高地东北面大约1英里多的地方有一条从西北伸向东南的狙击岭山脉，那里的敌对力量正好卡住了我方的咽喉，故死伤就相应要大得多。假如能把敌人驱逐出这些山头，范佛里特继续说，他们将不得不后撤到1250码以远的另一个防守阵地。考虑目前弹药库存所能提供的最大火力以及空中力量的最大近战支持，第八集团军司令对'摊牌'的可能性是乐观的。"④美方高层讨论了这个议案的可行性后，10月8日美国总统杜鲁门下达指令，单方面停止和平谈判，宣布无限期休会。同日，"联合国军"总司令克拉克批准了"摊牌"计划。而"摊牌"计划的目标正是志愿军所坚守的上甘岭地区597.9高地和537.7高地。"上甘岭是志愿军中部战线战略要点五圣山的前沿阵地，位于五圣山主峰南4公里处。五圣山位于金城、金化、平康这一三角地区的中央，主峰海拔1061.7米，是战线中部地区的最高峰。它西临平康平原，东扼金化经金城到东海岸的公路，南距'联合国军'占据的金

---

① 詹姆斯·奥尔沃德·范佛里特，美国陆军上将。1951年在朝鲜战争中任美国第八集团军司令。
② 马克·韦恩·克拉克，美国四星上将。1952年在朝鲜战场上接任"联合国军"指挥官。
③ 沃尔特·G.赫姆斯：《朝鲜战争中的美国陆军》第1卷《停战谈判的帐篷和战斗前线》，国防大学出版社，1988，第346-347页。
④ 同上书，第347页。

化只有7公里。"①五圣山一旦失守,其后边的200余千米将无险可守。因此,志愿军总部给驻扎在这里的第三兵团和第十五军下达明确命令,597.9高地和537.7高地必须守住。

从10月14日到11月25日,志愿军与"联合国军"共鏖战了43个昼夜。整个战役分为三个阶段,黄继光参与的便是从10月14—20日的上甘岭战役第一阶段。

1952年10月14日凌晨5时,"联合国军"向上甘岭发起了猛烈进攻。敌人首日便向597.9高地和537.7高地发射了30余万发炮弹,投掷了500余枚炸弹,并伴以多方向、多梯次的陆军冲锋。②在敌人密集的火力进攻下,志愿军精心构筑的阵地瞬间化为一片焦土。③

但是,"联合国军"显然高估了自己的战斗能力,也低估了志愿军坚守高地的决心。"'摊牌'行动一开始就挨了中国部队当头一棒"④。"敌人的顽强抵抗以及第三十一团死伤人数的剧增使得摩西上校和纽博尼少将商议决定于当天晚上的上半夜把3个步兵连撤回主防线"⑤。

在第一天的进攻并未取得实质性进展后,范佛里特决定增加2个团和4个营的兵力,不断进攻。志愿军第十五军也不断投入兵力、火力顽强抵抗。直至18日,两个阵地已经多次被"联合国军"占领,又被志愿军夺回。18日晚,阵地表面再一次被"联合国军"占领。为了夺回阵地,志愿军隐蔽地从坑道向阵地输送兵力,为19日的反攻做准备。

19日晚,上甘岭战役的第六天,第十五军第四十五师一三四团和一三五团的五个连,在重炮和火箭炮的支援下,对两个高地的美军发起反击。在志愿军的猛烈进攻下,537.7高地全部被收复,597.9高地大部被收复,唯独0号阵地久攻不下。美军借助地堡的优势,用火力对进攻的志愿军进行压制。为了拿下0号阵地,19日晚,营参谋长张广生带着黄继光到六连阵地指挥战斗。

---

① 齐德学、曲爱国主编《抗美援朝战争史》下卷,军事科学出版社,2014,第236页。
② 同上书,第239页。
③ 同上书,第239页。
④ 沃尔特·G.赫姆斯:《朝鲜战争中的美国陆军》第1卷《停战谈判的帐篷和战斗前线》,国防大学出版社,1988,第347页。
⑤ 同上书,第349页。

美军在地堡里负隅顽抗，并凭借火力优势使志愿军很难再向前推进。在激烈的战斗后，六连已经伤亡大半。如果再这样下去，志愿军战士死伤只会更大，因此必须拔除敌人的地堡。前去实施爆破的三个小组9个人在敌人密集的火力下，全部壮烈牺牲。天逐渐亮了起来，离预定的完成任务时间只剩40分钟，战士们都心急如焚。此时，连长万福来对其他战士喊道："谁跟我上去？"就在这时，年轻的黄继光拦下了万福来，并将早已写好的决心书交给了连长。为了让连长继续指挥战斗，黄继光、吴三羊、肖登良三名通信员组成爆破小组一起冲了出去。三人在敌人机枪的疯狂扫射下，相互掩护，交替前行，成功爆破了敌人的两个火力点。在爆破最后一个地堡时，三人一靠近封锁线，敌人又发起了密集的火力攻击。吴三羊不幸中弹牺牲，肖登良身负重伤，黄继光也大腿中弹，血流不止。但是他没有放弃，而是拖着伤腿向地堡爬去。此时志愿军战士看到黄继光逼近地堡，立即为他提供火力掩护。在匍匐到距离敌人5米左右时，黄继光奋力撑起自己，用右手向地堡投出了手雷，地堡被炸毁大半。但是黄继光的胸膛也被敌人的子弹贯穿，他昏了过去。不一会儿，地堡里又传出了机枪声，还剩下一挺机枪仍在咆哮。这时，凭借惊人的战斗意志，黄继光醒了过来。他看到敌人的机枪仍在扫射，但自己手边已没有武器可用。于是他强忍着剧痛，从地上猛地爬起，冲向了机枪的火舌，双手紧紧抓住机枪旁的麻袋，用血肉之躯挡住了敌人的子弹。敌人依然在疯狂扫射，黄继光的背后被打出了碗大的窟窿，但他始终没有松手，直至牺牲。身后的六连战士见到此状，立即冲出战壕，冲向地堡，为黄继光复仇，全歼了地堡里的美军。①

图2-6 为表彰黄继光的伟大精神和不朽功绩，中国人民志愿军政治部授予特级战斗英雄、特等功臣黄继光的奖状

战斗结束后，志愿军第十五军党委追认黄继光为中国共产党党员，并授予他"模范团员"

---

① 参见石峰、王玉章：《马特洛索夫式的英雄黄继光》，《人民日报》1952年12月21日，第1版。

称号。志愿军领导机关给他追记特等功,并追授他"特级战斗英雄"称号。朝鲜最高人民会议常任委员会授予他"朝鲜民主主义人民共和国英雄"称号和一级国旗勋章、金星奖章。

(三)邱少云:愿得此身长报国,何须生入玉门关

邱少云,1926年出生于四川省铜梁县(今重庆市铜梁区)关溅乡玉屏村邱家沟一个农民家庭,家境十分贫寒。邱家兄弟四人,邱少云排行第二。在邱少云9岁那年,父亲被地主迫害致死;两年后,母亲也因悲愤交加去世。只剩下兄弟四人孤苦伶仃,相依为命。由于没有生活来源,兄弟四人只能靠给地主干农活、推磨甚至靠讨饭来维持生计。1948年,21岁的邱少云被国民党军抓到山西充了壮丁。其间,性格耿直的邱少

图 2-7 邱少云

云经常遭到国民党军官的殴打,这使得邱少云更加痛恨压迫剥削的阶级。1949年11月,中国人民解放军进驻四川境内。为了响应中国人民解放军的号召,驻守在雅安的国民党陆军将领刘文辉、邓锡侯率部起义,邱少云也因此加入了中国人民解放军,被编入第十五军二十九师八十七团第九连。在人民解放军部队里,邱少云接受了严格的思想政治教育和军事训练,成为一名光荣的解放军战士。

朝鲜战争爆发后,邱少云所在的第十五军二十九师从四川奔赴朝鲜战场,进行"抗美援朝,保家卫国斗争。1951年3月,当部队到达河北内丘时,刚学会写信的邱少云给家里写了最后一封也是唯一一封家书:

亲爱的哥哥和弟弟们:

你们近来好吗?我从老家到河北来,已有两个多月了。很想念乡亲们,请你们代我向乡亲们问个好!

下面告诉你们一个事:前些日子,我报名参加了中国人民志愿军,明天就要去朝鲜打美国佬了。听我们指导员讲,美国佬在朝鲜杀人放火,干

尽了坏事。他们占领了我国台湾省，还想占领全中国。美国佬要是占领了我们国家，我们就要回到旧社会去，分的房子和土地又要被地主李炳云夺回去。我恨死了美国佬，到朝鲜后一定要拼命打仗，不怕死。为了让所有的受苦人都像我们一家过上好日子，我死了又算个啥子么？

  我在朝鲜要多打美国佬，你们在家要把分的地种好，多打粮食，多交些公粮，支援抗美援朝，这样才对得起共产党、对得起毛主席！

  我决心杀敌立功，戴着光荣花回来看你们。

  抗美援朝，保家卫国

邱少云
一九五一年三月十五日在河北内丘①

  1952年10月，邱少云所在的九连接受了一项艰巨的任务：消灭盘踞在平康和金华之间391高地的敌人，把战线向南推进，并占领高地。391高地位于铁原东北10千米处，山势狭长，从高地可以观察到志愿军的运输线，所以敌人在南北两座山峰之间架起了密密麻麻的铁丝网，在半山腰上修筑了多座地堡，每座地堡配有两三挺机枪，组成了交叉火力网，使得高地易守难攻。邱少云所在的连队与391高地之间有一片长约3000米的开阔地带，视野开阔、无险可守，是敌军炮火的封锁区。要想占领391高地，必须想办法越过这片区域。根据这一情况，指挥部决定在发起攻击的前一天晚上，派出500多名志愿军战士提前一天潜伏在高地四周的草丛中，等到第二天傍晚，出其不意地发起进攻，一举拿下391高地。在出发前，部队首长对志愿军战士们讲道："你们这次去潜伏，要靠巧妙的伪装，要靠沉着，更重要的是要遵守潜伏纪律。哪怕有人被敌人子弹打中了，也不能暴露目标。"战士们异口同声回答道："请首长放心，为了祖国，为了胜利，为了中朝人民，在任何情况下也要潜伏好，完成战斗任务。"②

  邱少云和战友们都明白，此次任务极其危险，一旦暴露目标，500多名战士瞬间会被敌人的火炮覆盖。为了不让敌人发现，邱少云所在的爆破班尖刀组

---

① 邱少云烈士遗信，1951年3月15日。来源：邱少云烈士纪念馆。
② 郑大藩：《伟大的战士邱少云》，《人民日报》1952年12月4日，第1版。

潜伏在高地东麓的草丛中，将枪支弹药全部挖好小坑，埋在地下，身体趴在上边作为掩护。在他们的身后有一条小水沟，距离敌人只有60余米。

潜伏至第二天中午时，有两个敌人向潜伏地区靠近。作战指挥员为了不暴露目标，立即下令用火炮歼灭敌人。这引来了敌军的反击，美军侦察机立即向山下发射燃烧弹和烟雾弹探查有无埋伏，其中几枚打在邱少云附近。由于是秋冬季节，草木干枯，邱少云四周立即燃起了熊熊大火，邱少云的腿上也溅射到了汽油。这时，邱少云只要挪动身体，翻滚进附近的小水沟里，便可扑灭身上的火。但是他深知，一旦这样做，他就会暴露全体潜伏的战士。在邱少云看来，战斗纪律高于一切！他在熊熊烈火中岿然不动，双手用力插进泥土深处，用非凡的毅力忍受着烈火侵蚀躯体的剧痛。"然后猛地抬起头来，用微弱的声音向离他最近的战友李士虎说：'胜利是我们的，但是我不能完成爆破任务了，这个任务交给你去完成吧！'说完，他又痛苦地把被烈火烧着的身体更紧地贴到地上，一直到牺牲时，也没动一下。"① 周围的战友们看到此情此景，无不动容，焦急地等待进攻的号角。在敌人的地堡被摧毁后，潜伏的战士们期待已久的时刻终于到来，他们从草丛里爬起，冲锋在最前，漫山遍野都回响着"为邱少云复仇"的喊声。在志愿军战士的猛烈进攻下，敌人被全部歼灭。②

邱少云用血肉之躯铸就了"纪律重于生命"的精神丰碑，是人民军队严守纪律、自我牺牲精神的光辉典范。为表彰邱少云烈士，上级党委追认他为中国共产党党员，并追授他"模范青年团员"称号。中国人民志愿军总部为他追记特等功，并追授他"一级英雄"称号。朝鲜最高人民会议常任委员会追授他"朝鲜民主主义人民共和国英雄"称号和金星奖章、一级国旗勋章。

---

① 郑大藩：《伟大的战士邱少云》，《人民日报》1952年12月4日，第1版。
② 参见孙迪：《邱少云——烈火铸英魂》，《党建》2020年第11期。

三、不畏艰难困苦、始终保持高昂士气的革命乐观主义精神

美国经过两次世界大战，一跃成为资本主义强国，综合实力位居世界第一。尽管交战的双方力量极其悬殊，但是在中国共产党正确领导和全国人民鼎力支持下，志愿军将士充分发扬不畏艰难困苦、始终保持高昂士气的革命乐观主义精神，取得了五战五捷的战绩，粉碎"绞杀战"、抵御"细菌战"、血战上甘岭，创造了威武雄壮的战争伟业。经过艰苦卓绝的斗争，最终迫使不可一世的侵略者于1953年7月27日在《朝鲜停战协定》上签字，打破了美军不可战胜的神话。①

（一）穷且益坚，不坠青云之志

1. 入朝后第一次战役

在美军越过"三八线"之前，中国政府曾郑重警告美国不要越过"三八线"，但是美国政府认为这只是中国政府"对联合国的恫吓"。美国中央情报局在1950年10月12日发布了两份报告：一份报告为《关于苏联军事干预朝鲜可能性的报告》；另一份报告为《关于中国干预朝鲜可能性的报告》。两份报告指出，苏联领导人无法保证苏联军队与美国军队的作战只限于朝鲜或远东，其结果可能引起与美国的全球战争。因此，除非苏联已经决定进行世界大战，否则苏联军队干预朝鲜战争的可能性很小。中国人仍有可能全面干预朝鲜战争，但除非有苏联的海空军支援，否则这种行动不会在1950年出现。②据此，"联合

---

① 《习近平著作选读》第2卷，人民出版社，2023，第356页。
② 詹姆斯·F.施纳贝尔：《朝鲜战争中的美国陆军》第2卷《战争爆发前后》，国防大学出版社，1990，第191-193页。

国军"总司令麦克阿瑟十分自信地推断：朝鲜战争将在感恩节前全部结束。此时，美国华盛顿当局和美军都还沉浸在朝鲜战争即将结束的喜悦之中。

10月19日，中国人民志愿军跨过鸭绿江，进入朝鲜。由于"联合国军"并未察觉到志愿军入朝，因此仍然采用各自为战的方式沿着公路向北推进。尤其是南朝鲜军第六、七、八师，行进速度过快，与美军脱离了联系。毛泽东和中央军委敏锐地捕捉到这一战机，改变了原有的防御作战设想，决定采取在运动中各个歼灭敌人的方式，集中优势兵力歼灭敌方的有生力量。10月21日，毛泽东致电志愿军，要求集中3个主力军，歼灭南朝鲜军3个师；并强调，"此次是歼灭伪军三几个师争取出国第一个胜仗，开始转变朝鲜战局的极好机会"①，"现在是争取战机问题，是在几天之内完成战役部署以便几天之后开始作战的问题，而不是先有一个时期部署防御然后再谈攻击的问题。"②22日，彭德怀在全面分析战场形势后，致电毛泽东，汇报了自己的作战方针。23日，毛泽东回电彭德怀，同时确定了志愿军在朝鲜作战的总方针："在稳当可靠的基础上争取一切可能的胜利。"③21—25日，中央军委和志愿军总部不断根据战场形势调整作战部署，最终决定：集结第四十军于温井地区，伺机歼灭南朝鲜第六师；集结第三十九军于云山地区，阻击来援的南朝鲜第一师；部署第三十八军以及第一二五师于熙川以北的明文洞、仓洞地区，伏击南朝鲜第八师。

10月25日，由于南朝鲜第六师先于志愿军抵达该地区，所以志愿军第一一八师第三五四团依托有利地形在公路设伏。南朝鲜第六师第二团第三营以汽车开道，第一、二营紧随其后徒步跟进。待南朝鲜军队进入伏击圈后，志愿军采取拦头、截尾、斩腰的方法，将敌军部队分割开来，逐个击破。战斗持续了5个小时，南朝鲜军第六师第二团第三营被全部歼灭，志愿军取得了抗美援朝第一场歼灭战的胜利。25日晚，志愿军第一一八师和第一二〇师对温井地区发起进攻，战斗持续了2个小时，南朝鲜军便四散而逃，温井首役告捷。25—30日，志愿军连战连胜，歼灭了南朝鲜第六师主力以及第八师2个营，基本上

---

① 中共中央文献研究室、军事科学院编《建国以来毛泽东军事文稿》上卷，军事科学出版社、中央文献出版社，2010，第268页。
② 同上书，第270页。
③ 同上书，第275页。

按照预订计划完成了战役展开。从3个方向包围云山地区的南朝鲜军第一师，为完成后面的作战任务创造了有利条件。

在南朝鲜军受到严重打击后，美军第八集团军司令沃克调整了原来的作战部署，命令南朝鲜军队转为防守，并派出美军增援，加强一线部队力量。但是由于志愿军隐蔽作战，美军无法捕捉到志愿军的意图，这给志愿军主动出击提供了良好的机会。彭德怀在请示中央军委后，于11月1日下达了作战部署：第三十八军在歼灭球场之敌后，快速赶往清川江东岸钳制安州敌人；第四十二军第一二五师占领德川，并阻击东、西来援之敌；第四十军在歼灭宁边方向的南朝鲜第一师后，迅速往龙山洞方向运动，切断该地区美军骑兵第一师的退路；第三十九军主力负责歼灭云山地区的南朝鲜军第一师主力，之后协同第四十军围歼龙山洞地区的敌人。

11月1日，志愿军西线部队根据上述部署，对清川江以北的南朝鲜军和"联合国军"展开了猛烈进攻。10月31日，美国陆军骑兵第一师第八团在云山与南朝鲜军第一师换防，师主力以及第五团到达云山南部的龙山洞作为后备兵力。该师创建于美国独立战争时期，被誉为"开国元勋师"，曾参加过第一次、第二次世界大战，是美军的"王牌师"。志愿军第三十九军在发起进攻后才发现云山的南朝鲜军队已经换为美军的"王牌师"。云山战役打响后，美骑兵第一师立即向北支援，与志愿军第一一五师第三四三团在龙头洞遭遇。第三四三团一连果断地切入美军阵地，仅用50分钟即攻占龙头洞，歼灭美骑兵第一师第五团1个连100余人，创造了志愿军一个连歼灭美军一个连的战绩。①

11月3日18时，美骑兵第一师第八团指挥机构和第三营在志愿军的猛烈进攻下突围无望，只得向志愿军投降。至此，志愿军胜利攻占云山城及附近地区。在这次战斗中，志愿军面对拥有现代化装备的美军毫不胆怯、英勇作战，充分利用夜战的优势，从而取得了云山战役的重大胜利。此战，志愿军共"歼敌2046人，其中毙俘美军1840人，缴获飞机4架、击落飞机3架，击毁与缴获坦克28辆、汽车176辆"②，打破了美军不败的神话，极大地增强了志愿军战

---

① 参见齐德学、曲爱国主编《抗美援朝战争史》上卷，军事科学出版社，2014，第367—386页。

② 宋群基、张校瑛主编《抗美援朝征战纪实》，人民出版社，2021，第19页。

胜强敌的信心。

在志愿军参战初期，双方把狼林山脉以西的地区称为西线战场，把以东的地区称为东线战场。在西线战场，云山战役结束后，美第八集团军节节败退，志愿军主力逼近清川江。为了配合西线主力作战任务，东线战场的第四十二军进驻长津及其以南的德实里、旧津里一线，负责阻击东线敌人北进。从10月25日至11月3日，志愿军第四十二军以顽强的毅力，阻击了北进的南朝鲜军以及美军陆战第一师，为西线主力部队完成作战任务争取了宝贵的时间。由于连续作战，加之后勤弹药补充困难，为了减少伤亡、保存实力，彭德怀于11月6日下令第四十二军逐步撤出阵地，节节阻击敌人，诱敌深入长津湖地区。至此，第四十二军在东线战场奋战13个昼夜，阻击了敌人的轮番进攻，共歼灭敌人2700余人，为第一次战役的胜利作出了巨大贡献。①

第一次战役，东、西两线志愿军共歼敌1.5万余人，志愿军伤亡1万人。②在艰苦的条件下，志愿军采取在运动中歼敌的策略，粉碎了麦克阿瑟吹嘘的在感恩节前结束朝鲜战争的计划，初步稳定了朝鲜战局，积累了与南朝鲜军以及"联合国军"战斗的经验，为今后的战斗创造了有利条件。1951年，经党中央和毛主席批准，10月25日被确定为中国人民志愿军抗美援朝出国作战纪念日。

2. 入朝后第二次战役

第一次战役结束后，尽管美军已经认识到中国派兵支援朝鲜，但是美国政府高层依旧坚持以军事进攻迅速占领全朝鲜的计划。"联合国军"总司令麦克阿瑟决定在朝鲜战场发动"总攻势"，计划先以地面部队进行试探性进攻，然后以美军第十军在东线、第八集团军在西线，向北发起总攻，在圣诞节前结束朝鲜战争。为实现这一计划，"联合国军"将位于二线的美军第二十五师和土耳其旅、英军第二十九旅调至西线，将美军第三师调至东线，使在前线的地面作战部队增至5个军共13个师3个旅另1个空降团，共计22万余人。

对于志愿军来说，尽管第一次战役取得了胜利，但是整个朝鲜战场的形势

---

① 齐德学、曲爱国主编《抗美援朝战争史》上卷，军事科学出版社，2014，第396-403页。
② 参见王焰主编《彭德怀年谱》，人民出版社，1998，第448页。

依然严峻。美军不仅使用了空中力量，而且增派了地面部队，总人数达20余万人。为了应对随时反攻的美军，彻底摆脱劣势局面，中央军委和志愿军司令部商讨后决定扭转战场局势。11月13日，志愿军党委举行了扩大会议，在分析了战场形势后，彭德怀指出："敌人气焰未打下去，还是想进攻的。如我们与其对峙，就不能得到休息整训。加之在狭小地区内，集居了志愿军和人民军四五十万人，当地人民是吃不消的。""还必须要打一仗，将战场推到平壤、元山地区，再消灭敌人至少六七个团，使敌人由进攻转入防御，以便我军将来大举反攻。""此役如能消灭美伪军二至三个整师，则朝鲜战局将起基本变化。"[①]同时，会上决定了第二次战役的方针：内线作战，诱敌深入，各个击破和歼灭敌人。

1950年11月6日，"联合国军"地面部队开始发动试探性进攻，志愿军便按照既定方针，节节阻击，诱敌深入。11月21日，"联合国军"西线到达宁远、德川、龙门山一线，东线美军陆战第一师推进至长津湖地区。至此，东、西两线敌军均已进入志愿军的预设战场。

11月24日，"联合国军"集结了在朝鲜的全部美军、英军、土耳其军及南朝鲜大部分军队，向东、西两线志愿军发动了圣诞节前结束朝鲜战争的"总攻势"。按照诱敌深入的预订计划，志愿军于25日将西线"联合国军"诱至预定的战场。25日傍晚，志愿军第三十八、四十二军在志愿军副司令员韩先楚指挥下，向德川、宁远地区立足未稳的南朝鲜军第二军团第七、八师发起了猛烈的进攻。战斗持续至26日，南朝鲜军第七、八师大部已被歼灭，为志愿军西线作战创造了极其有利的条件。为了全歼美骑兵第一师和美第二、二十五师3个师主力，志愿军总部于28日决定采取战役迂回结合正面进攻的战术痛击敌军。担任迂回任务的第三十八军第一一三师于28日完成了震惊世人的在14小时内急行军70余千米的壮举，成功地在傍晚赶至三所里，切断了美军第九军从军隅里经三所里通往顺川的退路。

28日，第三十八军第一一三师坚守三所里并成功击退美军十余次冲锋；同时抢占龙源里，切断了美军第九军从军隅里通往顺川的另一条退路。与此同时，志愿军其他部队也顺利行进至预定目标地点，对美军第九军形成三面分割

---

① 《彭德怀军事文选》，中央文献出版社，1988，第341-342页。

包围之势，仅剩下自安州向肃州逃离的路线未被切断。29日，西线敌军开始全线撤退。美军第九军企图经龙源里、三所里往顺川方向突围，与坚守在该地区的志愿军第三十八军第一一三师正面遭遇。为了顺利突围，"联合国军"急调位于顺川地区的美军骑兵第一师和平壤地区的英军第二十九旅各一部向北增援，企图接应南逃的美军第九军。30日，敌军为了尽快会合，不惜调用百余架飞机和坦克拼命支援，轮番轰炸志愿军第一一三师阵地。尽管第一一三师此时腹背受敌，但面对数倍于己的敌人始终坚守阵地、毫不退缩，使相隔不到1000米的南北方向敌军始终无法会合。战斗至12月1日，眼看突围无望的美第九军不得不遗弃大量的辎重装备，转道安州会同美军第一军，经肃川退往平壤一线。由于第三十八军在此次西线作战中的英勇表现，志愿军第三十八军尤其是第一一三师得到了志愿军首长的联名嘉奖。彭德怀在嘉奖令电文的最后亲笔写上"中国人民志愿军万岁！三十八军万岁！"由此，三十八军获得了"万岁军"的称号。西线军经数日激战，歼灭了南朝鲜军第七、第八师和土耳其旅大部，并给予美军第二师歼灭性打击，重创了美军骑兵第一、二十五师，共歼敌2.3万余人，缴获和击毁各种炮500余门、坦克100余辆、汽车2000余辆，缴获各种枪5000余支。至此，第二次战役西线作战告一段落。①

志愿军在西线发起反击后，东线的美军第十军和南朝鲜军第一军团仍继续向北推进。11月27日，美军陆战第一师主力和第七师1个加强团，进入长津湖地区。27日，长津湖地区下起了鹅毛大雪，平均气温降至零下30℃左右。这对于仅身着单衣的志愿军战士无疑是身心上的巨大考验。27日晚，志愿军第九兵团第二十、二十七军在长津湖地区对美军展开反击。激战一夜后，志愿军将美军第七师和陆战第一师各一部分割包围在下碣隅里、柳潭里、新兴里和古土里地区。

根据战场情况，第九兵团决定集中力量逐次歼灭被围的美军。30日晚，第二十七军集中第八十、八十一师主力对新兴里美军第七师第三十一团级战斗队发起进攻，激战两日，将其全歼。此战之后，东线"联合国军"全线动摇，

---

① 参见军事科学院历史研究部编《中国人民解放军全史》第6卷，军事科学出版社，2000，第41-42页。

长津湖地区的美军开始向南突围。

在遭受志愿军沉重打击后,东、西两线的"联合国军"不得不向"三八线"附近退却。志愿军乘胜展开战役追击。在西线,志愿军和朝鲜人民军于6日收复朝鲜民主主义人民共和国临时首都平壤,并继续向"三八线"推进。23日,志愿军西线各军进至金川、九化里、朔宁、涟川、铁原、华川等地区,朝鲜人民军第一军团越过"三八线",解放延安半岛和瓮津半岛,第二、第五军团各一部进占春川、加平。在东线,朝鲜人民军于9日推进至元山地区,迫使美军和南朝鲜军逃往咸兴、兴南地区。中国人民志愿军第二十六、二十七军同朝鲜人民军第三军团乘胜追击,于24日收复了兴南地区。美军在舰船掩护下从海上撤退。第二次战役宣告结束。

图2-8　志愿军向"联合国军"阵地冲锋

第二次战役中,由于准备不足,武器装备与物资很难完全供应志愿军战士。加之朝鲜地区突遇几十年未见之严寒天气,给志愿军作战造成了极大的阻碍。面对困难,中国人民志愿军知难而上、毫不退缩,彻底粉碎了"联合国军"占领全朝鲜的企图,解放了朝鲜北部除襄阳之外的全部地区,将战线推进至"三八线"附近,并占领"三八线"以南的瓮津半岛和延安半岛,迫使"联合国军"由进攻转入防御,从根本上扭转了朝鲜战局。此役,志愿军共毙伤和俘虏敌人3.6万余人,美军第八集团军司令沃克在撤退中因车祸身亡。志愿军在此次战役中伤亡 3 万余人。①

3. 入朝后第三次战役

"联合国军"在遭遇第一、第二次战役失败后,全线溃败,只得撤至"三八线"及以南地区转入防御。连续两次大规模战役的失败,导致美国政府在国内和国际上的威信急剧下降。为了挽回美国在同盟中的"领导"地位,美国总统杜鲁门甚至在 1950 年 11 月 30 日的记者招待会上公开表示不排除在朝鲜战场使用原子弹。②这招致美国盟友的极力反对,认为这会挑起新的世界大战,同时要求美国放弃使用核武器的想法,并尽快与中国进行和平谈判。然而,美国高层却并不想真正进行和谈,因为当时"联合国军"处于被动,和谈只会让美国陷入更劣势的局面,美国高层想要的是为整备军队拖延时间。于是美国在与英国磋商后,操纵联合国通过了由伊朗代表安迪让、印度代表劳氏爵士以及加拿大代表皮尔逊组成"朝鲜停战三人委员会"的决议,提议先停火,在此基础上再进行谈判。③这份决议为美国争取喘息时间的企图昭然若揭。12 月 15 日,美国总统杜鲁门宣布"全国进入紧急状态",在加紧备战的同时,还宣布要扩大军队规模,加强军工生产能力,并管制中国在美国的资产。

12 月 26 日,美国陆军参谋部副参谋长李奇微接任美军第八集团军司令。由于前两次战役的失败,美军阵地此时弥漫着失败的情绪。据李奇微回忆:"我视察过的每一个指挥所都给我同样的感觉,就是丧失了信心和斗志。"④由于无法有效组织进攻,李奇微只得改变作战计划,建立"一条从临津江到三八线的总战线"。其间设有两道基本防线,并辅以三道机动防线来防御志愿军的攻势。

志愿军在进入朝鲜后,由于形势紧急,加之朝鲜人民军损失惨重,一直没

---

① 参见军事科学院历史研究部编《中国人民解放军全史》第 6 卷,军事科学出版社,2000,第 48 页。
② 参见哈里·杜鲁门:《杜鲁门回忆录》第 2 卷《考验和希望的一年》,李石译,生活·读书·新知三联书店,1974,第 464-465 页。
③ 参见齐德学、曲爱国主编《抗美援朝战争史》上卷,军事科学出版社,2014,第 586-587 页。
④ 马修·邦克·李奇微:《李奇微回忆录——北纬三十八度线》,王宇欣译,新华出版社,2013,第 92 页。

有建立起一个统一协调指挥作战的机构,导致作战时出现了不少沟通上的问题。因此,建立一个统一的指挥机构势在必行。第二次战役结束后,1950年12月3日,金日成来到北京与毛泽东等中国领导人协商作战的一系列问题时,对于建立统一的指挥机构达成了一致意见。12月8日,周恩来代表中共中央起草了关于成立中朝联合司令部的协议:"为更有效地打击共同敌人,中朝两方同意立即成立联合指挥部,统一指挥朝鲜境内一切作战及其有关事宜。"①在金日成审议协议后,中朝联合司令部正式成立,解决了中国人民志愿军和朝鲜人民军缺乏统一指挥的问题。

  与此同时,毛泽东在与金日成会谈时也就朝鲜局势做了全面分析:"战争有可能迅速解决。但也可能拖长,我们准备至少打一年……敌人有可能要求停战,我们认为敌人必须承认撤出朝鲜,而首先撤至三八线以南,才能谈判停战。"②情况也正如毛泽东所预料,"联合国军"在向"三八线"撤退的同时,通过操纵联合国向中国和朝鲜施压,企图用停火来换取备战时间。然而此时,志愿军经过两次作战,损伤不小。而且此时朝鲜已进入深冬,气候异常寒冷,这对于志愿军的运输补给是极大的考验。因此,志愿军司令员彭德怀致电毛泽东想让部队充分准备,待明年再发起进攻。然而,如果此时休整,正是"联合国军"所愿意见到的情况。对此,毛泽东于12月13日致电志愿军司令员彭德怀,指出:"目前美、英各国正要求我军停止于三八线以北,以利其整军再战。因此,我军必须越过三八线。如到三八线即停止,将给政治上以很大的不利。"③但是,对于志愿军连续作战、战士极度疲惫的问题,毛泽东同样很重视:"在战役发起前,只要有可能即应休息几天,恢复疲劳,然后再投入战斗……如不顺利则适时收兵,到适当地点休整再战,这个意见也是对的。"④据此,彭德怀调整了原有的作战计划,决定主动出击,集结志愿军6个军以及朝鲜人民军3个军团开赴第一线。为了达到出奇制胜的效果,志愿军各部队从180千米外向作战地区隐蔽开进,主力在战役发起前一周开始秘密占领进攻出

---

① 周恩来:《周恩来军事文选》第4卷,人民出版社,1997,第122页。
② 中共中央文献研究室、军事科学院编《建国以来毛泽东军事文稿》上卷,军事科学出版社、中央文献出版社,2010,第388页。
③ 同上书,第408页。
④ 同上书,第414-415页。

发阵地。同时，将战役发起时间定在1950年12月31日晚。

1950年12月31日，志愿军和朝鲜人民军已在各自预定位置完成战役展开。傍晚5时左右，志愿军和朝鲜人民军向"联合国军"防线发起进攻。第三十九军第一一六师担任主攻任务，在炮火的掩护下迅速突进，击溃了遭遇的南朝鲜军第一师，占领大村、武建里地区。第一一七师紧随第一一六师，渡过临津江后迅速前插，多次突破敌军的阻击，顺利完成穿插迂回任务，在1951年1月1日占领了湘水里、仙岩里地区。第四十军第一一八师在强渡临津江和汉滩川时与南朝鲜第六师主力展开激烈战斗，战斗至1日天亮时，南朝鲜军第六师在美军飞机掩护下仓皇南逃。第三十八军第一一三师在战斗打响后仅20分钟就突入南朝鲜第六师阵地，歼其1个连。担任穿插迂回任务的第一一四师在敌方阵地纵深突入20余千米，攻占七峰山，并于1日晚到达新邑里地区。第五十军于1日占领紫长里地区。第四十二军第一二四师一路突进，在石长里地区切断了南朝鲜军第二师的退路，并继续向南纵深。第六十六军主力在第四十二军第一二四师协同下，将南朝鲜军第二师大部和第五师一部包围在修德山、上南涪、下南涪地区。战至第2日，包围之敌被全部歼灭。随后，志愿军第四十二军主力乘胜继续进攻，占领加平、春川。战斗至1月2日，"联合国军"在"三八线"所设防线已被志愿军和朝鲜人民军全部突破。面对如此败势，美军第八集团军司令李奇微只得于1月3日晨下令"联合国军"全线撤回"三八线"以南再组织防御。为了掩护撤退，美军出动多架飞机掩护地面部队向"三八线"以南溃退。

1月3日，志愿军和朝鲜人民军转入追击作战。此时的"联合国军"犹如惊弓之鸟，面对志愿军的猛烈攻势，被迫于3日下午撤出汉城，在撤离时还不断破坏汉城的基础建设，使得整个城镇满目疮痍。4日下午，志愿军第三十九军第一一六师和朝鲜人民军第一军团率先进入汉城。在占领汉城后，志愿军和朝鲜人民军继续向南追击，把战线推进至北纬三十七度线附近。鉴于"联合国军"似乎在有序撤退并诱使我方深入，而且志愿军战士多日连续作战，已经疲惫不堪，加之及时补充物资还面临许多困难，于是志愿军和朝鲜人民军司令部下令停止战斗，转入休整状态。

1951年1月8日，第三次战役结束。经过连续多日的奋战，中朝军队成功地突破敌军防线，将"联合国军"驱至北纬三十七度线附近，共毙伤和俘虏敌人约 1.9 万人，志愿军和朝鲜人民军共伤亡 8500 余人。此次战役，是中国人民志愿军和朝鲜人民军第一次大规模合作进行的战役，不仅中朝两国的革命友谊进一步加深，而且志愿军与朝鲜人民军的联合作战经验获得极大提升。①

图 2-9　志愿军攻入汉城

4. 入朝后第四次战役

"联合国军"前三次战役的失败，加剧了美国政府内部及美国与盟友之间的矛盾对立。盟友对于是否继续留在朝鲜战场提出质疑，美国高层内部也出现严重分歧。正在这时，联合国"朝鲜停战三人委员会"于 1951 年 1 月 11 日向联合国提交了实现朝鲜半岛停火的"五步方案"，表示应该立即停火，然后进行和谈。这符合美国的军事利益，美国"欣然"投出赞成票的同时，还积极联络盟友投票将中国定性为"侵略者"。对于这一决议，中国外交部长周恩来于 1 月 17 日复电联合国，表示中国政府不能接受先停火、后谈判的原则。这样的谈判可能会无休止地拖下去，却无法解决任何实际问题。1 月 18 日，美国代表奥斯汀就周恩来给联合国的复电，污蔑中国是"侵略者"，称中国对于联合国

---

① 参见军事科学院历史研究部编《中国人民解放军全史》第 6 卷，军事科学出版社，2000，第 63 页。

的"和平方案""以嘲弄的态度对之,并悍然予以拒绝"①,企图在国际上孤立中国,为美军在朝鲜战场争得利益空间。②在政治上操弄伎俩的同时,美国政府在军事上也加紧备战:1951年1月6日,杜鲁门批准了增加200亿美元国防预算的议案;大规模扩充军队规模和军工生产规模,并将补充好的兵员投送至朝鲜战场,力求挽回败势。美军第八集团军司令李奇微在与中朝联军的交手中,也研究出志愿军的弱点:(一)"圆月攻势"。志愿军在缺少制空权的情况下,白天无法发起有力的攻势,因此一般只在晚上发起进攻。(二)"礼拜攻势"。由于志愿军缺乏制空、制海权,且深入朝鲜半岛战线过长,又缺乏现代化交通工具,因此志愿军战士所持有的物资、弹药、粮食都只能靠自己背,每次补给只能维持一周左右。在总结志愿军的弱点后,李奇微综合前线情报分析得出中朝联军一线作战人员不足,短时间内不会发动进攻的判断。于是做出针对性的战略部署:集结美军第一、九、十军和南朝鲜军第一、三军团共16个师又3个旅、1个空降团,计25万余人,于1月25日由西至东全线发起大规模反扑,企图夺回汉城。③此次"联合国军"改变了以往的进攻战术,采用"齐头并进""稳扎稳打"的方式向北推进,企图凭借强大的火力压制力,在始终保持与志愿军接触的条件下消灭志愿军的有生力量。

而志愿军战士在经过连续三次大战役后都疲惫不堪,急需补充和休整。志愿军司令员彭德怀在自述中回忆道:"志愿军入朝后,连续经过三次大战役,又值严冬,历时三个月,既无空军,又缺高射炮掩护,敌人利用飞机轰炸,长射程大炮昼夜轰击。我在白天根本不能通行,也未曾休息一天,疲劳之甚可想见。运输线延长,供应非常困难。战斗的和非战斗的减员,已接近部队的半数,急需休整补充,准备再战。"④因此,中朝军队司令部经商议后,命令部队从1951年1月8日起转入休整状态,待两个月后在春季再发起新一轮进攻。然而,此时蓄谋已久的"联合国军"大举进犯,打乱了中朝军队原定的休整计划。中朝军队司令部根据战场形势,命令部队于1月27日停止休整,转入防御

---

① 《中美关系资料汇编》第2辑(上册),世界知识出版社,1960,第377页。
② 参见《周恩来年谱(1949—1976)》上卷,中央文献出版社,1997,第118-119页。
③ 参见齐德学、曲爱国主编《抗美援朝战争史》中卷,军事科学出版社,2014,第51页。
④ 彭德怀:《彭德怀自述》,人民出版社,2019,第221页。

作战状态。此时,志愿军第一线部队只有6个军21万余人,朝鲜人民军有3个军团7万余人。针对志愿军转入休整不久且基本情况尚未改善的现状,中朝军队司令部决定采取力争遏止敌人前进,稳步打开战局,并从各方面加劲准备,仍作长期艰苦打算的方针,并作出具体战略部署:在西线,由志愿军副司令员韩先楚指挥的第三十八、五十军和朝鲜人民军第一军团,在金浦、仁川及野牧里至骊州以北68千米地段上组织防御,阻击朝汉城方向逼近的"联合国军";在东线,由朝鲜人民军指挥部司令官金雄指挥的第二、三、五军团协同由志愿军副司令员邓华指挥的第三十九、四十、四十二、六十六军,在横城地区寻机实施反击。①

"联合国军"在第四次战役中的兵力配置是,西线主要以美军为主;东线以南朝鲜军为主,协同西线美军向北推进。1月25日,李奇微下令开始反攻,行动代号"霹雳行动"。在西线,美军集结其第一、九军,在大量坦克、飞机、火炮掩护下,分多路向志愿军第五十军、第三十八军第一一二师以及朝鲜人民军第五军团的阵地发起猛烈进攻,直逼水原、汉城。位于汉江南岸的第五十军和第三十八军第一一二师奉命坚守汉江南岸防线,阻击来犯之敌。战斗打响后,美军在陆海空立体火力支援下,对志愿军阵地发起轮番进攻。志愿军由于缺少物资弹药补给,所以战斗进行得异常艰难。志愿军战士依托临时构筑的野战工事,以纵深兵力部署,顽强抵抗。与美军鏖战了23天,志愿军顺利地完成了坚守任务,有力地配合了东线志愿军的反击作战,并于1951年2月18日撤回汉江北岸。同时西线志愿军为了给东线进攻创造条件,决定集结9个师向横城地区的南朝鲜军第八师和美军1个团发起反击,以此为突破口向原州地区推进。战斗于1951年2月11日打响,志愿军9个师突然发起进攻,南朝鲜军第八师很快被击溃。战至13日,反击作战结束。此次反击作战全歼南朝鲜军第八师3个团和美军第二师1个营,共歼敌1.2万余人。②这次反击战,迫使"联合国军"后撤,缓解了志愿军在东、西线一定的压力。

1951年2月17日,中朝联合司令部在分析战场形势后,决定东、西线志

---

① 参见军事科学院历史研究部编《中国人民解放军全史》第6卷,军事科学出版社,2000,第70—73页。

② 《彭德怀军事文选》,中央文献出版社,1988,第377—378页。

图 2-10 志愿军在汉江南岸实施阻击

愿军和朝鲜人民军转入运动防御状态,以空间来换取时间。面对随时可能发起进攻的"联合国军",在南起汉江北岸至横城一带、北至三八线一线的地区,部署三道防线,每道防线力争坚守20~30天,共争取两个月时间①,以待新的兵员补充到来。其具体防御部署是将前线志愿军和朝鲜人民军分为两个梯队:以志愿军第三十八、四十二、五十、六十六军和朝鲜人民军第一、二、三、五军团为第一梯队,在西起汉江口,向东沿汉江北岸经杨平、中元山、横城、烽火山、酒峰至下珍富里一线构筑防御体系;以志愿军第二十六、三十九、四十军和朝鲜人民军第一军团1个师共3个军1个师,在西起汶山里,经议政府、铸锦山、青雨山、座防山、洪川江北岸至洪川、丰岩里一线为第二梯队展开防御。②

2月18日,李奇微发动了代号为"屠夫行动"的军事进攻,企图趁志愿军和朝鲜人民军还没有机会进行新一轮作战部署而打中朝军队一个措手不及,消灭中朝军队的有生力量。"联合国军"于21日发起全线进攻。然而,此时志愿军和朝鲜人民军已经做好防御准备,节节抗击来犯之敌,有效地迟滞了"联合国军"北进的速度。战至3月6日,"联合国军"才到达预定的目标位置。对于"联合国军"缓慢的推进速度,李奇微非常不满,决定发动"撕裂者行动",集中美军第九、十军和东线的南朝鲜军向中部和东线推进,采取"主力靠拢"

---

① 《彭德怀军事文选》,中央文献出版社,1988,第377-378页。
② 参见齐德学、曲爱国主编《抗美援朝战争史》中卷,军事科学出版社,2014,第106-107页。

"磁性战术"①等策略，依靠武器装备的优势消耗中朝军队的有生力量，从而切断志愿军和朝鲜人民军之间的联系，从侧翼向汉城发起包围进攻。面对敌人猛烈的火力，志愿军和朝鲜人民军采取"兵力前轻后重、火器前重后轻"的战术原则，依托有利地形节节阻击，实施运动防御。从3月10日开始，中朝军队在阻击敌人的同时，逐步向北撤退，并于14日撤出汉城地区。战至3月31日，中朝军队已全部转移至"三八线"以北附近地区。4月15日，新入朝的志愿军第三兵团已在伊川、铁原、平康地区完成集结，原在元山地区休整的第九兵团也重返前线。此时，"联合国军"发觉志愿军后续增援已经到达，加之部队损伤严重，除在铁原、金化地区继续进攻外，在其他地区基本上停止了进攻。战至4月21日，志愿军成功地将"联合国军"阻止于开城、长湍、高浪浦里、文惠里、杨口、元通里、杆城一线，第四次战役遂告结束。②

第四次战役是朝鲜战场上规模最大的防御反击战，尽管作战条件极其艰苦，但志愿军将士充分发扬吃苦耐劳、不怕牺牲、积极乐观的精神，坚决执行作战任务，令敌军平均每天每前进1.3千米就要付出900余人伤亡的代价，圆满地完成了阻敌防御任务，为后续志愿军兵团集结赢得了时间，也为进行第五次战役创造了有利条件。此役历时87天，共毙伤和俘虏敌人7.8万余人，中朝军队共伤亡5.3万余人（其中志愿军伤亡4.2万余人）。③

5. 入朝后第五次战役

1951年3月底，"联合国军"将前线回推至"三八线"附近，并于4月初再次越过"三八线"，想从侧后方登陆来配合正面作战，从而不论在停战谈判还是在继续实施占领朝鲜全境的计划中占据有利地位。当时，"联合国军"地面作战部队有17个师、3个旅、1个团，总兵力超过34万人。

经过两个多月的运动防御作战，中国人民志愿军和朝鲜人民军实现了既定的战略目标。此时，志愿军中第三次战役结束后出现的速胜情绪已经消退了，

---

① "磁性战术"，是指敌人在摸到了我军供应困难的弱点之后，企图依靠其现代化装备机动快、火力强的优势，始终同我军保持接触，以进行消耗战的办法来制约我军的一种战术。
② 参见军事科学院历史研究部编《中国人民解放军全史》第6卷，军事科学出版社，2000，第81-84页。
③ 同上书，第85页。

中央军委和志愿军司令部已经对朝鲜战争的长期性有了认识。毛泽东在作战双方反复的较量中，总结出抗美援朝的作战方针为"战争准备长期，尽量争取短期"①。于是增派第二批部队第三、九、十九兵团开赴前线，补充前线志愿军兵力，做好长期作战的准备。4月6日，志愿军党委召开扩大会议，在传达毛泽东制定的作战方针的同时，对第五次战役也做出了部署：为粉碎"联合国军"的阴谋，会议决定在美军登陆前主动发起进攻。"我军反攻时机，以现在为最好，因敌很疲劳，伤亡还未补充，部队不甚充实，且后备部队尚未来到，但现时我尚未集结完毕。如敌进展较快，则决于四月二十日左右发起反击战役；如敌进展较慢，则拟于五月上旬开始；若再推迟，待敌登陆和增援到来后再打，可能增加我军之困难。""这次战役是极为重要的，我们必须消灭敌人几个师，粉碎敌人的计划，夺回主动权。"②具体部署为：第四十军在金化和加平地区负责分割敌军，第三十九军阻击华川和春川地区的美军向西支援；第三兵团在西线从正面与美军第一、九军正面交锋，第九、十九兵团从侧面两翼突击迂回。同时，为防止美军从侧后方登陆，第四十二军于元山、德阳地区，第三十八军在肃川地区，第四十七军在平壤地区，待敌登陆后歼灭之。③

4月22日，中国人民志愿军和朝鲜人民军发起全线反击。第九兵团从左翼发起进攻，下辖的5个军迅速突破了"联合国军"所设防线，向"三八线"逼近；第四十军主力于23日24时到达加平东北沐洞里地区，并于24日与第三十九军顺利会合，将美军陆战第一师隔绝于北汉江以东，完成了分割战场任务；承担正面突进任务的志愿军第三兵团与美军第三、二十五师和土耳其旅正面遭遇，由于敌军有大量重型武器掩护，战斗至24日，第三兵团在哨城里、宝藏山、永平地区与敌军形成对峙之势；负责右翼进攻的志愿军第十九兵团下辖的第一梯队师于23日凌晨横渡位于"三八线"附近的临津江，并向雪马里地区移动，与英军第二十九旅格洛斯特营展开了激烈的交锋。4月25日，志愿军取得雪马里围歼战的胜利。朝鲜人民军第一军团在占领开城、长湍后，向议政府、高阳地区开进。

---

① 参见逄先知、李捷：《毛泽东与抗美援朝》，中央文献出版社，2010，第61页。
② 《彭德怀军事文选》，中央文献出版社，1988，第386页。
③ 参见齐德学、曲爱国主编《抗美援朝战争史》中卷，军事科学出版社，2014，第188-189页。

至24日，西线志愿军主力兵团已抵近或越过"三八线"，并继续向南进攻。25日16时，第十九兵团突破了南朝鲜军第一师、英军第二十九旅的主阵地，占领了汶山里、法院里、七峰山一线。此时，第三兵团和第九兵团协同向抱川地区的敌军发动进攻。第三兵团于25日攻占哨城里、钟悬山地区，第九兵团于25日晚占领云岳山、中板里、永阳里地区。26日，志愿军继续扩大攻势，向退守锦屏山、县里、加平一线的"联合国军"第二线阵地发动进攻，并直逼汉城。战斗至28日，"联合国军"退守至汉城及北汉江、昭阳江以南地区，并在汉江、昭阳江组织了大量防御力量。此时，中朝联合司令部判断，已经失去了歼灭敌军的机会，便决定自4月29日起停止进攻。① 至此，第五次战役第一阶段结束。

第一阶段作战结束后，"联合国军"后退至汉城、杨平、洪川、襄阳一带构筑防线。西线的美军6个师和英军第二十八、二十九旅，以及土耳其旅、南朝鲜军第一师在汉城周围重点布防，等待志愿军和朝鲜人民军进攻；而东线的南朝鲜军则配置在自隐里到东海岸一带，从整个战线上看东线的南朝鲜军呈特别突出的态势。

针对这一情况，彭德怀为了继续歼灭"联合国军"的有生力量，孤立美军以求寻找更多战争机会，于4月28日决定志愿军主力向东线转移，从东线打开突破口。当日，中朝联合司令部下达命令，第三、九兵团稍事休整后隐蔽向东线转移，第三十九军进至春川、洪川一带，掩护第三、九兵团东移；朝鲜人民军第一军团和志愿军第十九兵团分别在汉城以西和以东发动佯攻，以牵制西线英美军。5月6日，中朝联合司令部下达第五次战役第二阶段作战预命令："首先集中力量以歼灭县里地区伪三师、伪五师、伪九师为主要目的，尔后视情继歼伪首都师、伪十一师。"② 在5月16日之前，各部队均按时完成了既定任务，做好了战前准备工作。中朝联合司令部决定于5月16日18时发动进攻。

5月16日18时，志愿军和朝鲜人民军发起第二阶段进攻。承担主要突击任务的第九兵团在战役开始后，长驱直入，攻破敌军阵地，向敌纵深穿插。志愿军第二十军一路突进，于17日占领后坪里、美山里、旺盛谷地区，切断了

---

① 参见齐德学、曲爱国主编《抗美援朝战争史》中卷，军事科学出版社，2014，第200-218页。
② 《彭德怀军事文选》，中央文献出版社，1988，第392-393页。

县里地区南朝鲜军第三、九师南逃退路，并于18日占领龙浦公路，与人民军第五军团对县里地区构成合围之势；第二十七军于16日开始进攻，至18日已突入敌阵地20余千米，封闭了南朝鲜军往西南方向的退路，并同第二十军在上南里地区击溃南朝鲜军第五、七师，歼灭其5个营。至17日晚，志愿军和朝鲜人民军已完成对县里地区的战场分割，形成了对敌军的内层包围。人民军第五军团协同志愿军第二十军向被围困在县里地区的南朝鲜军第三、九师展开猛烈突击，经过两日鏖战，歼灭其大部，并缴获全部重装备，取得了县里围歼战的胜利。19日，志愿军和人民军继续向前进攻，于20日进至束沙里以北地区。同日，朝鲜人民军第五军团占领广院里、清道里地区，其一部在皮木亭地区歼灭南朝鲜军第三师残余部队。人民军第三军团于21日占领襄阳。

在中线，志愿军第三兵团第十五军朝九城浦里方向实施纵深突击，阻击美军第十军并割裂其与南朝鲜军的联系，使其无法支援东线。17日攻占沙五郎峙等地，18日在大水洞地区歼灭美军第二师第三十八团团部及第一、二营大部。在第十五军突击前进受阻后，第六十军移动至春川以东地区，一路突进，19日攻占法所里地区，成功牵制住美军东援。在西线，志愿军第十九兵团及朝鲜人民军第一军团也对敌人发起了猛烈进攻，16—18日，顺利完成牵制任务。

在志愿军和朝鲜人民军的连续进攻下，东线的南朝鲜军于20日溃退至九城浦里、丰岩里、下珍富里地区。针对东线的溃败，美军第八集团军立即下令第十军主力逐次东移；京安里地区的集团军预备队美军第三师东移至丰岩里、下珍富里地区，驰援东线南朝鲜军；美军第一军3个师又3个旅在西线向志愿军第十九兵团发起进攻；南朝鲜军第八师在平昌地区构筑防线。经过这次调整，"联合国军"又形成了相对完整的防线。

志愿军和朝鲜人民军在经过一个多月的战斗后，部队疲惫，且物资亟待补充，如果此时继续进攻，敌军以逸待劳，志愿军和人民军攻坚面临的困难极大。1951年5月21日，中朝联合司令部在讨论后决定停止进攻，结束第五次战役，并且进行主力转移："目前由于我运输工具缺少，粮食、弹药接济不上，西线美军又已东援，使我继续扩大攻势困难增加，为此，第五次战役即暂告结束。""为争取主力集结休整，总结作战经验，造成尔后有利战机，以便更多地歼灭敌人，决将各兵团主力转移至渭川里、朔宁、文惠里、山阳里、杨口、元道里之线及以北。各兵团留一个师至一个军的兵力，从现在位置起，采取机动防御，节节阻击，杀伤消耗敌人，争取时间。"①

5月21日，中朝联合司令部决定将各兵团主力北移至"三八线"地区集结休整，预定于23日开始北移。然而，转移行动还未开始，"联合国军"便趁志愿军补给困难之际，在20日发起了全线大规模的反攻。尽管志愿军和人民军对敌人的反攻有所预料，但由于对敌人反扑的规模估计不足，致使战局陷入被动。"联合国军"集结了3个军13个师的兵力，以摩托化步兵、坦克兵、炮兵组成的"先遣队"为先导，出动大量空中力量和火炮掩护"特遣队"快速推进，企图找到志愿军和人民军转移时出现的薄弱环节，通过穿插迂回来切断我方部队之间的联系，对志愿军和人民军形成合围之势。

志愿军部队在准备不足，并且极端缺少弹药、粮食的情况下，与反扑的"联合国军"展开激烈战斗。为阻击敌人进攻，志愿军采取机动防御的战术，并部署三道防线，层层阻击，为主力转移争取时间。从5月20日至6月10日，志愿军和人民军与"联合国军"鏖战了20余天。在这期间，志愿军第六十三军死守铁原一线，与"联合国军"进行了极为惨烈的战斗，最终粉碎了敌人突破防线的企图，为稳住局势作出了巨大贡献。最终志愿军和朝鲜人民军将敌军阻击在"三八线"附近。此后双方均转入防御，第五次战役宣告结束。

第五次战役历时50天，志愿军和朝鲜人民军共投入11个军和4个兵团的兵力；"联合国军"投入了几乎所有的地面部队，动用了大量的火炮、航空兵支援。此役，双方共投入兵力高达100万余人，是抗美援朝战争中规模最大的一次战役。中国人民志愿军和朝鲜人民军经过数日鏖战，成功地挫败了"联合国军"从侧后登陆配合正面进攻、在朝鲜蜂腰部建立新防线的企图。这次战役共歼敌8.2万余人；但是，由于战役准备不够充分，战役歼敌目标过大且进攻纵深过远，导致志愿军和朝鲜人民军伤亡较大，达8.5万余人。经过这次较量，"联合国军"对中国人民志愿军和朝鲜人民军的力量重新作出估计，不得不转入战略防御并接受停战谈判。随着第五次战役结束，朝鲜战场局势趋于稳定在"三八线"地区附近。朝鲜停战谈判的开始，标志着朝鲜战争正式进入边

---

① 《彭德怀军事文选》，中央文献出版社，1988，第396页。

打边谈的阶段。①

（二）黄沙百战穿金甲，不破楼兰终不还

抗美援朝战争打响之前，美军在世界军事领域有着绝对的优势。在美军介入朝鲜战争之前，朝鲜战场形势呈现出一面倒的形势：朝鲜人民军势如破竹，收复了汉城；但随着美国的介入，朝鲜战场局势瞬间被逆转。从1950年9月15日美军实施仁川登陆至9月底，朝鲜人民军虽然英勇御敌，但是面对拥有绝对武器装备优势的美军，已无力在"三八线"以北组织有效的大规模抵抗，只得战略性退却。值此危难之际，应朝鲜劳动党和朝鲜政府的请求，毛泽东等中国领导人果断决策，决定出兵支援朝鲜，抵御世界范围内综合实力最强大国家的入侵。

作为两次世界大战都没有过本土作战的国家，美国的整体实力得到了很好的保存，并在第二次世界大战后综合国力达到顶峰，有着领导世界的经济能力、科技实力及政治影响力，与苏联成为当时世界上唯二的超级大国。面对这样一个庞然大物，当时基本上没人认为美国会在战争中失败。

志愿军刚进入朝鲜时，中美双方的兵力及武器装备有着明显的差距。以美国为首的"联合国军"总兵力约44万人，其中"地面作战部队349331人，空军36677人，海军59438人。另有飞机1100多架，军舰200余艘"②。"联合国军"总部设立在日本东京，下辖美第八集团军、美第十军、"联合国军"空军司令部和"联合国军"海军司令部。其中，地面部队有着高度现代化的装备："每个步兵师拥有各种坦克149辆，装甲车35辆，各种炮959门，包括榴弹炮72门、各种直射炮(山炮、野炮、无坐力炮)120门、各种迫击炮160门、高射炮64门、火箭筒543具，其中70毫米以上口径火炮(含坦克炮)330余门。"空军力量方面，"联合国军"拥有绝对的优势，其中又以美军的战斗机最为先进，其配备有"F-80C'流星'式战斗机、F-82全天候战斗机，另有部分F-51'野马'式战斗机。战略轰炸机部队主要装备B-29'空中堡垒'式远程轰炸

---

① 参见齐德学、曲爱国主编《抗美援朝战争史》中卷，军事科学出版社，2014，第272-273页。
② 齐德学、曲爱国主编《抗美援朝战争史》上卷，军事科学出版社，2014，第341页。

机,轻型轰炸机大队主要装备B-26型轰炸机"。同时辅以数量众多的侦察机和运输机,占据着绝对的制空权。海军力量方面,"联合国军"下辖美军第七舰队、美国远东海军部队及"联合国军"其他海军力量,包括"航空母舰、护航航空母舰、巡洋舰、战列舰、驱逐舰、登陆舰、扫雷舰等"。从武器装备来看,以美国为首的"联合国军"拥有海陆空"三位一体"的立体式作战能力。[1]在武器装备领先的同时,美军也有着丰富的实战经验。其高级、中级指挥官大都参加过第二次世界大战,有着不俗的战绩。美军士兵也都经历过专业化、系统化的军事培训。

反观中国人民志愿军,无论从兵力还是从武器装备来看,都处于绝对的劣势。从兵力来看,第一次战役打响时,志愿军总兵力仅有29万余人。从武器装备来看,志愿军部队现代化武器极其匮乏,没有制空权,更缺乏制海权:"每个军共编有各种火炮520余门(其中第五十军和第六十六军火炮编制更少),包括直射炮108门、各种迫击炮333门、火箭筒81具,没有榴弹炮和高射炮,其中70毫米口径以上火炮190余门。志愿军一个军的火炮还不如美军一个师装备的强,仅相当于美军一个师火炮装备的54%。"[2]

尽管双方在军事硬件实力上差距悬殊,但是中国人民志愿军有着美军及"联合国军"不曾有的优势:入朝作战的志愿军部队都是在抗日战争和解放战争期间有着不菲战绩的部队,思想政治素质过硬,战斗意志顽强,且有着丰富的以少胜多、以弱胜强的作战经验;中国共产党实行民主集中制的组织原则,这使得志愿军能更好、更高效地执行中央军委和志愿军司令部的命令;志愿军进入朝鲜帮助朝鲜人民保家卫国,这是反抗美帝国主义侵略的正义之战,得到了全世界爱好和平、反对侵略的国家与人民的支持。这些都是志愿军的优势所在。反观美国,尽管有着先进的武器装备,但是美军士兵过于依赖火力优势,战斗意志不强,一旦失去装备的压制力,或者战斗时空军、海军、重型武器无法发挥作用,便会在很大程度上丧失战斗能力;美国发动的是侵略战争,是非正义的战争,势必会受到全世界其他国家的抵制与谴责,也会更加激发志愿军与朝鲜人民军共同英勇抗敌的斗志。

---

[1] 齐德学、曲爱国主编《抗美援朝战争史》上卷,军事科学出版社,2014,第343-344页。
[2] 同上书,第346页。

在这样的对比下,志愿军同美军于1950年11月1—3日在云山地区首次交锋。虽然志愿军的装备处于劣势,但是凭借着对地势、气候、战争时机的把握以及灵活多变的战术和顽强不屈的斗争精神,志愿军重创了美骑第一师,获得了初次胜利。然而,美军不甘心失败,美国政府继续纵容麦克阿瑟向北进军、占领朝鲜全境的计划,美军发动了圣诞节前结束战争的"总攻势"。针对美军战略指挥上的冒进和恃强自满的心理,志愿军节节阻击,诱敌进入长津湖地区,然后从东、西两个方向成包围夹攻之势向美军发动猛烈进攻。经过激烈的鏖战,包括美军"王牌"的陆战第一师被击溃,"联合国军"四散而逃,遗弃了大量武器装备。不可一世的美军被赶回了"三八线"附近。由于接二连三的失利,退守"三八线"的美军此时遭到了盟友的质疑,要求开始试探性谈判。美国政府只得被迫接受停火谈判。然而,毛泽东等中国领导人敏锐地捕捉到信息,这次和谈只是美军为了争得喘息机会以便组织反扑,于是命令志愿军组织发动了第三次战役。志愿军集中兵力,突破了美军在"三八线"设置的防线,并继续向南推进,占领了汉城,并将美军逼退到北纬三十七度线附近。1951年1月,美军趁志愿军连续作战且战线过长、补给较为困难时,发动了第四次战役。美军集结了23万余人,在大量的飞机、坦克、火炮等重型武器掩护下,发起了大规模的反扑。为了应对敌人狂风骤雨般的进攻,志愿军主动放弃汉城,采取运动战与阵地战相结合的方式,在消灭美军有生力量的同时,向北战略性撤退。至4月,志愿军成功地抵御住美军的进攻,把战线维持在"三八线"附近。稍作整备后,志愿军为了取得战场上的主动权,发起了第五次战役。经过50余天的激烈战斗,志愿军取得了最终的胜利。

志愿军五战五捷,打破了美军不败的神话,为中朝两国在停战谈判时争取到了有利的地位,最终迫使不可一世的美国于1952年7月27日在板门店签署了《朝鲜停战协定》。时任"联合国军"总司令克拉克在回忆录中写道:"我获得了一个不值得羡慕的名声,我是美国历史上第一个在没有胜利的停战协议上签字的司令官。"①

---

① 马克·克拉克:《从多瑙河到鸭绿江》,台湾黎明文化出版社,1978,第1页。

图 2-11 中国人民志愿军司令员彭德怀在开城签署《朝鲜停战协定》

四、为完成祖国和人民赋予的使命、慷慨奉献自己一切的革命忠诚精神

面对武装到牙齿的以美国为首的"联合国军",中国人民志愿军毫不退缩,坚决完成党和国家交给的任务。彭德怀作为党和国家领导人,在国家需要时挺身而出、勇担重任。广大志愿军战士在战斗中始终坚守职责,顶着敌人的狂轰滥炸坚守阵地,不惜以生命为代价完成任务。这些可歌可泣的事迹无不彰显志愿军战士为完成祖国和人民赋予的使命、慷慨奉献自己一切的革命忠诚精神。

(一)疾风知劲草,板荡识诚臣

朝鲜战争本是一场完全属于朝鲜内部的战争,但是美国政府迅速作出武装干涉的决定,并且封锁台湾海峡,使朝鲜战争由内战转变为一场侵略与反侵略的战争。1950年9月15日,美国政府不顾中国的警告,派兵实施仁川登陆,并一路向北推进,将战火烧到了中国东北边境。中共中央针对此情况立即做出反应，周恩来总理在国庆节庆祝大会上指出："中国人民热爱和平，但是为了保卫和平，从不也永不害怕反抗侵略战争。中国人民不能容忍外国的侵略，也不能听任帝国主义者对自己的邻人肆行侵略而置之不理。"①同日，毛泽东也收到了朴一禹带来的朝鲜民主主义人民共和国最高领导人金日成、朴宪永联合署名的求援信。信中提到朝鲜民主主义人民共和国的形势已经岌岌可危，急盼中国能出兵增援。然而，面对紧张的朝鲜局势，是出兵援助还是继续观望？一旦出兵，由谁挂帅？要面对以美国为首的"联合国军"，这位军事统帅必须既能坚决执行党中央和中央军委的命令，又要身经百战，能够在瞬息万变的战场上捕捉到战机。在人选问题上毛泽东犯了难。

最初毛泽东打算让粟裕做最高指挥，但是当时粟裕因有病在身，还在青岛休养，所以决定让林彪挂帅。因为林彪对东北比较熟悉，而朝鲜地理环境与东北地区相似，所以考虑林彪挂帅最为合适。但是林彪认为，新中国刚刚成立不久，百废待兴，贸然与拥有最强大工业基础的美国作战，会极大影响我国的经济恢复和建设。恰巧此时，林彪的病情愈发严重，只得作罢。随着朝鲜人民军在战场的空间不断被"联合国军"压缩，军事统帅人选问题亟待解决。这时，毛泽东想到了彭德怀，并立即派专机接还在西北负责经济恢复工作的彭德怀回北京。

10月4日，彭德怀乘坐专机从西安飞抵北京，一落地便马不停蹄地赶往中南海颐年堂参加中央政治局会议。由于彭德怀中途才赶到，因此没有发言，先了解其他政治局委员的观点。对于是否出兵援助朝鲜，委员们有着不同的意见。多数人主张暂缓出兵，其原因可以归为以下几点：(1)我国经历了长时间的战争，现在首要的任务是从战争创伤中恢复，进行经济恢复建设。(2)我国还剩部分偏远地区以及沿海岛屿等待解决，还有100万人左右的国民党残余部队和土匪等待清剿。(3)广大新的解放区还未进行土地改革，新生的基层政权还不够稳固。(4)我国军队的现代化水平远远落后于美军，缺少制空权与制海权。(5)由于长期的战争生活，部分战士和干部对于新的战争有着强烈的抵触情绪。②会议最后，毛泽东在听取政治局委员们的发言后，说了这么一段话：

---

① 中华人民共和国外交部、中共中央文献研究室编《周恩来外交文选》，中央文献出版社，1990，第24页。
② 参见《彭德怀军事文选》，中央文献出版社，1988，第321页。

"你们说的都有理由，但是别人处于国家危急时刻，我们站在旁边看，不论怎么说，心里也难过。"①当晚，彭德怀入住北京饭店彻夜难眠，反复琢磨毛泽东下午在会上的发言："美国占领朝鲜与我隔江相望，威胁我东北；又控制我台湾，威胁我上海、华东。它要发动侵华战争，随时都可以找到借口。老虎是要吃人的，什么时候吃，决定于它的肠胃，向它让步是不行的。不同美帝国主义见过高低，我们要建设社会主义是困难的……我把主席的一句话，反复念了几十遍，体会到这是一个国际主义和爱国主义相结合的指示……但如果不把它同朝鲜处于危急时刻联系起来考虑，那就是民族主义而不是国际主义者。我想到这里，认为出兵援朝是正确的、是必要的，是英明的决策，而且是迫不及待的。我想通了，拥护主席这一英明决策。"②

10月5日，由于前一天会上彭德怀并未发言，所以毛泽东想听听彭德怀对于朝鲜战局的态度和看法，便委托邓小平接彭德怀到中南海谈谈。彭德怀到办公室坐下后，毛泽东说："老彭，昨天你没来得及发言。我们确实存在严重困难，但是我们还有哪些有利条件呢？"彭德怀说："主席，昨天晚上我反复考虑，赞成你出兵援朝的决策。"在分析中美双方所面临的优劣势时，彭德怀说："我们确有许多困难，大家摆的情况也是事实，但是，敌人也有困难，他们兵力不足，补给线长，从美国本土离朝鲜大约5000多海里。我们应全面观察问题，但如果让敌人占领了全部朝鲜半岛，这对我国威胁很大。过去日本人进攻中国，就是以朝鲜为跳板，首先进攻我国东三省，然后又以东三省为跳板，大举向关内进攻的，这段历史教训不能忽视……现在我们已取得了全国政权，有几百万军队，有全国人民的支援，我们有对付优势装备敌人的经验。只要我们在战略战术上不犯重大的错误，我们就有信心打败美国侵略军。"③毛泽东听罢大为赞赏，便又问道："你看，出兵援朝谁挂帅合适？"彭德怀问："中央不是已决定派林彪同志去吗？"毛泽东谈了林彪的情况后说："我们的意见，这担子，还得你来挑。你思想上没这个准备吧？"彭德怀沉默片刻，说："我服

---

① 彭德怀：《彭德怀自述》，人民出版社，2019，第218页。
② 同上书，第218—219页。
③ 张树德：《红墙大事——共和国历史事件的来龙去脉》下，中央文献出版社，2005，第59页。

从中央的决定。"毛泽东略带感慨地讲:"这我就放心了。现在美军已分路向'三八线'北冒进,我们要尽快出兵,争取主动。今天下午政治局继续开会,请你摆摆你的看法。"①

10月5日下午,中央政治局常委会继续在中南海颐年堂召开会议,讨论是否出兵支援朝鲜。会上,彭德怀明确阐释了自己的观点:"出兵援朝是必要的,打烂了,等于解放战争晚胜利几年。如果美军摆在鸭绿江岸和台湾,它要发动侵略战争,随时都可以找到借口。"②在毛泽东提出让彭德怀挂帅后,彭德怀并未推辞,表示坚决执行党中央的决定。聂荣臻在回忆录中写道:"彭德怀同志历来勇敢果断,中央决定他去指挥志愿军,他表示坚决执行命令。在会上,他坚决支持毛泽东同志出兵朝鲜的主张。他说,我们跟美国打,大不了美国打进中国来,最多也就是等于中国晚解放几年就是了。彭德怀同志在会上的坚定态度,给我以深刻印象。"③

在紧张的筹备工作后,1950年10月8日,中国人民革命军事委员会主席毛泽东以特急电报发布命令:"(一)为了援助朝鲜人民解放战争,反对美帝国主义及其走狗们的进攻,借以保卫朝鲜人民、中国人民及东方各国人民的利益,着将东北边防军改为中国人民志愿军,迅即向朝鲜境内出动,协同朝鲜同志向侵略者作战并争取光荣的胜利。(二)中国人民志愿军辖十三兵团及所属之三十八军、三十九军、四十军、四十二军,及边防炮兵司令部与所属之炮兵一师、二师、八师。上述各部须立即准备完毕,待令出动。(三)任命彭德怀同志为中国人民志愿军司令员兼政治委员。(四)中国人民志愿军以东北行政区为总后方基地,所有一切后方工作供应事宜,以及有关援助朝鲜同志的事务,统由东北军区司令员兼政治委员高岗同志调度指挥并负责保证之。(五)我中国人民志愿军进入朝鲜境内,必须对朝鲜人民、朝鲜人民军、朝鲜民主政府、朝鲜劳动党(即共产党)、其他民主党派及朝鲜人民的领袖金日成同志表示友爱和尊重,严格地遵守军事纪律和政治纪律,这是保证完成军事任务的一个极重要的政治基础。(六)必须深刻地估计到各种可能遇到和必然会遇到的

---

① 参见《彭德怀传》编写组编《彭德怀传》,当代中国出版社,2006,第237页。
② 彭德怀:《彭德怀自述》,人民出版社,2019,第219页。
③ 聂荣臻:《聂荣臻回忆录》下,人民出版社,2022,第610页。

困难情况,并准备用高度的热情、勇气、细心和刻苦耐劳的精神去克服这些困难。目前总的国际形势和国内形势于我们有利,于侵略者不利,只要同志们坚决勇敢,善于团结当地人民,善于和侵略者作战,最后胜利就是我们的。"[1]同日,彭德怀根据毛泽东的命令与中共东北局第一书记、东北军区司令员兼政治委员高岗,以及彭德怀指挥所的负责人成普,参谋徐亩六、龚杰,秘书张养吾,翻译毛岸英一行人乘飞机直飞沈阳。这次航行是绝对保密的,每个人的亲属甚至彭德怀的夫人都不知他们将前往何地。

10月8—18日,彭德怀不断往返于北京和前线,勘察敌情、分析战况,给东北边防军做动员战备工作。19日傍晚,彭德怀仅带着两名警卫员,乘坐一辆吉普车,既作为中国人民志愿军一名成员,也是志愿军的最高统帅,率先开赴朝鲜战场,拉开了轰轰烈烈、可歌可泣的抗美援朝战争的序幕。

(二)岂不畏艰险,所凭在忠诚

在抗美援朝战争中,志愿军将士之所以能创造奇迹,打败当时世界上综合实力最强的美国,不仅靠高超的战术,更是凭借对党和人民的忠诚。红军三湾改编时第一次提出"支部建在连上"的建军基本原则,奠定了中国共产党对军队的绝对领导地位。自此以后,中国共产党不断加强军队建设,在血与火的洗礼中锻造了一支钢铁般的军队。这支铁军最显著的特征就是忠诚。对党忠诚,对祖国和人民忠诚,是军队完成一切使命和任务的前提要义,是军队不畏强敌、英勇奋战的力量源泉,是军队战斗力不断增强的根本保障,是官兵战斗精神不断焕发的内生动力。正因为绝对忠诚,这支军队才能在抗日战争和解放战争中战无不胜、所向披靡。在朝鲜战场上,志愿军战士更是用鲜血升华了忠诚的内涵。

首先,忠诚体现为敢于担当、勇挑大梁。在抗美援朝的最初阶段,国家面临是否出兵援朝以及派谁挑大梁的艰难抉择。彭德怀作为党和国家的领导人之一,明知对手是世界上军事实力最强大的国家,一旦失败,个人乃至国家将会付出巨大代价,但是为了新中国长久的利益,彭德怀顶住巨大压力临危受命,

---

[1] 中共中央文献研究室编《毛泽东文集》第6卷,人民出版社,1999,第100-101页。

将生死置之度外,在朝鲜战场力破强敌。不仅老一辈革命家对党和国家有这样的忠诚,国家的青年一代也有这样的担当。1950年11月4日,《各民主党派联合宣言》的发表和新华社对中国人民志愿军在朝鲜作战的报道,在全国各界引起强烈反响。广大青年纷纷要求参军,各地涌现出父母送儿子、妻子送丈夫等感人事迹。这些青年上了战场后,冲锋在前、不惧危险,勇于承担重任、大任,出现了杨根思、黄继光等一批有担当的战斗英雄。

其次,忠诚体现为舍身为国、无私奉献。在抗美援朝战场上,中国人民志愿军始终把党和国家的利益放在第一位,将自己的全部乃至生命都无私奉献给革命事业。在上甘岭43天的战役中,"联合国军"在这块不足4平方千米的阵地上"发射了190多万发炮弹,投掷了5000多枚炸弹"①,导致志愿军的通信线路经常被炸断,必须依靠通信员人为抢修。面对敌人密集的火力,高地上的防御工事和电话线路瞬间被炸毁。志愿军第十五军第四十五师一三五团的牛保才在发现无法与指挥所取得联系后,立即在炮火中重新拉线抢修。在快要成功时,他的左腿被突然飞来的炮弹弹片炸断,顿时血流如注。但是牛保才没有忘

图 2-12　在坑道里的志愿军

---

① 齐德学、曲爱国主编《抗美援朝战争史》下卷,军事科学出版社,2014,第263页。

记自己的任务，他强忍着剧痛匍匐到断线周围，一只手抓住电话线，用嘴咬住电话线的另一头，用身体作导线接通了电话，保证了部队通信，直至壮烈牺牲。像牛保才这样舍身为国的志愿军战士还有很多，他们用生命诠释了对党、对国家、对人民的革命忠诚精神。作家魏巍在《谁是最可爱的人》中记述，他看见战士在防空洞里吃一口炒面就一口雪，就问他："不觉得苦吗？"战士说："我在这里吃雪，正是为了我们祖国的人民不吃雪。我在这里蹲防空洞，祖国的人民就可以不蹲防空洞。他们想骑车子也行，想走路也行，边溜达边说话也行。那是多么幸福的呢！……我在这里流点血不算什么，吃点苦又算什么哩！"多么可爱的人哪！[①]志愿军战士为了党和国家的利益和人民的美好生活，甘于牺牲，奉献出宝贵的生命。正是因为有了这种忠诚的革命精神，志愿军才迸发出强大的团结精神和民族凝聚力，创造出世界战争史上以弱胜强的奇迹。

最后，忠诚体现为绝对服从、钢铁意志。革命的忠诚精神是始终如一的，无论遇到怎样恶劣的外部环境，都会保持对党和国家以及人民的无限热爱，对于命令的绝对服从和打不垮的精神劲头。抗美援朝第五次战役，由于对"联合国军"的反扑估计不足，志愿军回撤的时候遭遇重大挫折。为了保护志愿军后方基地安全，掩护主力部队后撤休整，彭德怀下令第六十三军必须坚守阵地，阻击敌人的进攻。1951年6月1日，美军集中两个师在不足3平方千米的地方，在大量飞机、火炮的掩护下，轮番进攻第六十三军阵地。面对敌人如此猛烈的火力，第六十三军没有退缩一步，坚决执行上级守住阵地的命令。第六十三军党委发出指示，要求全体战士"敢于挑重担，敢于打恶仗，不叫苦，不叫累，不怕孤军作战，不怕流血牺牲，发挥独立作战能力，像钉子一样，钉在前沿阵地上；要机智勇敢，活在阵地上，战斗在阵地上，将敌人消灭在阵地前"。第六十三军全体指战员秉持着"誓与阵地共存亡"的信念，与美军鏖战了12天。右翼的志愿军第一八七师五六一团三营阵地曾多次被占领，但又被战士们浴血奋战抢夺回来，足足坚守了四天三夜，抵挡了数倍于己的美军的多次冲锋。左翼的志愿军与美军第二十五师主力也展开交锋。战斗至白热化时，美军对志愿军阵地展开疯狂进攻，甚至在双方近战时美军仍然发射大量炮弹攻击阵地，战斗极其惨烈。最后，志愿军第一八六师连师直机关及后勤人员也投

[①] 参见魏巍：《谁是最可爱的人》，《人民日报》1951年4月11日，第1版。

入战斗，前线的大部排连长战斗至最后一刻，直至牺牲。许多战士在打光自己的弹药后，用尽最后的力气，引爆手雷，与敌人同归于尽，也绝不后退一步。[①]志愿军战士在面对生死存亡的严峻考验时，坚决执行上级命令，意志坚定，永不退缩，顽强战斗到底。这种绝对服从和钢铁般的意志贯穿于抗美援朝战争始终，成为支撑战争胜利的重要精神力量。

五、为了人类和平与正义事业而奋斗的国际主义精神

中华民族历来秉持"亲仁善邻"的理念。作为负责任的大国，中国始终坚持和平发展道路，中国军队始终是维护世界和平的坚定力量。[②]在抗美援朝战争中，毛岸英、罗盛教等志愿军战士以不畏强暴、视死如归的英雄气概在朝鲜战场上帮助朝鲜军民抵御侵略者，甚至付出自己的生命。这些感人肺腑的事迹充分体现出志愿军战士为了人类和平与正义事业而奋斗的国际主义精神。

（一）毛岸英出国作战，捍卫疆土完整与世界和平

毛岸英，本名远仁，字岸英，湖南韶山人。1922年出生于湖南省长沙市，是毛泽东和妻子杨开慧的长子。作为中国共产党领袖的子女，童年时的毛岸英经历了比同龄孩子更多的磨难。在毛岸英8岁时，母亲杨开慧被捕入狱，壮烈牺牲。只剩下毛岸英和两个年幼的弟弟。在中国共产党地下组织安排下，毛岸英和两个弟弟被转移到上海。但是不久后，上海的地下党组织遭到破坏，毛岸英兄弟只得流落街头。在上海的5年间，他

图2-13 毛岸英

---

① 参见齐德学、曲爱国主编《抗美援朝战争史》中卷，军事科学出版社，2014，第269-271页。
② 《习近平著作选读》第2卷，人民出版社，2023，第362页。

当过学徒，捡过破烂，卖过报纸，推过人力车，经历过底层人民最艰苦的生活。1936年，毛岸英和弟弟毛岸青终于被党的地下组织找到，并秘密派送苏联学习。

1943年，对军事有着浓厚兴趣的毛岸英进入莫斯科列宁军政学校学习。同年，毛岸英加入苏联共产党（1946年加入中国共产党），并被授予中尉军衔。1944年，毕业后的毛岸英进入伏龙芝军事学院继续深造，并在深造结束后主动参加了白俄罗斯第一方面军，在坦克部队任连指导员。此时正值苏联红军对德国法西斯军队发起猛烈反攻之际，毛岸英不畏枪林弹雨，他所在的坦克连永远冲锋在与德国法西斯军队交锋的第一线，展现出无产阶级战士应有的斗争勇气与高尚的国际主义精神。1945年5月，苏联卫国战争取得胜利。英勇冲锋的毛岸英在莫斯科受到斯大林的接见，并被赠予一把手枪作为纪念。

1946年，毛岸英回到延安。毛岸英并没有因为是毛泽东的长子而有特殊优待，而是同农民一起吃饭、睡觉、劳作，真正做到深入人民群众。在这期间，他还跟随田家英等人学习中国传统文化、历史和哲学等科目，不断阅读马克思主义经典著作，提升自己的理论水平。

朝鲜战争爆发后，新婚不久的毛岸英在家中遇见了准备出征的志愿军司令员兼政治委员彭德怀，便主动请缨要求入朝参战。当时，"毛泽东身边的人都不同意，因为他们知道毛泽东已经为中国革命失去了5位亲人，更何况此次要面对的是世界上最强大的美国军队。毛岸英的态度非常坚决。当许多人都出来劝毛泽东出面阻止时，毛泽东的回答却是：'谁叫他是毛泽东的儿子！他不去谁还去？'"①在毛泽东的支持下，毛岸英成为了一名光荣的中国人民志愿军战士。

1950年10月23日，毛岸英随志愿军从鸭绿江北岸隐蔽渡江。到朝鲜战场后，他担任彭德怀的秘书兼翻译，并任志愿军司令部党支部书记。尽管毛岸英不承担作战任务，但是他经常和参谋一起分析战争形势，发表意见。1950年11月25日，在毛岸英进入朝鲜战场的第三十四天，由于当时志愿军司令部收发电报较为频繁，因此被美军侦测到位置。美军于当日11时袭击了志愿军司

---

① 《毛岸英（"双百"人物中的共产党员）》，《人民日报》2011年4月7日，第5版。

令部位于朝鲜北部平安北道大榆洞南山坡的作战室。当时毛岸英还在志愿军作战室内签收战斗电报，4架野马式轰炸机从空中掠过，向司令部驻地投下了几十枚凝固汽油弹。由于作战室是木房子，汽油弹落下后燃烧产生的1000℃左右高温瞬间熔化了整个作战室，熊熊烈火瞬间蔓延开来，整个司令部驻地成为一片火海。没来得及逃出的毛岸英和高瑞欣壮烈牺牲，毛岸英年仅28岁。在寻找毛岸英遗体的时候，只能通过一只烧焦了的表壳辨认出，这是他出国前岳母送给他的纪念物。在清理毛岸英烈士遗物时，发现他随身只带了几件换洗的衣物、一把剪刀以及一批自己喜爱的书。

在向中央请示安葬毛岸英遗体事宜时，彭德怀建议将毛岸英同志尸骨埋在朝鲜，"以志司或志愿军司令员名义刊碑，说明其自愿参军和牺牲的经过，不愧为毛泽东的儿子……"对此，毛泽东说："岸英是我的儿子，但他也是志愿军的一名战士。他生在中国，战斗在朝鲜，牺牲在朝鲜，是我们党和人民的光荣。就让他留在朝鲜，与牺牲的同志们在一起吧。"①1955年4月，毛岸英烈士的遗体被安葬在朝鲜平安南道桧仓郡的中国人民志愿军烈士陵园内。这里曾是中国人民志愿军司令部的驻地，也是毛岸英同志战斗过的地方。陵园内的石碑

图2-14　位于朝鲜桧仓郡中国人民志愿军烈士陵园内的毛岸英之墓

---

① 谢文雄：《毛岸英：不愧为毛泽东的儿子》，《党建》2020年第11期。

上刻着"毛岸英同志之墓"七个大字,背面刻着:"毛岸英同志原籍湖南省湘潭县韶山冲,是中国人民领袖毛泽东同志的长子。1950年他坚决请求参加中国人民志愿军,于1950年11月25日在抗美援朝战争中英勇牺牲。毛岸英同志的爱国主义和国际主义的精神将永远教育和鼓舞着青年一代。毛岸英烈士永垂不朽!"

(二)罗盛教勇跳冰窟,忍寒冒死救助朝鲜儿童

图2-15　罗盛教

罗盛教,原名罗雨成,1931年出生在湖南省新化县松山乡桐梓村一个贫苦的农民家庭。1949年,年仅18岁的罗盛教得知湘西军政干部学校在招生,怀着远大革命理想的他决定加入中国人民解放军,投身于革命事业。由于罗盛教文化水平不高,所以在部队学习期间对于别人来说很简单的课程,他却得花很大力气才能听懂。于是他更加努力,对于自己不懂的地方,便在课后借同学的笔记与自己的笔记对比,并将有所感悟的地方工整地记在笔记本上。正因为有这样的学习劲头,表现优异的罗盛教在1950年加入了中国新民主主义青年团。后来罗盛教被分配到第四十七军的文书学习班学习。毕业后调到第四十七军第一四一师直属侦察连任文书。

抗美援朝战争爆发后,为了响应国家号召,年仅20岁的罗盛教于1951年4月加入中国人民志愿军,并作为志愿军第四十七军第一四一师侦察连的文书随部队开赴朝鲜。在朝鲜境内,罗盛教看到被美军轰炸成废墟的村庄,内心涌起对美帝国主义侵略行径的憎恨和对朝鲜人民苦难遭遇的深刻同情。"一次,部队在一个风雹交加的黑夜行军,伸手不见五指。一位朝鲜老大娘顶风冒雹地站在那里,手提保险灯为战士们照路,并不断提醒志愿军战士别掉进泥坑里。罗盛教觉得只有用杀敌立功的实际行动,才能报答朝鲜人民的深情厚谊。他几次要求上前线,可是指导员总是耐心地劝说他,'你的决心是好的,可是革命

工作有分工。你现在担任文书工作,对消灭敌人是有保证作用的!'"①在指导员的教育下,罗盛教茅塞顿开,除了更加用心地做好自己的本职工作,还多次主动承担起上前线帮助救治伤员、运送物资等任务。

在部队驻地平安南道成川郡石田里与朝鲜人民相处的日子里,罗盛教深刻地感受到当地人民对志愿军的热情与拥护,经常帮助当地村民干一些农活,受到了当地村民的普遍赞誉,也与朝鲜人民结下了深厚的友谊。

1952年1月的石田里,寒风凛冽,栎沼河河面上结了一层厚厚的冰。早操后,罗盛教和他的战友宋惠云来到河边练习投弹技术。这时,有几名朝鲜儿童在冰面上玩耍,其中一名叫崔莹的儿童在滑冰时不慎压碎冰面,掉进了近3米深的冰窟。同行的伙伴慌了神,立即大声呼救。罗盛教听到求救的声音,连忙向河边跑去。发现有人掉入冰窟,罗盛教二话没说,冒着零下20℃的严寒脱掉棉衣,猛地跳入水中。罗盛教找了好几分钟,寻觅无果后又浮上水面换了口气,继续潜入河里寻找崔莹。经过不懈努力,罗盛教终于摸到了崔莹。在寒冷刺骨的河水里,罗盛教费力地把崔莹托上水面。然而崔莹爬到洞口后,由于碎冰破裂,又跌入水中。这时的罗盛教已全身冻得发紫,几近力竭,但还是义无反顾地重新下水,用头顶着崔莹,踩着河里的碎石将崔莹再一次托举出水面。这时罗盛教的战友宋惠云临时拔了一根电线将崔莹拽上了岸,崔莹得救了。而力竭的罗盛教这时已无法再爬出冰窟,被河水冲入冰层深处,消失在栎沼河中。听到罗盛教救崔莹壮烈牺牲的消息后,石田里的乡亲像失去了亲人一样痛哭不已。他们找到了罗盛教的遗体,用朝鲜当地最高规格厚葬了他们的这位"亲人"。

1952年2月3日,中国人民志愿军领导机关追授罗盛教"一级爱民模范""特等功臣"等特别荣誉称号,以纪念和表彰罗盛教伟大的国际主义精神。中国新民主主义青年团中央委员会决定授予罗盛教"模范青年团员"称号。他牺牲的那条栎沼河也被称为"罗盛教河"。石田里的乡亲们所在村庄为了纪念罗盛教而改名为"罗盛教村"。安葬罗盛教的佛体洞山改名为"罗盛教山",山上矗立着罗盛教纪念亭和纪念碑。这座纪念碑于1952年10月3日落成,碑上刻

---

① 《伟大的国际主义战士 罗盛教("双百"人物中的共产党员)》,《人民日报》2011年2月14日,第1版。

着朝鲜民主主义人民共和国主席金日成的题词"罗盛教烈士的国际主义精神与朝鲜人民永远共存",以及中国人民志愿军领导机关的挽词"光辉的国际主义战士罗盛教烈士永垂不朽!"当天,"朝鲜劳动党、政府、人民军、当地人民的代表和朝鲜少年崔莹都相继讲话,他们都说,伟大的国际主义战士罗盛教烈士将永远活在朝鲜人民的心里,他的伟大的国际主义精神将永远鼓舞着朝鲜人民奋勇前进。"①

图2-16　位于朝鲜平安南道成川郡罗盛教烈士陵园内的纪念塔

---

① 《朝鲜人民建立罗盛教烈士纪念碑与纪念亭　金日成将军题字赞扬烈士的国际主义精神》,《人民日报》1952年10月26日,第1版。

第三章 03

抗美援朝精神的历史地位与作用

"我们是中国人民志愿军，我们是保卫祖国的战士"这句入朝参战誓词，是抗美援朝精神形成的起点。抗美援朝精神因无数志愿军将士的英雄赞歌形成，也蕴藏于无数志愿军将士的内心中并指引其前行。志愿军将士不仅在那片满目疮痍的土地上创造了生命奇迹，而且在抵御强敌中创造了波澜壮阔的战争奇迹。"英雄的中国人民志愿军始终发扬祖国和人民利益高于一切、为了祖国和民族的尊严而奋不顾身的爱国主义精神，英勇顽强、舍生忘死的革命英雄主义精神，不畏艰难困苦、始终保持高昂士气的革命乐观主义精神，为完成祖国和人民赋予的使命、慷慨奉献自己一切的革命忠诚精神，为了人类和平与正义事业而奋斗的国际主义精神，锻造了伟大抗美援朝精神。"[1]

山河披锦绣，盛世写华章，中华儿女正意气风发、信心满怀、昂首阔步地行走在实现中华民族伟大复兴的康庄大道上。回望过往的奋斗路，感悟抗美援朝精神，是坚定历史自信、加速复兴伟业的必然选择。

---

[1] 习近平：《在纪念中国人民志愿军抗美援朝出国作战70周年大会上的讲话》，《人民日报》2020年10月24日，第2版。

一、弘扬民族精神，传承红色基因

（一）不屈不挠、自强不息的爱国精神

2020年10月23日，习近平总书记在纪念中国人民志愿军抗美援朝出国作战70周年大会上发表重要讲话，不仅对抗美援朝精神进行了总结，而且把爱国主义精神放在了抗美援朝精神的第一位。爱国主义精神是抗美援朝精神的根基与内核，是凝聚中华儿女的原生动力，更是流淌在中华民族血液里最真挚的情感。当帝国主义的侵略之火烧到新中国的家门口，当以美国为首的"联合国军"陈兵鸭绿江，对我国东北边境地区人民生命财产安全造成严重威胁之际，当反复收到朝鲜劳动党和政府的援助请求时，面对美国威胁如果参战就把中国"炸回到石器时代"的狂妄自大，为捍卫国家利益，维护民族尊严，密切社会主义阵营共御强敌，"以战止战、以武止戈"成为中国共产党、中国人民的最佳选择。

由此，"抗美援朝，保家卫国"不仅成为每一名中国人民志愿军指战员冲锋陷阵的磅礴动力，而且成为全体中华儿女抵御外敌的精神指引，它将前线与后方紧紧相连。凭借着中华儿女对抗美援朝运动的热情，形成了一致对外、万众一心的抗战局面：由民众自发组成的医疗队、担架队、工程队、输血队、运输队纷纷奔赴朝鲜战场；"国家兴

图3-1 新华社开城（1953年7月）27日报道，《朝鲜停战协定》已经在27日上午10时（朝鲜时间）在板门店签字

亡、匹夫有责",许多青年热烈响应祖国的号召踊跃报名参军,全国掀起了数次参军的热潮;"广大城乡出现父母送子女、妻子送丈夫、兄弟争相参军的动人景象"①;签订爱国公约活动深入田间地头、车间学校各个角落;广泛开展慰问志愿军、捐献武器、优待志愿军烈军属运动;"多打一粒粮食""多产一支棉纱""多造一个零件"成为全国支援作战、抗击强敌、保家卫国的自觉行动……②人民群众焕发出空前高涨的爱国热情和生产积极性,全力以赴为支援前线作贡献,极大地鼓舞了前方志愿军将士奋勇杀敌的旺盛士气,为抗美援朝战争取得最终胜利奠定了坚实的物质基础,提供了强大的精神支柱。正如习近平总书记指出:"中华民族能够经历无数灾厄仍不断发展壮大,从来都不是因为有救世主,而是因为在大灾大难前有千千万万个普通人挺身而出,慷慨前行。"③抗美援朝战争的胜利,也揭示了一个颠扑不破的真理:"战争的伟力之最深厚的根源,存在于民众之中。"④正是这种在民族危难时刻孕育的爱国精

图3-2 沈阳人民欢送参加抗美援朝战争的青年人

---

① 中共中央党史研究室:《中国共产党历史》第2卷(1949—1978)上册,中共党史出版社,2011,第80页。
② 周鑫:《气吞万里壮河山》,《解放军报》2021年5月6日,第5版。
③ 习近平:《在全国抗击新冠肺炎疫情表彰大会上的讲话》,《人民日报》2020年9月9日,第2版。
④ 毛泽东:《毛泽东选集》第2卷,人民出版社,1991,第511页。

神,向世界证明了中国不再是一盘散沙,而是下山的猛虎,是拥有强大民族凝聚力的新中国!

山河无恙,因无数人慨然以赴。在艰苦卓绝的抗美援朝战争中,最可爱的人雄赳赳、气昂昂跨过鸭绿江,做最勇敢的事,拼最正义的刺刀,忍饥受冻、枪林弹雨也决不退缩,血肉之躯坚守阵地,面对狂轰滥炸面不改色,保卫家园在所不惜,硬生生把狂妄至极的美军阻于"三八线",直至停战,打破了美军不可战胜的神话。中国军人身上表现出的刚毅品格,让敌人胆寒,令对手敬畏,让世界看到了"我们中华民族有同自己的敌人血战到底的气概,有在自力更生的基础上光复旧物的决心,有自立于世界民族之林的能力"①。中国人民志愿军能创造如此奇迹,除了这场正义之战带来的决心和信念,还有几千年间存续于中华民族血脉之中的自强不息、不屈不挠的爱国主义精神。

这场战争,真真切切地将爱国的行动、行动式的爱国体现得淋漓尽致。身处朝鲜战场的每一名中国人民志愿军将士以守护国家和人民的利益为己任,为了祖国的领土完整和边境安危不懈奋斗;国内的每一个普通民众以支援前线为目标,为了加速抗美援朝战争胜利而持续努力。从中国人民志愿军遵照毛泽东同志的命令跨过鸭绿江,到志愿军将士在战场上浴血杀敌,再到后方亿万人民群众举国同心、增产节约的支前运动,在这场战争中,爱国主义成为一切行动的指南,更成为凝聚全国人民的力量源泉。爱国主义精神具有将中华民族凝聚起来的现实伟力,中华民族也因具有高度的爱国主义精神而凝聚和团结起来。这样的民族是不可战胜的!

"爱国主义自古以来就流淌在中华民族血脉之中,去不掉,打不破,灭不了,是中国人民和中华民族维护民族独立和民族尊严的强大精神动力,只要高举爱国主义的伟大旗帜,中国人民和中华民族就能在改造中国、改造世界的拼搏中迸发出排山倒海的历史伟力!"②习近平总书记指出:"爱国主义是我们民族精神的核心,是中华民族团结奋斗、自强不息的精神纽带。"③而抗美援朝精神,正是弘扬爱国主义精神、高举爱国主义伟大旗帜、战胜强大敌人的光辉典

---

① 毛泽东:《毛泽东选集》第1卷,人民出版社,1991,第161页。
② 习近平:《在纪念五四运动100周年大会上的讲话》,《人民日报》2019年5月1日,第2版。
③ 同上。

范。在新时代继承和弘扬伟大抗美援朝精神,为实现中华民族伟大复兴而奋斗,是对胜利最好的纪念,也是对英烈最好的告慰。

(二)坚韧不拔、勇往直前的民族气概

新中国成立之初,百废待兴,百业待举,中国人民无比渴望和平安宁,整个国家都沉浸在新中国建设的喜悦之中。但是,中国人民的这个愿望却受到了粗暴的挑战,帝国主义侵略者将战争强加在中国人民头上。[1]邻人有难,唇亡齿寒。是否出兵朝鲜,对于新中国来说是一个重大的考验。为此,中共中央连续召开政治局扩大会议,讨论是否出兵到朝鲜去和美国军队作战。"中国共产党要么准备赴朝参战,要么甘愿目睹一个共产党政权的毁灭,让战火烧到中国的北部边界。"[2]在讨论出兵朝鲜的会议上,毛泽东说:"别人要亡国了,我们站在旁边看,不论怎么说,心里也难过。"[3] "为了保卫和平、反抗侵略,毛泽东毅然作出抗美援朝、保家卫国的历史性战略决策。"[4]

在中国作出出兵决策之前,"麦克阿瑟亲自对美国总统杜鲁门说,中国干预的可能性很小,他们没有空军,而我们在朝鲜有可供空军使用的基地。如果中国人试图进兵平壤,将会有一场历史上最大的屠杀。甚至非常狂妄地说,我相信,中国共产党地面部队和俄国空军的配合是成不了气候的。我们才是最棒的。"[5]但麦克阿瑟忘记了,"我们的事业是正义的。正义的事业是任何敌人也攻不破的"[6]。

中国人民志愿军开赴朝鲜战场后,迎来了武装到牙齿的敌人,也开始了交

---

[1] 徐瑶:《伟大抗美援朝精神跨越时空、历久弥新——论中国共产党人的精神谱系之七》,《人民日报》2021年8月10日,第1版。
[2] 爱德华·E.赖斯:《毛泽东的路》,《国外研究毛泽东思想资料选辑》编辑组编译,北京出版社,1992,第56页。
[3] 霞飞:《兵发鸭绿江——抗美援朝决策的台前幕后》,《党史博采》2007年第10期。
[4] 钱其琛:《缅怀当代最伟大的外交战略家——纪念毛泽东诞辰100周年》,《中共党史研究》1993年第6期。
[5] 姚旭:《从鸭绿江到板门店》,人民出版社,1985,第24页。
[6] 习近平:《在纪念中国人民志愿军抗美援朝出国作战70周年大会上的讲话》,《人民日报》2020年10月24日,第2版。

战双方力量极其悬殊的一场现代化战争。一方面，中美两国国力相差巨大，与世界上第一强国相比，新中国的经济刚开始复苏，物资极度匮乏，财政状况非常困难，工农业总产值仅为美国的1/28，钢产量还不到美国的1/144。两支军队在武器方面同样差距巨大，美军有航母、新式战斗机、令人望而生畏的原子弹；在应对侵略势力时，中国军队处于基本上靠步兵和少量炮兵作战的状态，武器装备相当落后，海空军尚处于初创阶段。在这样极不对称、极其悬殊的敌我力量对比下，冒着会"引火烧身""惹祸上门"的风险，"中国人民志愿军同朝鲜军民密切配合，首战两水洞、激战云山城、会战清川江、鏖战长津湖等，连续进行5次战役，此后又构筑起铜墙铁壁般的纵深防御阵地，实施多次进攻战役，粉碎'绞杀战'、抵御'细菌战'、血战上甘岭，创造了威武雄壮的战争伟业。全国各族人民由衷称赞志愿军将士为'最可爱的人'！经过艰苦卓绝的战斗，中朝军队打败了武装到牙齿的对手，打破了美军不可战胜的神话，迫使不可一世的侵略者于1953年7月27日在停战协定上签字。"①

经此一战，中国人民志愿军谱写了新中国历史上最壮烈的英雄赞歌。美国前总统胡佛曾说："美国在朝鲜被中国共产党击败了，世界上没有任何部队足以击退中国人。"②美国著名五星上将马歇尔说："神话已经破灭了，美国原来并不是像人们所想象的那样一个强国。"③美国《有限战争》一书中说："朝鲜灾难引起的影响，远远超过麦克阿瑟在朝鲜战场上的失败。不仅联合国军统一朝鲜的希望破灭了，而且当中国变成第一个在重要战役中取得打败西方军队的胜利的国家时，似乎一夜工夫，中国便跃进为世界强国之列。"④抗美援朝战争用伟大的胜利向世界宣告，"西方侵略者几百年来只要在东方一个海岸架起几尊大炮就可霸占一个国家的时代一去不复返了"⑤。

山河无恙，因这个民族坚不可摧，初生的新中国，百年来与西方列强的抗争之路无比艰难。新中国成立之初，遭遇如此挑战，中国共产党和中国人民坚

---

① 习近平：《在纪念中国人民志愿军抗美援朝出国作战70周年大会上的讲话》，《人民日报》2020年10月24日，第2版。
② 姚旭：《从鸭绿江到板门店》，人民出版社，1985，第49页。
③ 参见《世界知识》1953年第16期，第7页。
④ 姚旭：《从鸭绿江到板门店》，人民出版社，1985，第49页。
⑤ 彭德怀：《彭德怀军事文选》，中央文献出版社，1988，第445页。

毅勇敢，从未后退。从1950年10月25日起，中国人民志愿军在那片满目疮痍的土地上开始征战，至1950年11月5日在朝鲜战场上完成第一次战役，此役歼敌1.5万余人。至1950年11月23日，"联合国军"的地面部队已达22万人，各型作战飞机1100余架，还有包括航母在内的200余艘舰艇；面对既没有飞机也没有舰艇的志愿军，嚣张的麦克阿瑟已经不屑于考虑谁是他的对手了。1950年11月25日打响抗美援朝第二次战役，这场战役让不可一世的美军在10天内仓皇溃退300千米，一路从清川江撤退到"三八线"以南的临津江畔，东线方向的长津湖战役也取得大捷，第二次战役从根本上扭转了朝鲜战局，毙伤俘敌3.6万余人（其中美军2.4万余人），收复了沦陷46天的平壤，把敌人赶回了"三八线"以南。1950年12月31日，第三次战役后解放了汉城，敌人被迫在"三八线"附近停止进攻。1951年1月25日，在"三八线"附近进行防御作战的第四次战役歼敌7.8万人。1951年4月22日至6月10日，中朝军队进行了抗美援朝战争中规模最大的第五次战役，共歼敌8.2万人，其中志愿军歼敌6.7万人。

"打得一拳开，免得百拳来"。在抗美援朝战争期间，党中央统揽全局，全国各族人民举国同心，最终用胜利向世界宣告这头东方巨狮已然觉醒。斗转星移、世事变迁，但是1950年中国人民志愿军毅然开赴朝鲜作战，面对拥有世界上最优良装备的美军，在敌我力量对比和武器装备极为悬殊的条件下，不惧困苦、英勇斗争的事迹，会永远镌刻在我们心中。

在朝鲜战场上与强敌较量，中国人民志愿军越战越强，这是中国军队意志与力量的彰显，是新中国万众一心、众志成城凝聚力的体现。它向世界宣告，中华民族永远不会向任何强权势力屈服。正如习近平总书记所说："中国人民不惹事也不怕事，在任何困难和风险面前，腿肚子不会抖，腰杆子不会弯，中华民族是吓不倒、压不垮的！"[①]70多年后回望抗美援朝战争，展望中华民族伟大复兴的前景，这种坚韧不拔、勇往直前的民族气概沉淀着无数革命先辈的奋斗牺牲，无论在什么时代都会激励着我们奋勇向前，是我们不忘历史的警醒，更是我们走向未来的强大动力。

---

① 习近平：《在纪念中国人民志愿军抗美援朝出国作战70周年大会上的讲话》，《人民日报》2020年10月24日，第2版。

（三）争取和平、维护和平的坚定信念

"1950年6月25日，朝鲜内战爆发。朝鲜战争爆发后，在美国的决策者中，无论总统杜鲁门，还是国务卿艾奇逊，他们的第一个反应，就是荒谬地认为，朝鲜的事件是苏联为首的社会主义阵营向'自由世界'的挑战，苏联显然是在冒发动第三次世界大战的风险，至少是苏联对美国抵御共产党阵营'扩张决心'的一个试探，或是挑起一场全面战争的前奏。"[①] 如此，作为"自由世界领袖"的美国，便不能对此视而不见。6月25—27日，美国两次要求联合国安理会召开紧急会议，通过"紧急制裁案"，试图通过操纵联合国为自己武力介入朝鲜战争披上"合法"的外衣。

1950年6月27日，美国宣布武装干涉朝鲜战争。次日，毛泽东在中央人民政府委员会第八次会议上指出："中国人民早已声明，全世界各国的事务应由各国人民自己来管，亚洲的事务应由亚洲人民自己来管，而不应由美国来管。美国对亚洲的侵略，只能引起亚洲人民广泛的和坚决的反抗。杜鲁门在今年一月五日还声明说美国不干涉台湾，现在他自己证明了那是假的，并且同时撕毁了美国关于不干涉中国内政的一切国际协议。美国这样地暴露了自己的帝国主义面目。"全中国人民将站在被侵略者方面，中国人民"既不受帝国主义的利诱，也不怕帝国主义的威胁"。"全国和全世界的人民团结起来，进行充分的准备，打败美帝国主义的任何挑衅。"[②] 9月30日，政务院总理周恩来代表中国政府向全世界宣告："中国人民热爱和平，但是为了保卫和平，从不也永不害怕反抗侵略战争。中国人民决不能容忍外国的侵略，也不能听任帝国主义者对自己的邻人肆行侵略而置之不理。"[③]

爱好和平是中华民族的优良传统，新生的中华人民共和国更是深深懂得和平之宝贵。70多年前的那场战争，是帝国主义侵略者强加给中国人民的。在

---

① 约瑟夫·格登：《朝鲜战争——未透漏的内情》，解放军出版社，1990，第52页。
② 毛泽东：《毛泽东外交文选》，中央文献出版社、世界知识出版社，1994，第137-138页。
③ 周恩来：《周恩来在政协全国委员会举行的建国一周年庆祝大会上的报告》，《人民日报》1950年10月1日。

美国企图用血与火来征服亚洲之时，便迅速将其蓄谋已久的武装干涉朝鲜内战付诸实施，同时入侵台湾海峡，极力阻挠中国人民解放台湾。美帝国主义把战火烧到新生的中华人民共和国土地上，中共中央和毛泽东同志毅然作出"抗美援朝，保家卫国"的历史性决策。于是，一趟趟军列星夜启程，一支支雄师劲旅开赴那片熟悉的黑土地，开启了抗美援朝之旅。中国人民志愿军入朝作战，同朝鲜人民和军队一道，历经2年9个月舍生忘死的浴血奋战，换来了抗美援朝伟大胜利，为世界和平和人类进步事业作出了巨大贡献，197653名中华民族的英雄儿女长眠在那片盛开着金达莱花的土地上。"伟大的抗美援朝战争，抵御了帝国主义侵略扩张，捍卫了新中国安全，保卫了中国人民和平生活，稳定了朝鲜半岛局势，维护了亚洲和世界和平。"①

为了人类和平与正义事业而奋斗的国际主义精神在抗美援朝战争中得到了充分的体现。"任何人任何势力企图破坏中国人民的和平生活和发展权利、破坏中国人民同其他国家人民的交流合作、破坏人类和平与发展的崇高事业，中国人民都绝不答应！"②那场保卫和平、反抗侵略的正义之战，那些为祖国和人民而战的优秀儿女，将永载史册。习近平指出，伟大的抗美援朝战争是保卫和平反抗侵略的正义之战，中国人民志愿军的力量源泉及其获得胜利的根本原因是伟大的抗美援朝斗争的正义性。抗美援朝出国作战的胜利，不仅捍卫了新中国的国家尊严，稳定了朝鲜半岛的局势，更彰显了新中国这一维护世界和平与稳定重要力量的崛起，深刻影响和改变了第二次世界大战后亚洲乃至世界的政治格局，维护了亚洲及世界的和平。

杜鲁门在回忆录中，试图找出一千种理由为美国武装干涉朝鲜开脱罪名。他说，当时"我深切地感觉到，如果听任南朝鲜沦丧，那么共产党的领袖们就会越发狂妄地向更靠近我们海岸的国家进行侵略。如果容忍共产党人以武力侵入大韩民国，而不遭到自由世界的反对，那么，就没有哪一个小国会有勇气来抵抗来自较为强大的共产主义邻邦的威胁和侵略。如果对这种侵略行动不加以

---

① 习近平：《在纪念中国人民志愿军抗美援朝出国作战70周年大会上的讲话》，《人民日报》2020年10月24日，第2版。

② 习近平：《在纪念中国人民抗日战争暨世界反法西斯战争胜利75周年座谈会上的讲话》，《人民日报》2020年9月4日，第2版。

制止，那就会爆发第三次世界大战，正如由于类似的事件而引起了第二次世界大战一样。我还清楚地认识到，除非这次对朝鲜的攻击得到制止，联合国的基础和原则将受到威胁"①。

时光远逝，精神不朽。"70年来，我们始终没有忘记老一辈革命家为维护国际正义、捍卫世界和平、保卫新生共和国所建立的不朽功勋，……70年来，我们始终没有忘记谱写了气壮山河英雄赞歌的中国人民志愿军将士，以及所有为这场战争胜利作出贡献的人们。……70年来，我们始终没有忘记在抗美援朝战争中英勇牺牲的烈士们。19万7千多名英雄儿女为了祖国、为了人民、为了和平献出了宝贵生命。"②历史从未走远，中国人民志愿军用生命、用血肉之躯保卫了国家安全、维护了世界和平。中国人民志愿军抗美援朝出国作战，抵御了美帝国主义侵略扩张，用铁一般的事实证明，"偏见和歧视、仇恨和战争，只会带来灾难和痛苦。相互尊重、平等相处、和平发展、共同繁荣，才是人间正道。"③

二、汇聚民族力量，创造战争伟业

（一）官兵齐心：步枪打空战，重创美军空军势力

第二次世界大战后的美国不仅获得了巨大的经济利益，而且建立了非常完备的军工体系和军事防御、进攻体系，拥有世界上最精良的武器装备。第二次世界大战后，这些武器被用在哪里了？用来做什么呢？答案显而易见，朝鲜内战爆发后，美国对朝鲜半岛虎视眈眈，挑战世界和亚洲的和平，试图把武装干

---

① 哈里·杜鲁门：《杜鲁门回忆录》第2卷，生活·读书·新知三联书店，1974，第394页。
② 习近平：《在纪念中国人民志愿军抗美援朝出国作战70周年大会上的讲话》，《人民日报》2020年10月24日，第2版。
③ 习近平：《在纪念中国人民抗日战争暨世界反法西斯战争胜利70周年大会上的讲话》，《人民日报》2015年9月4日，第2版。

涉朝鲜内政的狼子野心装扮成"警察行动"。美国军队入侵朝鲜后，为达目的，在这场侵略战争中使用了一切最先进的武器，空军各式战斗机、轰炸机、侦察机等一应俱全，具有代表性的有：F4U 豹式战斗机、AD 天空强盗轰炸机、RF-80A 照相侦察机、F-28 全天候战斗机、空中幽灵"B-26"。绝对的空中优势也让骄傲的美国空军肆无忌惮，全天候飞行，不放过任何一个轰炸目标。盲目自信的美国空军飞行员常驾驶着各类战斗机超低空飞行对我军进行扫射，志愿军伤亡惨重，同时增加了行军困难，运输武器和补给物资的车辆也难逃美军战机轰炸的厄运，损失十分严重。

在抗美援朝第五次战役中，志愿军第六十三军艰苦阻击以美国为首的"联合国军"的轮番进攻，铸就了"英雄铁军"的称号。这支"英雄铁军"在打击美军空中力量方面也作出过巨大贡献。抗美援朝战争期间，志愿军曾有一条铁的纪律，那就是严禁用步枪打敌机；但是，自从龙头里战役中关崇贵用步枪击落敌机后，彭德怀亲自下令，以后部队可以用步枪打敌机。随后，志愿军第一八八师便开始积极钻研如何击落美军飞机。1951 年 4 月 18 日，第六十三军一八八师五六二团与五六三团的志愿军战士送给美国空军"一记重锤"。

4月8日，当美军飞机出现在志愿军上空的视线范围内时，一记信号弹成为志愿军将士对准美军飞机进攻的号角。就在美军飞行员还未反应过来之际，数千支步枪、机枪、冲锋枪已对准美军飞机开火。美军的一架飞机在空中被击中并爆炸，随后迅速摔落。敌人的嚣张气焰瞬间消失殆尽，慌乱之中跳伞逃命成了美军飞行员的唯一选择。

狂妄的美军接受不了自己的战机被击落的事实，再次出动 16 架飞机超低空飞行，准备一探究竟；但是，当美军搞清楚战机被击落的原因后，也随即付出了傲慢的代价，4 架敌机被击落并当场坠毁，4 名飞行员无一人生还，志愿军将士无一人伤亡。美军丝毫没有意识到：志愿军将士齐心克敌的力量不可战胜，这是美军出动再多架飞机也撼动不了的。

面对志愿军的火力攻击，美空军无一例外地都是强装镇定，扔下炸弹后便抱头鼠窜，再也没有了靠近我军阵地的勇气。

英勇无畏的志愿军将士愈战愈勇。他们没有条件就创造条件，仅用步枪就把美空军打疼、打怕。"一日之战，一八八师共击落敌机 5 架，击伤 13 架，开创了朝鲜战场步兵轻武器打下飞机的最高纪录。战后，受到十九兵团政治部的通令表扬。志愿军总部首长也发来贺电,并号召全体志愿军学习六十三军步枪打飞机的经验。"①自此,朝鲜战场上像苍蝇一样低飞的美军飞机越来越少,干扰我军、袭击我军的情况有所改善,志愿军进一步减少了地面损失。

在朝鲜战场上,美军的低空飞行不仅对志愿军作战造成极大的干扰,而且给物资运输造成了很多损失。但无论是志愿军将士,还是运输队司机,都不惧对手。志愿军将士通过团结协作能够创造奇迹,运输队司机凭借勇敢无畏同样能够击落敌机。1951年3月20日,美军飞机盯上了志愿军一辆运输弹药的嘎斯车,在新溪郡石边村旁的一片树林对运输车辆展开疯狂攻击。志愿军运输队司机赵宝印当机立断,对迎面飞来的敌机连开数枪,成功击落一架敌机。

在志愿军战士铮铮铁骨面前,无论多么先进的武器装备都会失去作用。面对强力攻击与武器装备的巨大差距,战士们总能想到应对办法,而不是胆怯等死。中国人民志愿军誓死保卫祖国和人民,创造了一个又一个战争奇迹。

图3-3 志愿军用轻武器击落的美军飞机

正是这支勇敢又伟大的军队不惧强敌,浴血沙场,"粉碎了侵略者陈兵国门、进而将新中国扼杀在摇篮之中的图谋,可谓'打得一拳开,免得百拳来',帝国主义再也不敢作出武力进犯新中国的尝试,新中国真正站稳了脚跟。这一战,拼来了山河无恙、家国安宁,充分展示了中国人民不畏强暴的钢

---

① 晨晖:《抗美援朝战场上的八大传奇故事》,《党史博览》2010年第10期。

铁意志！"①

（二）军民连心：常香玉义演为志愿军捐献战斗机

在中国人民志愿军与"联合国军"持续对抗 7 个月之时，志愿军将士手持"万国牌"武器面对敌人全方位的立体战攻势，不断克服朝鲜战场上各方面的困难，重创"联合国军"。为鼓舞士气、稳定军心，中国人民抗美援朝总会组织的第一届中国人民赴朝慰问团回国后，第一时间向党和国家反映朝鲜战场上志愿军在武器装备方面面临的问题：没有空军，没有坦克，大炮数量也少得可怜。彼时的新中国一方面要进行经济建设，另一方面要对出国作战的志愿军给予后勤保障，已没有多余款项用于购买飞机、大炮等武器。

为尽量补齐志愿军在武器方面的短板，助力志愿军在朝鲜战场上乘胜追击，1951 年 6 月 1 日，中国人民抗美援朝总会发布了《关于推行爱国公约、捐献飞机大炮和优待烈属军属的号召》。指出："根据前线的报告，根据我们的赴朝慰问团回来的报告，我们中国人民志愿军和朝鲜人民军的战斗力，在一切方面都能完全压倒敌人，困难的只是我们的飞机大炮等武器还不够多。为了使我们英勇善战的志愿军，能够以更小的牺牲，消灭更多的敌人，早日取得战争的最后胜利，我们必须迅速以更多的飞机、大炮、坦克、高射炮、反坦克炮等武器供给前线。我们建议全国各界爱国同胞们，不分男女老少，都开展爱国的增加生产、增加收入的运动，用新增加的收入的一部或全部，购置飞机、大炮等武器，捐献给志愿军和解放军，来增强他们的威力，巩固我们的国防。各地捐献的飞机、大炮、坦克等，将冠以捐献单位的名字，作为光荣的纪念。""我们希望大家高度地发扬爱国主义的热忱，再接再厉地开展爱国公约运动、开展增产捐献武器和优抚运动，以便更加有力地支援前线，争取抗美援朝战争的最后胜利。"②

---

① 习近平：《在纪念中国人民志愿军抗美援朝出国作战 70 周年大会上的讲话》，《人民日报》2020 年 10 月 24 日，第 2 版。
② 军事科学院军事历史研究所：《抗美援朝战争史》下卷，修订版，军事科学出版社，2011，第 47 页。

捐献飞机大炮运动的提出，极大地激发了全国各族人民的爱国热忱，全国上下掀起了捐献热潮。1951年夏天，常香玉在陆军医院慰问伤员演出后受到强烈触动，说道："为了使志愿军战士在前方少流血，我们应该在后方多流一些汗，拿出自己的力量来捐献飞机大炮。"①在得到香玉剧社演员的一致赞成后，西安香玉剧社社长常香玉带领剧社加入捐献的热潮中。

虽然前路尽是艰难险阻，但这丝毫没有动摇常香玉以及香玉剧社的决心。为努力实现这个目标，常香玉个人和香玉剧社都做出了巨大牺牲。她和担任剧社编剧的丈夫再没有拿过一分钱工资。为保障剧社义演筹款之路顺顺利利，常香玉变卖了家里值钱的东西，4000万元（旧币）捐献后，将余下的钱作为剧社接下来的演出基金，踏上了筹款买飞机的义演之路。常香玉的爱国义举很快传到了中共中央西北局负责人那里，在专门接见常香玉时给予了高度评价。

香玉剧社在确定好表演剧目后，"1951年8月7日，常香玉带领剧社人员从西安出发，先后在开封、郑州、新乡、武汉、广州、长沙6个城市进行了半年的巡回义演，演出170多场，观众达30多万人。她们在各地受到人民群众的热烈欢迎，仅在开封、郑州、新乡三地演出就得义演捐款5亿余元（旧币）。1952年2月，常香玉带领全社演职员胜利返回西安。"②"西北军政委员会文化部、西北文学艺术界联合会举行了庆祝大会，并隆重授予她金光闪闪的荣誉奖杯。《人民日报》为此发表了长篇通讯《爱国艺人常香玉》，详细报道了常香玉的爱国壮举。周恩来专门接见常香玉，并高兴地对她说：香玉同志，你很了不起！你为抗美援朝做了件大好事，全国人民感谢你！"③

这场历时超过半年的义演活动结束后，常香玉及香玉剧社的爱国热情持续高涨。1953年3月，常香玉带领香玉剧社随第三届赴朝慰问团到战场慰问演出。他们翻山越岭来到前线，虽然条件十分艰苦，但仍然坚持把来自祖国人民的温暖送到每一名战士的身边。在战场上会面临来自敌人不定时的扫射和轰炸，意外随时可能发生。慰问途中，香玉剧社一个名叫玉环的女演员，生命永远定格在17岁。在朝鲜慰问的5个多月里，豫剧队以180多场演出，极大地鼓

---

① 李海民：《常香玉与"香玉剧社号"战斗机》，《百年潮》2021年第2期。
② 李奎编《全国动员——做志愿军坚强的后盾》，蓝天出版社，2014，第84页。
③ 同上。

图 3-4　常香玉

舞了奋战在抗美援朝前线的志愿军将士。

在这场捐献飞机大炮的运动中，涌现出千千万万个"常香玉"。李济深、蒋光鼐、周立波、梅兰芳等是无数捐献者中我们知道名字的"常香玉"，全国各族人民中还有数以万计我们不知道名字的人默默捐献与付出。

"截至1952年5月底，东北地区捐款6525.08万元，可购战斗机435架；华北地区捐款6795.06万元，可购战斗机453架；华东地区捐款21540.67万元，可购战斗机1436架；中南地区捐款13357.84万元，可购战斗890.5架；西南地区捐款4471.22万元，可购战斗机298架；西北地区捐款1365.41万元，可购战斗机91架；内蒙古捐款465万元，可购战斗机31架；其他地区和个人捐款1132.5万元，可购战斗机75.5架。总计全国各界人民共捐款55650.37万元，可购战斗机3710架。"[1] 1952年6月24日，中国人民抗美援朝总会宣告捐献武器运动已经胜利结束。"单者易折，众则难摧。"这份千万人汇聚在一起的力量和决心就像滔滔的鸭绿江水般势不可挡，是能够战胜强大敌人和一切困难的无穷力量。

（三）举国同心：工厂就是战场，机器就是枪炮

"我们的战争是人民战争"，要广泛开展群众性动员运动。1950年6月28日，即美国政府宣布武装干涉朝鲜的第二天，毛泽东发出"全国和全世界的人民团结起来，进行充分的准备，打败美帝国主义的任何挑衅"的号召[2]。同日，周恩来代表中国政府发布号召："全世界一切爱好和平正义和自由的人类，尤其是东方各被压迫民族和人民，一致奋起，制止美国帝国主义在东方的

---

[1] 姜廷玉主编《解读抗美援朝战争》，解放军出版社，2010，第67页。
[2] 毛泽东：《毛泽东外交文选》，中央文献出版社，1994，第138页。

新侵略。"①军队打胜仗，人民是靠山。这是我军特有的优势，也是我军不断从胜利走向胜利的力量源泉。在志愿军打响入朝作战第一仗的次日，中共中央发出关于在全国进行时事宣传的指示，党和政府在国内发动了一场声势浩大的全国人民抗美援朝运动，支援前线、支援战争。这场运动的蓬勃发展，不仅有力地支援了志愿军在战场上的作战，也促进了国内各方面工作的开展。

上下同欲者胜，同舟共济者赢。毛泽东深知，只要凝聚起新生共和国伟大的爱国主义力量，就没有战胜不了的敌人和困难。食物供给成了战争初期志愿军面临的重大困难。中国人民志愿军在冰天雪地里忍冻挨饿，与敌人进行着生死拼杀。为保证给在朝鲜前线作战的志愿军将士提供充足的物资，全国上下，从老至幼，无一人不响应"增加生产，厉行节约，以支持中国人民志愿军"的号召。越来越多的工农产品生产出来供应前线，越来越多的民众响应号召参加到这场运动中，打通开往战场的运输补给线。

1951年10月，中共中央政治局召开会议，确定了"精兵简政，增产节约"的总方针。1950年10月23日，毛泽东向全国人民发出"增加生产，厉行节约，以支持中国人民志愿军"②的号召。根据中国人民抗美援朝总会主席彭真所作《关于抗美援朝保家卫国运动的报告》，中共中央政治局决定，"大规模地开展爱国增产节约运动，加强抗美援朝和国家建设的力量。"③这场旨在要求人们"更加积极地参加抗美援朝、巩固国防、镇压反革命、发展工农业生产等项斗争和建设事业"④的运动在全国农业战线上热火朝天地开展起来。

订立爱国公约运动始于1950年11月，次年2月中共中央发出指示，将订立爱国公约作为深入开展抗美援朝运动的三件中心工作之一，要求在全国各地各界人民中普遍推广。爱国公约的订立，更激发了民众的爱国积极性，有力地推动了生产竞赛和拥军优属工作。

"工厂就是战场，机器就是枪炮，多出一件产品就是增强一分杀敌力量，

---

① 中共中央文献研究室编《建国以来重要文献选编》第1册，中央文献出版社，1992，第327页。
② 中共中央文献研究室编《毛泽东文集》第6卷，人民出版社，1999，第184页。
③ 中国人民保卫世界和平反对美国侵略委员会：《伟大的抗美援朝运动》，人民出版社，1954，第163页。
④ 《一年来的爱国公约运动》，《解放日报》1951年10月27日。

减少一件废品就是消灭一个敌人。"这是工人履行爱国公约的生动写照,凭借这句口号,全国各地陆续创造出新的生产纪录。"东北地区的工人,掀起在1951年创造价值相当于1040万吨粮食的增产运动,到9月下旬,仅东北62个厂矿的统计,就已经获得了增产价值相当于162万吨粮食的成绩。至1951年10月,全国有2810个厂矿单位223万职工参加了生产竞赛,有19854个生产小组向齐齐哈尔市劳动模范马恒昌所在的生产小组学习和应战。天津市自来水公司在8月份创造了15项纪录,使市价售水单位的成本比原来降低1/8。青岛国棉六厂17岁女工郝建秀创造了一套科学的细纱工作法,此法在全国纱厂推广后,大大提高了细纱生产效率。在农业战线上,1951年3月,山西省著名劳动模范李顺达领导的互助组,向全国各地发出了爱国增产竞赛挑战书。到9月底,就有30个省(行政区)1.2万多个互助组、2700多个农业劳动模范应战。至10月,全国有1000万以上农民参加了爱国丰产竞赛。爱国增产竞赛运动的开展,大大激发了农民群众生产积极性,使1951年的粮食、棉花等农作物的产量都超过了1950年的水平。"①

图3-5 抗美援朝战争期间银川市各族各界签订的爱国公约

---

① 军事科学院军事历史研究所:《抗美援朝战争史》上卷,修订版,军事科学出版社,2011,第521页。

拥军优属是爱国公约运动中的一项重要活动，旨在解除志愿军的后顾之忧，进一步加快战争的胜利。"广大群众认为，'不照顾好烈、军属，就对不起前方的志愿军'。在'先军属，后自己'的口号下，尽一切努力帮助志愿军的烈、军属，解决生产上的困难，安排好他们的生活。"①无论城市还是农村，优抚工作大规模展开。在城市里，优抚工作贯彻"以组织生产、介绍就业为主，物质补助为辅"的方针。用切实的政策以及一部分现金或生活物资来保障军属、烈属的日常生活。在农村，优抚工作最为明显的体现就是"固定代耕制"。在全国上下齐心努力下，拥军优属工作全面铺开、成效显著。

三、助力军队建设，维护国家安全

（一）单一兵种作战向多军兵种作战转变

抗美援朝战争中，我军与美军在武器装备上的差距是既定事实。这种差距在战争中给我军带来了诸多阻碍，但丝毫没有减弱志愿军将士取得这场战争胜利的决心和斗志。志愿军将士用"钢少气多"力克"钢多气少"，不但赶走了美国侵略者，也在这场现代化战争中实现了军队建设的蜕变。在实际作战过程中，面对拥有世界上最先进武器的强大对手，我军转变作战思维，勇于开拓创新作战方式，实现了我国军队作战历史上前所未有的创造。在此之前，无论是抵御外侮还是打击分裂势力，传统步兵才是战场上的主角，炮兵部队少之又少。没有空军，地面部队又以步兵为主，对作战方式产生了诸多限制。抗美援朝战争中，中国军队的陆军、空军和海军纷纷实现创造性转变、创新性发展，为转换作战方式提供了巨大空间。

在抗美援朝战争中，我军先后开赴朝鲜达27个军，参加过第一线作战的

---

① 军事科学院军事历史研究所：《抗美援朝战争史》上卷，修订版，军事科学出版社，2011，第522页。

达25个军。毛泽东说:"抗美援朝战争是个大学校,我们在那里实行大演习,这个演习比办军事学校好。"①"我们中国人民志愿军的陆军、空军、海军、步兵、炮兵、工兵、坦克兵、铁道兵、防空兵、通信兵,还有卫生部队、后勤部队等等,取得了对美国侵略军队实际作战的经验。这一次,我们摸了一下美国军队的底。对美国军队,如果不接触它,就会怕它。我们跟它打了三十三个月,把它的底摸熟了。美帝国主义并不可怕,就是那么一回事。我们取得了这一条经验,这是一条了不起的经验。"②

在抗美援朝战争中,炮兵、高炮部队和坦克部队、空军、铁道兵、工兵、公安部队都实现了独立作战经验"零"的突破。抗美援朝战争使我军真正实现了由单一兵种作战向多兵种作战转变。

在1951年夏秋防御战役中,志愿军的武器装备在原有步枪、机枪基础上,实现了歼击机师、轰炸机团和强击机团同时参加战斗,是前所未有的创新。在抗美援朝战争中,我们除了利用机动灵活的作战方式打败敌人,也开始尝试多兵种作战以达到多方位打击敌人的目的。这可以说是我军在抗美援朝战争中多兵种作战的开始。

志愿军空军投入作战,成效颇丰。1951年11月18日,美国空军共派出9批184架次飞机活动于永柔、清川江、安州一带,对志愿军后方的物资运输铁路线展开疯狂"绞杀"。时任志愿军空军第三师第九团第一大队大队长王海驾驶战机率队在清川江上空执行歼敌任务。进入预定空域后,狡猾的敌人运用60余架飞机制造圆圈阵来阻挡志愿军空军的攻击。虽然双方飞机数量对比悬殊,但是王海编队巧妙地利用米格-15垂直机动性强的优点,制定合理的作战计划,取得了击落敌机5架、自身无一损失的战果。年轻的志愿军空军尽管在驾驶技术和实战经验上不及对手,但是凭着"空中拼刺刀"精神,在朝鲜战场上创造了一次又一次惊人的奇迹。勇敢的志愿军空军凭借这种精神拼出了"米格走廊"③,使得美军在空军领域也对中国军人有所忌惮。后来,"美国远东空

---

① 毛泽东:《毛泽东军事文集》第6卷,军事科学出版社、中央文献出版社,1993,第316页。
② 同上书,第355页。
③ "米格走廊",是指鸭绿江和朝鲜西北部清川江之间面积约1.68万平方千米的空域。

军司令部不得不下令禁止在白天出动B-29轰炸机进入'米格走廊'"①。

同时，我军也实现了第一次陆空协同作战。1951年11月5日至12月1日，志愿军第五十军对鸭绿江口至清川江口之间的沿海岛屿连续进行4次渡海攻岛作战。该军在空军配合下，先后攻占14个岛屿，共歼敌570余人。②在抗美援朝战争中，攻打大和岛作战是唯一一次陆空协同作战，也开创了中国人民解放军历史上陆空协同作战的先河。

首次实现在统一指挥下与国外军队联合作战。1950年12月上旬，中国人民志愿军和朝鲜人民军联合司令部正式成立。12月31日，我军首次和朝鲜人民军在联合司令部统一指挥下进行第三次战役，是两军统一联合作战的初次实践。从此，在朝鲜战场上，我军和朝鲜人民军始终保持着联合作战的习惯。

朝鲜战场上，中国人民志愿军在气候恶劣和技术装备落后的条件下，在几十年不遇的严寒与洪水的艰苦环境中，不畏风险挑战和阻力压力，实现了作战方式的转变和新的创造。

（二）健全后勤指挥机构充实后勤保障力量

无论是何种战争，无论敌人是谁，在战争中都需要从后方到前线的配合，充足的粮食对于志愿军的体力保障是关键，充足的弹药对于抵御强敌、打败敌人是必要。在中国决定出兵抗美援朝时，志愿军将士即刻出兵跨过鸭绿江赶赴朝鲜，毫不犹豫，但国内却面临一个棘手的问题——后勤补给问题。因为时间过于仓促，新中国也处在建设之中，所以志愿军的后勤补给短缺一时间成了大难题；而美军在整个抗美援朝战争期间对中国到朝鲜的铁路运输线进行持续的狂轰滥炸，也给后勤保障工作带来了极大的困扰。

在朝鲜战争开始之前，通过从苏联方面获取的信息，中国政府第一时间作出战略反应，未雨绸缪，组建了东北边防军。与此同时，组建了东北边防军后勤部。1950年8月，东北军区后勤部成立三个分部，对作战部队实施后勤保障

---

① [俄]奥尔洛夫：《1950—1953年朝鲜战争中的苏联空军》，《近现代史》1998年第4期。
② 齐德学：《抗美援朝战争在人民解放军历史上的10个"第一次"》，《军事历史》2010年第5期，第29-31页。

工作。1950年10月，志愿军毅然开赴朝鲜。

食物供给不足，成为志愿军入朝作战初期的一大难题。将士们唯一的食物是冻得硬邦邦的土豆，不仅难以下咽，而且很难为志愿军提供充足的体力保障。反观同一战场上的美军伙食，有吃不完的牛排、面包、C类口粮，在食物供给上称得上天壤之别。但志愿军战士在忍饥挨饿的情况下，仍与敌人进行殊死拼杀。导致我军与美军食物补给上的巨大差距有两个主要原因：一是新中国成立初期，经济建设任务较重，导致一定程度上的物资匮乏；二是后勤人手严重不足。在抗美援朝战争初期，15名志愿军战士大约能配备1名后勤人员，而美军的后勤人员数量是士兵的10倍。战争伊始，志愿军不仅行军速度惊人，而且进攻速度非常快；但随着战线的进一步拉长，后勤部队要想赶上先头部队的速度是非常困难的，从而使战士们的食物补给很难得到保障。同时，美军在朝鲜战争中为取得胜利不择手段，利用武器装备优势频繁对我军补给线实施空中打击。在这样的轮番轰炸下，我军在中朝边境的物资运输车辆损失惨重，这给志愿军的后勤工作带来极大挑战。

1950年11月初，在志愿军刚刚入朝作战之际，周恩来便派总后勤部副部长张令彬到东北实地调查了解后勤供应上存在的实际困难。周恩来在给东北军区负责人的信中说："凡有不妥、不实或隔靴搔痒之处，请当面指出以便改正。""只要东北提出要求，我们愿全力以赴，帮助你们解决困难。"[①]朝鲜战争第一次战役结束后，为进一步保障志愿军的食物补给，东北军区后勤部紧急向前线指挥部提出"以炒面为主"的建议。1950年底，周恩来总理组织召开了一场被称为"炒面煮肉"的特殊会议，会议后的那个冬天家家户户支起大锅，加入到炒面大军中。工人下班后、学生放学后都投身到炒面会战中，炒面锅下二十四小时都燃着火，大街小巷到处都飘着炒面的香味，萦绕着举国作战的决心。这场炒面会战不仅很大程度上改善了对志愿军战士的食物供给条件，而且成为志愿军将士奋勇杀敌的动力来源。由此，一口炒面一口雪，成为志愿军不畏艰苦、顽强斗争的真实缩影。英勇杀敌的志愿军将士也在战场上喊出了"为炒面立功"的口号。

除了粮食供应外，武器装备落后也是志愿军作战的一个短板。朝鲜战场

---

① 《建国以来周恩来文稿》第三册，中央文献出版社，2008，第456页。

上，美军官兵利用坦克疯狂开展"刺猬战术"。为有效遏制敌人的"刺猬战术"，迫切需要后方提供反坦克武器。"兵器工业部门立即组织力量，研究试制。以五二工厂为主，在既无图纸又无经验的情况下，利用缴获的残缺不全的样品，经过解剖、分析、测试、改进、试验，仅用了半年时间，先后设计研制成功了90反坦克火箭筒和配用的两种火箭弹，当年就制造出火箭筒5000具，火箭弹20万发送往前线，有效地打击了美军的'刺猬战术'。"①

中国人民志愿军总部总结战争初期的后勤保障经验，认识到要想保障后勤供应有条不紊地进行，就要解决两个问题：一是增派后勤人手；二是有效阻挡美军的空袭。志愿军总部经过仔细考量，不但派遣两个铁道兵师和两个高射炮团开始入朝参战，而且安排了更多的后勤人员来保障物资运输。运输补给线就好比战场的血脉，美军利用牢牢掌握的制空权疯狂打压志愿军的运输补给线，不惜一切代价阻断志愿军的后勤补给。为了保证"血脉"畅通，志愿军将士与美军展开了保路与炸路的大比拼。两个铁道兵师和两个高射炮团入朝后的主要任务就是保障铁路运输线的畅通：铁道兵师的主要工作是抢修那些被美军炸毁、炸断的铁路，高射炮团则在补给线两侧构建起可以依仗的防空火力网。铁道兵师和高射炮团对于保障抗美援朝"血脉"畅通起到了十分重要的作用。

图3-6　志愿军修缮被炸断的铁路

---

① 姬文波：《东北军区创造志愿军后勤保障奇迹》，《党史博览》2011年第6期。

为了后勤保障工作更高效、更高质量地完成，志愿军总部决定组建志愿军后方勤务司令部，并由洪学智将军兼任司令员。洪学智将军到任后，改良了兵站系统，使志愿军运输车辆的损坏率大大降低，提高了物资运输效率，组建了一支十分高效的桥梁维修部队来抢修被美军炸毁的铁路桥；志愿军战士自主发明的"顶牛过江"运输法和"片面"运输法也使得物资运输工作更顺利地开展。在各方努力下，志愿军将士在抗美援朝第三次战役后期，食物得到保障，弹药补给到位，伤员得到及时医治。

抗美援朝战争作为新中国成立之后的第一次对外战争，其难度无疑是空前的。这不但因为我们的对手是强大的美国，更因为战争准备时间短，又是异国作战，对后勤保障体系提出了巨大的考验。"在近三年的战争中，由中国向朝鲜战场运送后勤物资9600多种、260多万吨；补充枪械48万多支（挺）、火炮1.3万门，提供汽车2.1万辆；救治伤员38.3万名、病员45.5万名；修复和新建铁路996公里，修复和新建公路1.06万公里，修建仓库1.53万个（座）、病房6900幢、简易营房7.06万座。"①抗美援朝的胜利离不开后勤保障工作的有效推进，离不开每一名担架队员、每一名抢修工人、每一名制造工人，是他们加速了抗美援朝的胜利。

抗美援朝战争的伟大胜利，凸显了现代化战争中后勤建设的极端重要性。中国军队在抗美援朝战争中，不仅积累了丰富的后勤保障经验，而且使军队的后勤保障观念发生积极转变。聂荣臻在谈到抗美援朝战争的后勤保障工作时说："严格地说，我们是从抗美援朝战争中，才充分认识到后勤工作在现代战争中的重要性的。"②在中央军委指导下，志愿军后勤工作逐步实现了向现代化后勤的转变，"由单一的陆军后勤转变为各军兵种的合成军队后勤；由主要组织物资、卫生保障，转变为既要组织物资、卫生、技术等保障，又要组织指挥后方的对敌斗争；由少数业务部门和勤务分队组成的保障部门，转变为既包括多勤务部门和部队，又包括防空兵、铁道兵、工程兵、公安警卫部少数业务部

---

① 姬文波：《东北军区创造志愿军后勤保障奇迹》，《党史博览》2011年第6期。
② 聂荣臻：《聂荣臻回忆录》，解放军出版社，1984，第747页。

门和勤务分队组成的保障部门。"①

（三）军队装备技术得到充实与更新

抗美援朝战争的胜利，经验是多方面的，成就也是多方面的。不仅作战方式和作战观念发生了转变，作战装备更是得到充实与更新，2年9个月的战斗催生了一支现代化的军队。我军是如何从"从小米加步枪"走向了现代化？

"第二次世界大战后，美国拥有全球最强大的海军和空军，拥有3.1万架飞机，陆军机械化水平又最高，起初还垄断了核武器。此时的中国连一辆汽车、一架飞机都不能生产，过去靠战场缴获来解决装备问题，入朝之前全军武器是来自十几个国家的'万国牌'老旧装备，空军只有150架飞机，海军更为弱小。"②在入朝作战前，我军在战争之路上虽然取得辉煌的胜利，但装备十分落后。

当全军装备最好的东北边防军于7月抵达鸭绿江边后，立即开始换枪工作。我军的枪支型号不统一，大多是在之前的战争中打扫战场、缴获敌人的武器装备，规格上极不统一，不同枪支的子弹型号不同，不能通用，当时国内也没有这些子弹的生产线。如果在这样的条件下和美军交战，枪支弹药规格上的不统一将对我军造成毁灭性打击。

经过前三次战役，志愿军打扫"仓库底子"搜集的弹药已用掉大半，志愿军武器装备的弱点已暴露在敌人面前。鉴于此，1951年春天全军更换苏联装备，这是我国实现国防现代化的开端。我国出兵朝鲜是无偿且无私的，当我国提出让苏联保障作战的武器装备时，斯大林全然忘记自己说过："苏联可以完全满足中国提出的飞机、坦克、大炮等项装备。"③最终，中国从苏联购买武器的款项被算作中国在苏联的贷款，利率为1%。那么，苏联是否向中国提供过无偿的军事援助呢？答案是肯定的。一次在中国向苏联订购武器的过程中，斯

---

① 邓礼峰：《抗美援朝战争军事战略指导经验》，《军事历史研究》2000年第4期，第26-35、120页。
② 徐焰：《抗美援朝战争为中国国防现代化奠基》，《军工文化》2020年第12期。
③ 逄先知、李捷：《毛泽东与抗美援朝》，中央文献出版社，2010，第25页。

大林曾无偿赠予中国23个步兵师的装备。中国从苏联购买的武器虽然是苏联在第二次世界大战时使用过并已被淘汰的，但是在抗美援朝战争期间有效地保障了志愿军作战时武器装备规格的统一。

图3-7 中国人民志愿军空军

在购入苏式武器后，新中国空军白手起家，从无到有，创造了世界空军建设史上的奇迹。"从1950年秋至1953年秋，人民解放军空军由只有1个航空兵师、几十架作战飞机，发展到拥有23个航空兵师，近3000架飞机，而且经历了当时世界上技术水平最高的空战锻炼，从战机数量和空战水平看仅次于美苏而跃居世界空军第三位。"①

炮兵是抗美援朝战争期间陆军的主力。在中国人民志愿军入朝作战后，面对敌人全方位的现代化装备，志愿军地面部队只能用机枪、步枪与之抗衡。1950年底，国内紧急建立了炮兵训练基地。至第二年春天，国内共建立了6个炮兵训练基地，组建了5个地面炮兵师和4个高射炮兵师。1952年，志愿军火炮总数由运动战后期的6000余门增至1.5万余门，可以达到同敌人进行大规模火炮对战的水平。在2年零9个月的战争中，中国炮兵凭借敢打必胜的信念，成为抗美援朝战场上的中流砥柱，积极推动和加快了陆军走向现代化的步伐。

---

① 徐焰：《抗美援朝使中国军队飞速现代化》，《国家人文历史》2013年第13期。

随着抗美援朝战争的不断深入，中共中央和中央军委意识到，面对现代化战争，我军还有诸多不足。因此在1951年初，中共中央和中央军委作出决策，成立兵工委员会，参照苏联武器装备的标准负责全国的武器生产工作。兵工委员会的成立成为我军迈向武器装备正规化建设的重要开端。

抗美援朝战争中，在党中央和中央军委的正确领导下，全军在正规化、现代化道路上大步迈进，主要体现在装备更新和编制统一两方面。"从1950年至1954年，中国用购买和仿制的苏制武器装备了106个陆军师，质量虽属二次大战时的水平，却实现了全军武器标准化、系列化（所余部队也在1955年以前完成换装）。战争结束时，看到中国军队的装备天翻地覆的巨大变化，此时主持中央军委工作的副主席、身兼志愿军司令员的彭德怀感慨地说："军队几年的进步，超过旧中国几十年。"[1]

这场反抗侵略的正义之战对于新中国而言、对于全世界而言都是一场全新的现代化战争。在这种战争模式下，中共中央认识到要推进全军在各方面实现现代化、正规化。1953年8月26日，毛泽东在给军事工程学院的训词中，明确提出了建设现代化国防的问题。[2]同年，党在过渡时期的总路线中也提到要"建立和巩固现代化的国防"[3]。实现国防现代化，需要现代化的科学知识、现代化的武器、现代化的军事人才；通过抗美援朝战争的实践，全军深刻认识到掌握现代化技术同改善武器装备同样重要。正因如此，20世纪50年代成为新中国国防建设的黄金时代。

在抗美援朝战争中，我军总结经验规律，研发新型武器装备，努力掌握现代化军事科技，国防建设卓有成效。从"万国牌"到统一武器装备；从60架破旧飞机跃升至世界空军第三位；从清朝遗物到现代化武器，国防建设实现了质的跃升。通过抗美援朝战争，中国在20世纪50年代就制造了飞机、坦克、大炮、军舰和雷达等现代化武器装备。这些成就补充和完善了新中国的人民军队的武器装备系统，也体现了我军在技术上的迭代更新和升级。

---

[1] 徐焰：《抗美援朝使中国军队飞速现代化》，《国家人文历史》2013年第13期。
[2] 《建国以来毛泽东军事文稿》（中），军事科学出版社、中央文献出版社，2010，第171页。
[3] 《建国以来重要文献选编》第4册，中央文献出版社，1993，第502页。

四、打出军威国威,奠定大国地位

(一)中国军人不怕战、不怕死的英雄气概

军号声声,是战士闻而冲锋、听而进攻的战斗号角。战斗号角吹响的时刻,就是冲锋陷阵的关头,就是血性迸发的时刻。战争、困难、敌人从未让中国军人退缩,美国、强大的武器从未让中国军人畏惧。战场上,打败敌人、保家卫国是志愿军最重要的使命与责任。在这样的使命担当中,中国军人用鲜血与生命让一次次不可能成为可能,让朝鲜战场成为美军最痛苦的回忆,使"中国军人"成为让美军闻风丧胆的响亮称号!

朝鲜战场上,中国人民志愿军以生命赴使命,锻造了舍生忘死的民族血性。抗美援朝战争第二次战役中的松骨峰阻击战,是第三十八军战士血写的荣光,更是志愿军官兵血性迸发的真实写照。松骨峰地处要塞,是各路美军向三所里南逃的必经之路。1950年11月30日,志愿军第三十八军第一一二师三三

图3-8 松骨峰阻击战

五团一营三连奉命同美军抢占松骨峰和相邻的山头。为完成任务,更为主力部队到达争取时间,三连士兵在持续6小时的战斗中英勇无畏、向死而生。战斗结束时,三连仅剩下6名没有负伤的战士。

1950年11月27日,东线长津湖战役与松骨峰阻击战同期打响。对于身处长津湖地区的志愿军来说,在五十年不遇的极寒环境中作战加上完全陌生的山林地带,难度和代价都是巨大的。然而,为了胜利,他们一往无前,历时近1个月,创造了全歼美军一个整团的纪录。志愿军第九兵团在此役中战斗伤亡19202人,冻伤28954人,冻死4000余人。长津湖之战的惨烈与悲壮,载入了交战双方的战史。1951年1月,抗美援朝第三次战役在朝鲜釜谷里南山展开,经过激烈的斗争后,志愿军第三十九军第一一六师三四七团七连班以上干部全部牺牲,阵地上只剩7名战士,敌人近在咫尺。抗美援朝战斗英雄郑起吹响了冲锋的号角,扰乱了敌人的阵脚,为增援部队抵达争取了时间,成功地守住了阵地。上甘岭,是志愿军中部战线战略要点五圣山的命门,美军企图夺取的要地。1952年10月24日,一场战斗在上甘岭打响。经过43天的激战,上甘岭成了一片火海,山头被削去2米,但是志愿军将士凭借着敢打必胜的信念牢牢守住了上甘岭。

图3-9 上甘岭战役

朝鲜战场如此艰苦、如此危险、如此残酷，为什么中国人民志愿军能够无所畏惧、血战到底？因为流淌在中国军人血液里的英雄主义让志愿军将士在危急关头、强敌面前，能够以舍我其谁的胆气、赴汤蹈火的勇气、所向披靡的杀气、视死如归的豪气，与以美国为首的"联合国军"展开一次次惊心动魄的较量。这种英雄胆气让天地动容，令敌人胆寒。

英雄主义的血性标注一支军队的精神高度。血性源自信仰，信仰铸就忠诚。崇高理想信念指引人民军队一路向前，创造一次又一次奇迹。英雄已逝，但他们骁勇的血性胆魄却写满了抗美援朝战争史，英雄的志愿军用生命铸就的英雄胆气，早已注入一代代革命军人的血脉之中。"一代一代革命军人正是靠着向死而生的英勇决绝，形成了压倒一切敌人而决不被敌人所屈服的伟大气概。前进道路上，人民军队必须大力弘扬敢打必胜的精神品质，任何时候任何情况下都保持革命英雄主义的昂扬斗志。"[①]

天下虽安，忘战必危。战争不仅是物质的较量，更是精神的较量，所以物资匮乏并不可怕，血性胆气的缺失是最可怕的缺失、最致命的危险。尽管武器装备水平在战争中有着举足轻重的作用，但战争本质上依然是人与人的对抗。中国军人不怕战、不怕打的英雄胆气，是抗美援朝战争取得胜利的重要因素。从朝鲜战场直到今天的信息化条件下，我们有理由相信，中国共产党领导下的中国军人誓将英雄军人的这份血性继承和发扬下去。站立时代潮头，面对新的变化与挑战，从志愿军将士的英勇事迹中感悟舍生忘死的血性，体会不管遇到多么强大的敌人、处于多么危险的境地，不管面临什么样的情况、担负什么样的任务，都敢于斗争、敢于胜利，始终保持昂扬斗志的英雄胆气。

（二）中国人民不好惹、惹不得的民族气节

抗美援朝战争的胜利，是举国同心的结果。战场上，中国军人舍我其谁；大后方，中国人民团结协作。这样一个民族，这样一个国家的人民，让世界看到了"我们中华民族有同自己的敌人血战到底的气概，有在自力更生的基础上

[①] 习近平：《在庆祝中国人民解放军建军90周年大会上的讲话》，《人民日报》2017年8月2日，第2版。

光复旧物的决心,有自立于世界民族之林的能力"①。在爱国主义感召下,在党的领导下,中国人民和中国人民志愿军共同守卫祖国,让世界知道了"现在中国人民已经组织起来了,是惹不得的。如果惹翻了,是不好办的!"②

1950年10月25日至1951年6月上旬,在朝鲜人民军配合下,中国人民志愿军以运动战为主要作战形式,连续发动了五次战略性战役,成功阻挡了"联合国军"和南朝鲜军队的北犯势头,把以美国为首的"联合国军"赶至"三八线"。近8个月的军事较量让美军终于从美梦中清醒过来,有恃无恐、军心涣散的美军绝不可能因为武器装备先进而取得战争的胜利,更让美军闻风丧胆的是有着强大战斗力的中国军人。美国政府终于认识到,如果长期交战,那么对美国有百害而无一利。所以,美国政府不得不通过外交途径表示,愿意与中朝方面进行停战谈判。

1951年6月中旬至1953年7月27日,交战双方处于战略相持阶段,主要是边打边谈,战线相对稳定在"三八线"附近。美军意识到在正面战场志愿军的战斗力惊人,遂开始对我军后勤补给运输线展开疯狂的"绞杀战"。肆意妄为的美军从1952年初开始,在朝鲜北部和中国东北地区实行了持续将近一年的"细菌战",行径极其恶劣。但这些战争手段从未也不可能减弱志愿军的战斗力,志愿军将士依次粉碎了"绞杀战"和"细菌战",阻止了美军登陆的计划。与此同时,中朝军队对敌军发动了多次进攻,最后迫使以美军为首的"联合国军"于1953年7月27日在停战协定上签字。

战场上的中国军人不好惹,源自以爱国主义为核心的民族气节。在朝鲜战场上,中国军人无所畏惧、越战越强。在他们当中,涌现出杨根思、黄继光、邱少云等30多万名英雄功臣和近6000个功臣集体。"我们的身后就是祖国,为了祖国人民的和平,我们不能后退一步!"是志愿军将士不变的信念。中国军人惹不得,中国军人身后的中国人民更是惹不得。千万个中华儿女紧密地团结在一起并拥有共同的目标时,就会彰显出磅礴伟力。这股力量是抵御强敌的决心,是保卫家园的信心,是救邻水火的道义!

---

① 毛泽东:《毛泽东选集》第1卷,人民出版社,1991,第161页。
② 习近平:《在纪念中国人民志愿军抗美援朝出国作战70周年大会上的讲话》,《人民日报》2020年10月24日,第2版。

战场上志愿军的英勇事迹传回祖国时，人民群众激发出空前的爱国热情和生产积极性。朝鲜战场战事紧急，战士们的口粮供应难以得到保障，全国迅速掀起炒面热潮，在很大程度上解决了志愿军的口粮供应；为慰问在前线的志愿军，中国人民抗美援朝总会先后组织了三次人民慰问团赴朝慰问；志愿军武器装备落后，1951年6月1日抗美援朝总会发出捐献飞机、大炮的号召，捐款总额折合新币达5.565亿元；为保障志愿军在前方战场的物资供应，展开了爱国主义生产劳动竞赛；订立爱国公约，民众自发捐献出节省的每一分钱、每一粒粮食，至战争结束，全国人民为朝鲜前线提供的各种作战物资高达560余万吨；青年学生和知识分子踊跃参军，以青春之我奉献青春之国家，在抗美援朝战争期间，每年逾40万青年官兵涌入战场；抗美援朝成为人民群众奉献国家的自觉行动。团结的中国人民惹不得，彭德怀从朝鲜战场回到国内看到这样的场景，曾用三句话评价："我国人民从来没有像今天这样具备着高度的精神上和政治上的团结一致，我们各族人民之间的关系从来没有像今天这样友爱团结，我国人民的爱国主义精神从来没有像今天这样蓬勃昂扬。"[1]

凝聚在中国人民骨子里、血液里的民族气节，是中华民族取得胜利的根源。"历史是人民书写的，一切成就归功于人民。只要我们深深扎根人民，紧紧依靠人民，就可以获得无穷的力量。风雨无阻，奋勇向前。"[2]

（三）中华民族保和平、守正义的大国担当

美国介入朝鲜内战是对社会主义阵营赤裸裸的挑衅，"如果整个朝鲜被美国人占去了，朝鲜革命力量受到根本的失败，则美国侵略者将更为猖獗，于整个东方都是不利的"[3]。1950年10月18日，中共中央和毛泽东主席毅然决定出兵"抗美援朝，保家卫国"，其根本目的就是维护世界和平、维护亚洲和平。1950年11月4日，中国共产党和民主党派联合发表宣言："我们以前一向

---

[1] 彭德怀：《关于中国人民志愿军抗美援朝工作的报告》（1953年9月12日）。
[2] 习近平：《新时代要有新气象更要有新作为 中国人民生活一定会一年更比一年好》，《人民日报》2017年10月26日，第2版。
[3] 《建国以来毛泽东军事文稿》上卷，军事科学出版社、中央文献出版社，2010，第226页。

要和平，我们今后永远要和平。我们要中国的和平，我们要亚洲的和平，我们要全世界全人类的持久和平。"①中国人民志愿军秉持这份担当与责任取得了抗美援朝战争的伟大胜利，美帝国主义再无嚣张的嘴脸，朝鲜半岛再无外敌践踏，新中国领土完整无可撼动。这一战，深刻地改变了世界政治格局，极大地促进了世界和平与发展。

"抗美援朝，保家卫国"在正义性的背后尽显大国担当。70多年前的中国刚刚摆脱了连年战争，土地改革尚未完成，中国大陆的土匪特务还未肃清，落后的武器装备无法与美军媲美，大规模、长时间的跨国战争需要耗费大量人力物力。然而，这些困难并没有阻碍中国维护世界和平的大国担当，中央政治局常委"一致认为我军还是出动到朝鲜为有利"，"对中国、对朝鲜、对东方、对世界都极为有利"，"总之，我们认为应当参战，必须参战。参战利益极大，不参战损害极大。"②邻邦受此欺凌，亚洲和平稳定局势遭人挑衅，我国东北边境安全受到威胁。中国共产党决定站出来，与朝鲜共御强敌。1950年10月18日，毛泽东致电中国驻朝鲜大使倪志亮转金日成，告知："根据目前形势我们决定派志愿军到朝鲜境内帮助你们反对侵略者。"③自鸦片战争以来，中国经历了数次反侵略战争。正因如此，中国人民更加懂得战争的残酷、和平的宝贵，更加渴望过上稳定安宁的日子，所以当美国企图武力侵占他国领土，大肆开展非正义战争之际，中国绝不会坐视不管。最终，英雄的中国人民志愿军同朝鲜军民一道，舍生忘死、浴血奋战，以简陋的武器装备和钢铁般的意志抗击侵略者。这一战艰苦卓绝，却也壮丽辉煌，最终赢得了抗美援朝战争的伟大胜利。

这场战争，是中国人民为世界的和平、发展和进步作出巨大贡献、付出巨大牺牲的巍巍丰碑。中朝军队共歼敌109万人，其中我志愿军歼敌71万余人。14余万名优秀中华儿女献出了宝贵的生命。涌现出30多万名英模功臣和近7000个功臣集体。在千千万万个英雄中，有战至最后一个人，抱起炸药包冲入敌群，与敌人同归于尽的著名英雄杨根思；有紧急关头，用胸膛堵住敌人枪眼，为部队打开胜利道路的著名英雄黄继光；有为

---

① 《各民主党派联合宣言》，《人民日报》1950年11月4日，第1版。
② 中共中央文献研究室编《毛泽东文集》第6卷，人民出版社，1991，第104页。
③ 姜廷玉主编《解读抗美援朝战争》，解放军出版社，2010，第108页。

了整体利益，在潜伏中任凭烈火烧身、至死不动的著名英雄邱少云；有孤胆作战，打退敌人41次进攻，歼敌280余人的著名英雄胡修道……抗美援朝战争中的烈士和英雄们的光辉英名，将永远镌刻在中国与世界和平正义事业的史册上，永垂不朽。[①]

抗美援朝战争的胜利创造了以弱胜强的奇迹，保卫了朝鲜民主主义人民共和国，保卫了中国的安全，保卫了东方和世界的和平，打破了美军不可战胜的神话，粉碎了美国称霸世界的图谋，不仅为世界人民尤其是亚洲人民树立了不畏强暴、敢于斗争的光辉典范，而且鼓舞了20世纪50—60年代世界社会主义国家的民族独立和解放运动。

习近平总书记在纪念中国人民志愿军抗美援朝出国作战70周年大会上的讲话中指出，抗美援朝战争是"以正义之师行正义之举"。"它用铁一般的事实告诉世人，任何一个国家、任何一支军队，不论多么强大，如果站在世界发展潮流的对立面，恃强凌弱、倒行逆施、侵略扩张，必然会碰得头破血流。这一战，再次证明正义必定战胜强权，和平发展是不可阻挡的历史潮流！""世界是各国人民的世界，世界面临的困难和挑战需要各国人民同舟共济、携手应对，和平发展、合作共赢才是人间正道。当今世界，任何单边主义、保护主义、极端利己主义，都是根本行不通的！任何讹诈、封锁、极限施压的方式，都是根本行不通的！任何我行我素、唯我独尊的行径，任何搞霸权、霸道、霸凌的行径，都是根本行不通的！不仅根本行不通，最终必然是死路一条！"[②]

"中国人民热爱和平，但是为了保卫和平，从不也永不害怕反抗侵略战争，中国人民决不能容忍外国的侵略，也不能听任帝国主义者对自己的邻人肆行侵略而置之不理。"[③]历史烛照现实，和平需要保卫。抗美援朝精神是维护世界和平正义、促进人类事业发展的精神财富。志愿军将士在朝鲜战场上彰显的不畏强暴、维护和平、反对强权的坚定决心，是维护世界和平正义、促进人类

[①] 郭得河：《保卫祖国、维护世界和平的正义战争》，《党建》2000年第10期，第16-17页。
[②] 习近平：《在纪念中国人民志愿军抗美援朝出国作战70周年大会上的讲话》，《人民日报》2020年10月24日，第2版。
[③] 中华人民共和国外交部、中共中央文献研究室编《周恩来外交文选》，中央文献出版社，1990，第24页。

事业进步的宝贵精神财富。

我们应当永远铭记抗美援朝战争的伟大胜利,永远铭记中国人民为保卫国家安全和维护世界和平付出的巨大牺牲和建立的不朽功勋,守护历史真相、珍视和平果实、维护国际正义,让和平的阳光始终照耀祖国大地。[1]习近平总书记掷地有声地宣告:"中国永远不称霸、不扩张,坚决反对霸权主义和强权政治。我们决不会坐视国家主权、安全、发展利益受损,决不会允许任何人任何势力侵犯和分裂祖国的神圣领土。一旦发生这样的严重情况,中国人民必将予以迎头痛击!"[2]

---

[1] 李晓辉:《捍卫和平的正义之战》,《中国国防报》2020年9月23日,第3版。
[2] 习近平:《在纪念中国人民志愿军抗美援朝出国作战70周年大会上的讲话》,《人民日报》2020年10月24日,第2版。

第四章 04

抗美援朝精神永续传承

2020年10月23日，习近平总书记在纪念中国人民志愿军抗美援朝出国作战70周年大会上的讲话中强调："在波澜壮阔的抗美援朝战争中，英雄的中国人民志愿军始终发扬祖国和人民利益高于一切、为了祖国和民族的尊严而奋不顾身的爱国主义精神，英勇顽强、舍生忘死的革命英雄主义精神，不畏艰难困苦、始终保持高昂士气的革命乐观主义精神，为完成祖国和人民赋予的使命、慷慨奉献自己一切的革命忠诚精神，为了人类和平与正义事业而奋斗的国际主义精神，锻造了伟大抗美援朝精神。伟大抗美援朝精神跨越时空、历久弥新，必须永续传承、世代发扬。"今天，中国特色社会主义进入新时代，中国进入强起来进而实现伟大梦想的新时代。习近平总书记在庆祝中国共产党成立100周年大会上的讲话中代表党和人民庄严宣告："经过全党全国各族人民持续奋斗，我们实现了第一个百年奋斗目标，在中华大地上全面建成了小康社会，历史性地解决了绝对贫困问题，正在意气风发向着全面建成社会主义现代化强国的第二个百年奋斗目标迈进。"伟大抗美援朝精神是新时代实现第二个百年奋斗目标的宝贵精神财富。站在历史的交汇点上，我们要铭记抗美援朝伟大胜利，乘势而上开启全面建设社会主义现代化国家的新征程，就要大力弘扬历久弥新的抗美援朝精神。

聚焦当下，世界正处于百年未有之大变局，正经历深刻、复杂的大变革、大调整。我国的经济社会发展也面临着一系列各种问题多重叠加的困难挑战，全国人民要在党的团结带领下，有效应对重大挑战、抵御重大风险、克服重大阻力、解决重大矛盾，进行许多具有新的历史特点的伟大斗争。在更加不稳定不确定的世界环境下谋发展，我们必须坚持传承和弘扬抗美援朝精神，从中汲取力量、吸收智慧，在危机中育新机、于变局中开新局，牢牢掌握发展主动权，同心协力，勇闯改革发展道路上的重重关隘。迈进新征程、奋进新时代，我们要继续大力弘扬伟大抗美援朝精神，敢于斗争、善于斗争，凝聚起实现中华民族伟大复兴的磅礴力量！

一、利用红色资源：历史是最好的教科书

伟大抗美援朝精神，是无数先烈用生命和鲜血写成的真实历史，是英雄的中国人民志愿军留给我们最为宝贵的精神财富，也是中华民族永远不能忘却的记忆。历史是最好的教科书，忘记历史就意味着背叛。抗美援朝纪念馆和抗美援朝烈士陵园，犹如过去派往今天的使者，带着那段战争岁月赋予的历史使命，承载着当年时空交汇点上的信息，将那个时代的记忆、那个时代的精神传递至今天，向人们诉说着20世纪50年代的英雄史诗。

（一）不忘峥嵘岁月——丹东抗美援朝纪念馆

在抗美援朝战争中，丹东是祖国战略大后方的最前沿，与朝鲜隔江相望。中国人民志愿军从丹东跨过鸭绿江，开赴朝鲜；大批作战物资从这里运往朝鲜前线；丹东人民在抗美援朝战争中作出了巨大贡献，被誉为"英雄的城市，英雄的人民"。坐落于这座英雄之城的红色地标就是抗美援朝纪念馆。抗美援朝纪念馆位于辽宁省丹东市鸭绿江畔的英华山上，是中国唯一全面反映伟大抗美援朝战争和抗美援朝战争历史的大型军事专题纪念馆。

1953年8月，辽东地志博物馆筹备处即应时成立，主要任务就是征集抗美援朝战争文物。1957年7月，安东市历史文物陈列馆设立了"纪念抗美援朝"专室。1958年，中国人民志愿军凯旋回国途经安东（今丹东）时，陈列馆工作人员从志愿军手中征集到一大批前方文物，之后在全国各地又征集一批后方支前文物和文电文献资料。1958年9月29日，经辽宁省文化局报请国家文化部批准，将原馆改名为"安东抗美援朝纪念馆"。1960年，全国人大常委会副委员长、中国人民保卫世界和平委员会主席郭沫若应邀题写了"安东抗美援朝纪念馆"馆名。1965年，随着安东市改名，此馆相应改称"丹东抗美援朝纪念馆"。1983年8月初，中央军委

委员、中国人民解放军总后勤部部长、原中国人民志愿军副司令员洪学智率中国人民友好代表团访问朝鲜回国途经丹东。丹东市市长郑平向洪学智部长汇报了丹东抗美援朝纪念馆建筑条件、陈列手段落后的现状和准备扩建、请中央支持的愿望……洪学智部长对扩建抗美援朝纪念馆十分重视。……1984年3月13日,中共中央办公厅、国务院办公厅以厅发〔1984〕24号文件,向中共辽宁省委、辽宁省人民政府发出《对〈关于扩建丹东抗美援朝纪念馆的请示〉的批复》:"原则同意对该馆进行扩建,以便更好地向人民群众进行爱国主义、国际主义和中朝友谊的教育。该馆扩建工程应该本着勤俭办馆、力求节约投资的精神进行,其所需资金可由省、市及部队集资,国家亦可酌情予以适当补助。"[①]

此后,丹东抗美援朝纪念馆扩建工作逐步展开,虽然在此过程中遇到诸多困难,但在党和国家、中央军委与原志愿军老首长、老将军的支持和帮助下一一得到解决。

1990年10月24日,正值中国人民志愿军赴朝参战40周年之际,洪学智率中央代表团来丹东为抗美援朝纪念馆奠基。辽宁省和丹东市党政军领导以及部分原中国人民志愿军老首长、老战士参加了奠基仪式。新馆工程于1991年9月6日破土动工,历时约两年,在《朝鲜停战协定》签订40周年之际,1993年7月25日,新扩建的抗美援朝纪念馆建成并举行开馆典礼。时任中共中央政治局常委、书记处书记胡锦涛为抗美援朝纪念馆开馆剪彩,并发表了重要讲话。2003年3月,抗美援朝纪念馆开始了二期改扩建工程。2004年5月1日,抗美援朝纪念馆二期改扩建工程完成并正式对社会开放。为了更好地保护、发掘和利用抗美援朝宝贵的精神资源和财富,2014年6月,中央批复同意对抗美援朝纪念馆进行新一轮改扩建。2019年10月,新馆建成。

目前,抗美援朝纪念馆总占地面积18万平方米,建筑面积近3万平方米,由抗美援朝纪念塔、陈列馆、全景画馆及国防教育园组成。

进入抗美援朝纪念馆,赫然醒目的第一个建筑便是庄严肃穆的抗美援朝纪

[①] 于绍纲:《抗美援朝纪念馆扩建纪事》,《世纪》2011年第1期。

念塔，塔高53米，象征1953年取得抗美援朝战争的伟大胜利；五级缓步台阶，象征朝鲜战场的五次战役；塔的正面镶嵌有邓小平同志题写的"抗美援朝纪念塔"七个镏金大字，每个镏金字高2米，背后是颂扬志愿军功绩的塔文；周围4个柱墩分别雕有4组大型群雕像，分别是志愿军空军、钢铁运输线、抗美援朝运动、抗美援朝战争。

陈列馆分为六大展厅：序厅、抗美援朝战争厅、抗美援朝运动厅、中朝人民友谊厅、中国人民志愿军英烈厅和纪念厅。序厅的正面以"抗美援朝，保家卫国"浮雕群像为背景，正中是毛泽东主席和彭德怀司令员的并肩塑像，两侧分别是当年组建中国人民志愿军的命令和各民主党派联合宣言，生动地再现了那个难忘的岁月。改造后的纪念馆藏有抗美援朝文物2万余件，各类抗美援朝资料3万余份，纪念馆面积由原来的5400平方米增加到23845平方米。新馆更好地展示了那段血与火铸就的历史，还精心选取、设计制作了八个场景，再现了冰雪长津湖、钢铁运输线、鏖战上甘岭、奇袭白虎团、板门店停战签字会场等重要的战斗战役和历史事件。

全景画馆建筑面积为3148平方米，高24米，直径44米。在全景画馆内，陈列有面积达2114平方米、周长132米的全景油画《清川江畔围歼战》，并设有表现各种战斗场景的地面塑型，将绘画、塑型、灯光、音响融为一体，艺术地再现了中国人民志愿军围歼以美国为首的"联合国军"的壮烈战斗场面。

国防教育园是新扩建项目，是抗美援朝纪念馆改扩建的一项重要内容。国防教育园区占地3万余平方米，包括兵器展示区、军

图4-1　1953年7月27日《志愿军》报
（图源：抗美援朝纪念馆）

事体能训练区、军事项目拓展区、模拟阵地对抗区、兵器模拟演示区。在大型兵器陈列区内陈列有抗美援朝时期大型兵器31件，以及解放军在发展壮大过程中列装的飞机、高射炮等大型兵器150余件。国防教育园创新性地将声、光、电等高科技手段与射击、攀爬、野战军训等体验性项目有机结合起来，实现了国防教育从静到动、从古板到鲜活、从被动观光到主动参与的系列转变。国防教育园区的建成与开放，为加强和改进全民特别是未成年人国防教育，弘扬抗美援朝精神提供了新的平台和载体。

抗美援朝纪念馆从建立之初就是传承抗美援朝精神的重要阵地。丹东市位于鸭绿江下游北岸，与朝鲜民主主义人民共和国新义州市隔江相望。特殊的地理位置使其成为抗美援朝总后方基地的最前沿，为促进《朝鲜停战协定》签订作出了特殊的贡献。抗美援朝纪念馆建设在丹东，是合乎历史逻辑和实践逻辑的。自20世纪80年代起，丹东市基于丹东抗美援朝纪念馆的建筑条件和自身优势，积极寻求各方面支持来扩建丹东抗美援朝纪念馆。直到1984年，中央批准扩建丹东抗美援朝纪念馆之后，丹东首先抓紧立项，政府、中央军委以及部分军区对丹东抗美援朝纪念馆扩建工作给予了资金方面的支持。与此同时，还成立了筹备委员会，负责研究扩建工作的有关问题。筹备委员会及相关部门多次进京汇报工作，广泛征求意见，最终明确了突出中国人民志愿军贡献的指导思想。中央领导同志十分重视扩建抗美援朝纪念馆，邓小平同志为"抗美援朝纪念塔"题写了塔名，江泽民同志于1993年7月15日为抗美援朝纪念馆题词："中国人民志愿军的爱国主义、国际主义和革命英雄主义精神永放光芒。"胡锦涛同志亲手为抗美援朝纪念塔揭幕，为新落成的抗美援朝纪念馆开馆剪彩。抗美援朝纪念馆承载着党和国家、祖国人民、志愿军老战士的深情厚望。抗美援朝纪念馆先后被授予"全国百个爱国主义教育示范基地""国家国防教育示范基地""全国中小学爱国主义教育基地"等称号，是传承抗美援朝精神、培育社会主义核心价值观的重要阵地。

抗美援朝纪念馆是激励人们发扬抗美援朝精神最为生动的教材。抗美援朝纪念馆里的珍贵文物作为历史的见证，将带领我们穿越时空，重温那个激情燃烧的岁月，体会抗美援朝精神的科学内涵。洪学智在给中央军委常务副主席杨尚昆和中国人民解放军总政治部主任余秋里的信中提出，丹东"从1953年开始，从志愿军和各地征集到抗美援朝文物一万二千余件，有的已经被国家文物主管部门鉴定列为国家一级文物。这些文物是进行国际主义、爱国主义、革命英雄主义和革命传统教育的生动教材，对搞好军政军民团结、加强中朝友谊都能起到很好作用。"进入纪念馆战争厅，红墙上有一张泛黄的信笺，虽然时间久远，但是仍能看到上面蓝黑色墨水清晰地书写着"雄赳赳、气昂昂，跨过鸭绿江……"这就是周巍峙为《中国人民志愿军战歌》谱曲的手稿。70多年过去了，这首歌的旋律依然响彻大江南北，激励着一代又一代人奋勇拼搏。在抗美援朝纪念馆里，陈列着一大批类似的珍贵的文物，每一件文物都有着一段不同寻常的经历，都会把我们带入那个激情燃烧的岁月。

抗美援朝纪念馆在新时代的历史视野下承担着重要的作用。新时代召唤抗美援朝精神，抗美援朝纪念馆作为抗美援朝精神的历史载体和现实载体，让历史穿古至今，是对后人进行精神文明和革命传统教育的重要阵地，是激励人们发扬爱国主义和革命英雄主义精神最为生动的课堂和教材。大力宣传抗美援朝纪念馆，把抗美援朝纪念馆的教育作用发挥好、利用好、保护好，是在新的历史条件下大力弘扬抗美援朝精神、不断增强团结一心的纽带和动力。只有不断继续朝着中华民族伟大复兴的中国梦奋勇前进，不断取得坚持和发展中国特色社会主义的新成就，才能告慰我们的前辈和英烈。

（二）牢记血色历史——沈阳抗美援朝烈士陵园

中国人民志愿军的功勋和抗美援朝精神与日月同辉！习近平总书记引用屈原的辞赞颂铁骨铮铮、为国献身的革命先烈："诚既勇兮又以武，终刚强兮不可凌。身既死兮神以灵，魂魄毅兮为鬼雄。"[①]1950年10月19日，中国人民志愿军在中国共产党和毛泽东主席的领导下，在司令员兼政治委员彭德怀的率领下奔赴朝鲜战场。中华优秀儿女怀着为正义、为和平而战的坚强决心，高举国际主义、爱国主义和革命英雄主义旗帜，紧紧依靠中朝两国人民，以无比的勇敢精神和智慧，同朝鲜人民军并肩作战，打败了以美国为首的"联合国军"和南朝鲜军，迫使敌人坐在谈判桌前签订《朝鲜停战协定》，为维护东方与世界

---

① 习近平：《在纪念中国人民抗日战争暨世界反法西斯战争胜利69周年座谈会上的讲话》，《人民日报》2014年9月4日，第2版。

和平作出了重大贡献。

抗美援朝战争中涌现出数不胜数的英雄——杨根思、黄继光、邱少云等30多万名英雄功臣和近6000个功臣集体,是他们铸就了伟大抗美援朝精神的丰碑。《中国人民志愿军抗美援朝战史》记载,中国人民志愿军为夺取战争胜利付出了相当代价,"在战争中壮烈牺牲和光荣负伤的共三十六万余人,消耗各种物资五百六十多万吨,开支战费人民币六十二亿元。"①从20世纪末开始,抗美援朝纪念馆通过民政部下发通知,同时派员到除西藏外的全国480多个地级市2670个县区单位,从地方最基本的县区民政烈士名单里面逐一进行核对。长期以来,民政部、总政治部对抗美援朝烈士的信息统计高度重视。"现已确认的抗美援朝烈士共有197653名,包括抗美援朝战争期间牺牲和失踪的志愿军官兵、支前民兵民工、支前工作人员,以及停战后至志愿军回国前帮助朝鲜民主主义人民共和国生产建设牺牲和因伤复发牺牲的人员。"②

无数中华儿女,为抗击美帝国主义侵略者,保家卫国,献出了宝贵的生命。1951年初,为了纪念在抗美援朝战争中英勇牺牲的烈士,东北人民政府决定在沈阳修建抗美援朝烈士陵园,并于同年8月正式落成。1951年12月3日,《沈阳市烈士陵园革命烈士灵柩安葬暂行规定》颁布。第一条就是:"凡中国人民志愿军、解放军及其他直接在朝参加抗美援朝战争之团(或相当于团)以上干部,或由军(或相当于军)之领导机关批准的特等英模牺牲病故者,得依本条例之规定入园安葬之。"

沈阳抗美援朝烈士陵园,位于沈阳市北陵公园东侧。陵园地势居高临下,经过几次大规模改造扩建,目前占地24万平方米。拾级而上,迎面矗立着一座23米高、由花岗岩砌成的四棱锥形纪念碑。碑体正面是董必武同志1962年9月的题字"抗美援朝烈士英灵永垂不朽",象征着烈士们的丰功伟绩和人民对先烈的永恒怀念。碑的顶部是中朝两国国旗,寓意中朝两国人民的友谊万古长青,旗下是手握冲锋枪的"最可爱的人"志愿军战士铜像。底部卧碑刻有

---

① 军事科学院军事历史研究部编著《中国人民志愿军抗美援朝战史》,军事科学出版社,1990,序言第2页。
② 王刚:《197653名抗美援朝烈士魂归何处》,https://www.dswxyjy.org.cn/n1/2020/1023/c244516-31904155.html,2020年10月23日。

"1950—1953"字样，这分别是志愿军赴朝参战和美国被迫在板门店签订停战协定的时间。卧碑下部刻有一首诗："煌煌烈士尽功臣，不灭光辉不朽身。鸭绿江南花胜锦，北陵园畔草成茵。英雄气魄垂千古，国际精神召万民。峻极高山齐仰止，誓将纸虎化为尘。"这是1962年郭沫若同志在为陵园题写园名时的赋诗。

图4-2　抗美援朝纪念碑

　　沈阳抗美援朝烈士陵园分为三个园区。在园区的东南侧，有大型画廊和烈士纪念馆。画廊展出国家领导人陪同国际友人来园扫墓，以及各界群众和烈士亲属来园祭扫的大幅照片。烈士纪念馆位于烈士陵园广场西侧，主要展出关于抗美援朝战争420多幅珍贵历史图片，以及烈士生前使用过的武器，荣获的勋章、军功章等珍贵遗物。烈士纪念广场位于园区北侧。烈士英名墙高3米，经整理核实现确认的抗美援朝烈士有197653位，其中23246位重名的烈士信息可在抗美援朝烈士名录中查询，英名墙上实际镌刻174407位烈士英名。广场四周是环形地下墓穴，安放着716名在韩中国人民志愿军烈士遗骸。

　　早在1951年沈阳抗美援朝烈士陵园修建时，便有烈士遗体相继被送来安葬。在纪念碑的后面和两侧，安葬着1951年5月至1955年底从朝鲜战场运送回来的123位志愿军烈士。《沈阳抗美援朝烈士陵园灵柩入园登记簿》记载了烈士灵柩入园及下葬的时间。当时，烈士牺牲后，一般都是直接掩埋在战场附近，待战争结束后再运送回国内。在此期间，特级战斗英雄黄继光、杨根思，一级战斗英雄邱少云、孙占元、杨连弟,以及在朝鲜战场上牺牲的3位志愿军军级干部——志愿军第三十九军副军长吴国璋、第五十军副军长蔡正国、第二十三军参谋长饶惠谭——的遗骸,相继被运送到沈阳抗美援朝烈士陵园。

"第一位被运到沈阳抗美援朝烈士陵园安葬的烈士名叫赵兴玉",1916年生,四川省达县石岗岭人,"志愿军六十六军五八八团团长"。1951年1月在朝鲜战场壮烈牺牲。"入园时间为1951年5月,当时的墓地编号为17组5号"。

最后一位入园的烈士名叫何渠若,1920年出生于广东省大埔县,"1938年7月参加革命,同年10月加入中国共产党"。1951年4月入朝,朝鲜停战回国后,先后任第三十九军政治部副主任、副政委兼政治部主任、沈阳军区政治部第一副主任。"1973年9月12日,何渠若牺牲在谈判斗争的岗位上"。①

在每位烈士遗体入园时,有关方面都要举行追悼仪式。其中特级战斗英雄黄继光、一级战斗英雄邱少云、一级战斗英雄孙占元等3位烈士的下葬仪式尤为隆重。

1953年2月,根据中央指示,将孙占元、黄继光、邱少云三位烈士遗体从朝鲜运回沈阳,隆重安葬在沈阳抗美援朝烈士陵园。志愿军老战士,河南省博爱县许良镇江陵堡村耿式全老人,曾参与寻找邱少云遗体,并亲身经历完成了将黄继光、邱少云、孙占元遗体运送回祖国的神圣使命。据耿式全老人讲述,1953年2月21日夜,他和第二十九师张干事冒着敌飞机、大炮的封锁,重返中线阵地,来到掩埋邱少云遗体的烈士墓群,寻找邱少云等烈士的墓地。邱少云是第二十九师八十七团九连战士,1952年10月,在秋季反击战役平康前线反击391高地的作战中,奉命随部队在敌阵地前潜伏时,他不幸被敌人的燃烧弹击中。为了集体,为了胜利,他将双手插入土里,以超人的意志和毅力忍受烈火烧身的剧痛,在潜伏过程中牺牲,保证了潜伏和反击成功。次日,他们在找到刘光义烈士的遗体后,与寻找黄继光、孙占元等烈士遗体的队伍会合。1953年2月22日,29位烈士的遗体被运送到安东七道沟志愿军第十五军留守处操场上。孙占元、黄继光、邱少云、刘光义4位烈士的遗体被送往沈阳抗美援朝烈士陵园安葬,其余25位烈士的遗体被安葬在安东市抗美援朝烈士陵园。

黄继光、邱少云、孙占元遗体被运回国后,为更好地组织追悼和安葬活

---

① 陈辉:《浩气长存:18万余志愿军烈士寻踪》,《党史博览》2012年第8期。

动,2月21日,沈阳市各界成立了以时任沈阳市副市长焦若愚为主任委员的治丧委员会,并成立了秘书组、宣传组、总务组、保卫组,进行各项准备工作。3月3日,公祭活动正式开始,持续3天的时间,沈阳各界人民宛如潮水般涌来,不曾间断。"3月6日上午,追悼大会隆重举行。沈阳市各界人民代表22000多人"[1]顶着寒冷和风沙齐集广场,共同送别烈士。追悼大会进行了约2个小时。在大街两旁,有几十万群众默默肃立,送别烈士英灵!3位英烈的墓地被安排在陵园东边的第一排。自此,黄继光、邱少云、孙占元3位烈士的英灵永远长眠于祖国沈阳这块神圣的土地上。此外,一级战斗英雄杨连弟烈士遗体和特级战斗英雄杨根思烈士遗体分别于1953年5月15日、7月4日被安葬在沈阳抗美援朝烈士陵园。

目前,沈阳抗美援朝烈士陵园已成为"全国重点烈士纪念建筑物保护单位""全国爱国主义教育示范基地""全国百家红色旅游景区""3A级国家旅游景区""全国文明优抚事业单位""全国退役军人工作模范单位",成为对青少年进行爱国主义和国际主义教育的重要基地。

在抗美援朝、保家卫国的崇高事业中,中国人民志愿军高度发扬了爱国主义、革命英雄主义、革命乐观主义、革命忠诚和国际主义精神,"荣立三等功以上的人员302724人,集体三等功以上的单位5953个。朝鲜政府先后5次授予志愿军指战员勋章、奖章526354枚。"[2]这些英雄和模范功臣遍布志愿军的各个部队和各种工作岗位,他们以自身的坚强斗志和模范行为带领战友们冲锋陷阵,在各项工作中舍生忘死,出色地完成了任务,许多人还为此献出了宝贵的生命。他们是中国人民志愿军指战员的优秀代表,是中华人民共和国的英雄。

---

[1] 穆道国:《黄继光、邱少云、孙占元遗体安葬沈阳抗美援朝烈士陵园始末》,《中国地名》2008年第9期。
[2] 占晶鑫:《抗美援朝战争政治工作的启示思考》,《政工学刊》2020年第11期。

二、传承红色基因：新时代的抗美援朝精神

前途是光明的，道路是曲折的。进入新时代，成绩与问题同在，机遇与挑战并存。伟大抗美援朝精神，是中国人民弥足珍贵的精神财富，永远是激励中国人民克服一切艰难险阻、为实现中华民族伟大复兴中国梦而奋斗的强大精神动力。新的历史条件下，全党全国各族人民要大力弘扬伟大抗美援朝精神，不断增强团结一心的精神纽带、自强不息的精神动力，继续朝着中华民族伟大复兴的中国梦奋勇前进，不断以坚持和发展中国特色社会主义的新成就告慰我们的前辈和英烈。

（一）舍生忘死的白衣天使是新时代的护国战士

2020年新年伊始，一场新冠病毒感染导致的疫情席卷全国。此次疫情是新中国成立以来传播速度最快、感染范围最广、防控难度最大的一次重大突发公共卫生事件。疫情发生以来，以习近平同志为核心的党中央全面部署，要求各级党委和政府及有关部门制订周密方案，各地方积极支援，全国人民众志成城抗击疫情。

2020年1月18日，受国务院、国家卫健委委托，以中国工程院院士钟南山为组长的国家医疗与防控高级别专家组，赶赴武汉实地考察疫情防控工作，对疫情做出科学研判。"现在可以说，肯定的，有人传人现象"[①]。"肯定人传人"的这一说法，一石激起千层浪，拉响了新冠肺炎疫情警报。中华大地很快从春节的沸腾转为家家闭户的沉寂。84岁高龄的钟南山院士拖着疲惫的身躯深夜逆行武汉，深入武汉金银潭医院和武汉市疾控中心探查实情。钟南山院士偕团队在广州、武汉同时征战"三个战场"，重点是加强重症、危重症和疑难

---

① 刘丽：《论我国传染病防控公共卫生事权配置的优化》，《湘潭大学学报（哲学社会科学版）》2021年第3期。

病人会诊、诊治及其指导。"这次用两周定位了新型冠状病毒,再加上我们有很好的监控以及隔离制度,相信疫情不会像17年前SARS造成的社会影响以及经济损害。"①在突如其来的疫情面前,他成了稳定人心的定海神针。

同样临危受命的还有李兰娟院士。她于1月18日与钟南山等受国务院、国家卫健委委托前往武汉,对疫情进行考察并做出研判。1月20日,李克强总理主持召开国务院常务会议,李兰娟、钟南山应邀参加,就加强疫情防控与救治等提出具体建议。1月22日深夜,她顶着巨大的压力,向国家提出武汉必须严格"封城"、"冠状病毒感染要作为乙类传染病甲类管理等重要建议"②。从李兰娟上报疫情认为必须立即封城,到国家对武汉封城的决策出台,只有数小时。1月23日10时,武汉采取"封城",李兰娟院士又提出对武汉要采取"不进不出"措施。对于武汉"封城",李兰娟院士在接受记者采访时说:"武汉实施进出人员管控,是因为疫情已经到了刻不容缓的程度,只有严格地控制住传染源,切断传播途径,才能不让传染病发生大流行。"③2月1日,她率领浙江省高级别专家组紧急医疗队连夜驰援武汉。与病毒赛跑的李兰娟,有时一天只睡三个小时。经过两个多月的坚守,李兰娟接管的ICU病死率显著下降。2月20日,李兰娟在武汉大学人民医院重症监护室查房完毕,脱掉防护装备后,面部的压痕清晰可见。3月31日,当圆满完成武汉支援任务准备返程时,李兰娟感慨万千地说:"抗击疫情的医疗队员,个个都是英雄!"④

在这场"全民抗疫"的"战争"中,湖北省中西医结合医院呼吸与重症医学科主任张继先凭借扎实的专业素养,成为疫情上报的第一人,为这场疫情阻击战拉响了警报。将时光的指针拨回到2019年12月26日上午,当时张继先正在值班。两名老人因发烧、咳嗽就医。为保险起见,她让两名老人拍了肺部CT片。张继先觉得有些异常。在与老人交流中她了解到,生病期间一直是儿子在照顾他们。她便让两名老人把儿子也叫到医院做了检查。检查结果显示,一家三口肺部有相同的症状。同一天,还有一名来自华南海鲜市场的商户,症

---

① 张玉荣:《钟南山院士团队征战"三个战场"》,《小康》2020年第8期。
② 《李兰娟:建议武汉"封城"》,《雷锋》2020年第5期。
③ 同上。
④ 《李兰娟:三次逆行奔赴武汉》,《科学大观园》2021年第4期。

状和肺部CT结果显示与那一家三口一样。当天,她就立即将这一异常情况向医院做了汇报。医院又上报给江汉区疾控中心。张继先曾在2003年非典疫情防治中作为江汉区专家组成员。她敏锐地感知到此次病毒不同于往常,并对以上4个病例进行"特殊照顾",把他们统一安排在呼吸科病房中隔出来的一块相对封闭的地方,并要求隔离区内的所有医疗用品均不可与其他病人的混用,为传染病一切可能的风险做好了准备。同时,她要求所有呼吸科医护人员戴口罩,并订购了30套细帆布做的白色工作服,让大家在工作时穿在身上。"不管怎么说,我们多穿一层,对自己防护就好一点儿。"①张继先说。之后两天,医院门诊又收治了几名患者。这些患者的症状表现一致。张继先立即向医院进行了第二次报告,并建议医院召开多部门会诊。之后,医院与疾控中心联动反应,并立即开启了流行病学调查。值得庆幸的是,在疫情大面积暴发前,张继先所在的科室做到了无一例医护人员感染,无患者交叉感染。张继先凭借着自己出色的专业素养和敏锐的直觉,唤起了人们对当时这一不知名病毒的重视,并在第一时间做好防护措施,既保护了医护人员的生命安全,也为切断疫情传播途径作出了贡献。

在抗疫暴风眼的武汉,还有一位为生命护航的"人民英雄"——时任金银潭医院院长张定宇。2019年12月29日,金银潭医院收治了来自华南海鲜市场的7名不明原因肺炎患者,这引起了张定宇的高度警惕。凭着在传染病领域多年的专业经验,张定宇一边叮嘱医务人员加强防护,一边带领大家率先采集了病人的支气管肺泡灌洗液,送往中科院武汉病毒研究所进行检测。科学家团队确认这是一种新型冠状病毒。由于没有特效药,也没有专门的疫苗,张定宇带领医院医护人员在诊治实践的基础上探索对付新型冠状病毒的有效药物。张定宇说:"传染病不是绝症,我们最需要的,是消除恐惧。"张定宇院长是一名渐冻症患者。全院没有一个人知道他的病情。当有人对他一瘸一拐的脚步发出疑问时,他总是搪塞说自己膝关节不好,随后继续奔赴繁忙的工作中,以更快的速度跑赢时间,才能从病毒手里抢回更多的病人。新冠肺炎疫情来得很突然,但他一直冲锋在前,身先士卒,带领金银潭医院干部职工共救治2800余名新冠肺炎患者,为打赢湖北保卫战、武汉保卫战作出重大贡献。张定宇说:"身

---

① 《抗疫纪实 守一份责,护一座城》,《科学大观园》2021年第4期。

为共产党员、医务工作者，非常时期、危急时刻，必须不忘初心、勇担使命，坚决顶上去！"①所以他始终冲在最前线，他的身影就是抗疫一线的一面旗帜！

习近平总书记在湖北省考察新冠肺炎疫情防控工作时指出："一线的医务工作者最辛苦，承受着难以想象的身体和心理压力，许多同志脸上和手上被磨出了血，令人感动，是新时代最可爱的人。我向你们表示崇高的敬意！"②自2020年1月23日10时武汉正式封城起，全国数百万名医务人员奋战在抗疫一线，346支国家医疗队4万多名医务人员毅然奔赴"前线"，全国各省市实时更新确诊人数和痊愈数量。经过数百万医务人员和全国人民两个多月的奋战，全国人民迎来一个好消息，3月25日起，湖北省除武汉市之外解除"封城"；4月8日起，武汉市解除"封城"。面对新中国成立以来我国遭遇的传播速度最快、感染范围最广、防控难度最大的重大突发公共卫生事件，在中国共产党领导下，"我们坚持人民至上、生命至上，以坚定果敢的勇气和坚忍不拔的决心，同时间赛跑、与病魔较量，迅速打响疫情防控的人民战争、总体战、阻击战，用1个多月的时间初步遏制疫情蔓延势头，用2个月左右的时间将本土每日新增病例控制在个位数以内，用3个月左右的时间取得武汉保卫战、湖北保卫战的决定性成果，进而又接连打了几场局部地区聚集性疫情歼灭战，夺取了全国抗疫斗争重大战略成果。"③2020年9月8日，全国抗击新冠肺炎疫情表彰大会在北京人民大会堂隆重举行。中共中央总书记、国家主席、中央军委主席习近平向"共和国勋章"获得者钟南山颁授勋章，向"人民英雄"国家荣誉称号获得者张伯礼、张定宇、陈薇颁授奖章，大会还表彰了抗击新冠肺炎疫情中的先进个人、先进集体等。习近平总书记在全国抗击新冠肺炎疫情表彰大会上发表的重要讲话中指出："面对突如其来的严重疫情，广大医务人员白衣为甲、逆行出征，舍生忘死挽救生命。全国数百万名医务人员奋战在抗疫一线，给病毒肆虐的漫漫黑夜带来了光明，生死救援情景感天动地！……很多人在万家团圆的除夕之夜踏上征程。人民军队医务人员牢记我军宗旨，视疫情为命

---

① 同心：《沧海横流方显英雄本色》，《红旗文稿》2020年第4期。
② 朱基钗：《习近平总书记武汉之行传递战"疫"新信号》，《当代广西》2020年第6期。
③ 习近平：《在全国抗击新冠肺炎疫情表彰大会上的讲话》，《人民日报》2020年10月16日，第2版。

令,召之即来,来之能战,战之能胜。广大医务人员以对人民的赤诚和对生命的敬佑,争分夺秒,连续作战,承受着身体和心理的极限压力,很多人脸颊被口罩勒出血痕甚至溃烂,很多人双手因汗水长时间浸泡发白,有的同志甚至以身殉职。广大医务人员用血肉之躯筑起阻击病毒的钢铁长城,挽救了一个又一个垂危生命,诠释了医者仁心和大爱无疆!""广大医务人员是最美的天使,是新时代最可爱的人!他们的名字和功绩,国家不会忘记,人民不会忘记,历史不会忘记,将永远铭刻在共和国的丰碑上!"①

当前,国内外环境都在发生极为广泛而深刻的变化,中国在中国共产党的带领下实现奋斗目标还有不少困难和问题。但要看到,无论什么样的困难和矛盾,都只是前进路上的困难和矛盾,我们完全可以采取行动进行克服。中国人民万众一心、众志成城,在中国共产党领导下,战胜了新型冠状病毒,取得了新的伟大胜利,抗美援朝精神在新时代仍然熠熠生辉。面对惊心动魄的新冠疫情,白衣天使向险而行,与病毒展开了殊死搏斗。他们是新时代的护国战士,是撑起共和国人民生命安全的脊梁。

中华民族是崇尚英雄、成就英雄、英雄辈出的民族,和平年代同样需要英雄情怀。抗美援朝精神这一宝贵的精神财富证明,无论时代如何发展,我们都要汇聚起这种万众一心、勠力同心的民族力量。历史已经证明并将继续证明,习近平新时代中国特色社会主义思想是引领中华民族走向伟大复兴的行动指南,代表着民族复兴新的理论自觉。今天,中国前所未有地接近实现中华民族伟大复兴的目标,更加需要一代又一代年轻人投身伟大历史进程,担当职责使命,在中国道路上激荡起更加强大的抗美援朝精神,汇聚起更加磅礴的中国力量。

(二)中印边境四名英烈:用生命昭示祖国山河寸土必争

印度与中国在地理上相近,互动频繁,在新中国外交战略中始终居于重要的地位。现当代中印关系的发展大致可以划分为四个时期:进入蜜月时期

---

① 习近平:《在全国抗击新冠肺炎疫情表彰大会上的讲话》,《人民日报》2020年10月16日,第2版。

（1950—1959年）、转向对峙时期（1959—1976年）、走向正常化时期（1976—2000年）、实现关系全面发展时期（2000年至今）。①"印度与中国有着将近两千英里的共同边界"②，自1950年中印正式建交以来，当代中印关系发展走过了70多年跌宕起伏的非凡历程，但其主流是和平友好合作共赢。边界问题的分歧这一历史遗留问题是冲击中印友好关系的重要问题。

中印边界问题长期存在纷争，悬而不决，是因为该问题的产生和发展具有历史复杂性，要想彻底解决具有很大的现实困难性。"中印边界从未以条约或协定正式划定，但两国间存在着一条因各自行政管辖所及而自然形成的传统习惯线。"③但是，中印边界的大致走向是清楚的。从20世纪50年代以来的情况来看，中印边界可以分为三段，即西段、中段和东段。西段约为600千米，中段约为450千米，东段约为650千米。中印争议领土总面积约为12.5万平方千米，其中，东段的领土争议最大。④除却"印度基本上实际控制着"的"东段大部分争议地区和中段大部分地区"，中国基本上控制着西段的绝大部分地区。⑤

从历史或现实上来看，为了解决边界问题，中方做出了种种努力，始终力求通过和平方式处理与印方的边界问题。但是在印度政府一意孤行下，多种维护和平的努力均告失败，战争与冲突都是被迫的选择。1962年10月20日爆发的中印边境自卫反击战，究其原因，就是因为尼赫鲁政府违背了与周恩来总理达成的"六点共识"，中方只能被迫在边境反击印方侵略行径。印度军队在中印边境战场上遭受了沉重打击，彻底失败。这次军事冲突后中印边境维持了50多年的长期和平；但是，中印关于边界问题的谈判至今还在进行中，印度政府也始终没有放弃其"前进政策"。2010年以来，随着美国加强在亚太地区

---

① 陈宗海：《中印关系60年的历史脉络与现实态势——以〈人民日报〉为主要一手资料的立论》，《国际论坛》2012年第1期。
② 新华社：《尼赫鲁发表演说希望进一步加强中印关系》，《人民日报》1954年12月15日，第1版。
③ 中华人民共和国外交部条约法律司编《中华人民共和国边界事务条约集：中印·中不卷》，世界知识出版社，2004。
④ 陈宗海、马加力、胡仕胜、张雷：《当代中印关系的历史与未来》，世界知识出版社，2020，第166页。
⑤ 同上书，第221页。

的战略投入，其成为影响亚太地区合作与安全的关键因素，给中国周边外交带来了新挑战。

2020年6月，印度边防部队在中印边境制造了加勒万河谷冲突事件。

加勒万河谷始终位于中印边界西段实际控制线中方一侧，1962年以前印度军队从未到过这一地区。"阿克赛钦地区我军1950年进入的时候，当地还发现国民党军队少部分驻守人员。该地区长期以来就是我方控制重要的部分，不存在什么争议，印度的力量一直没有到达过更不要说控制这个地区。"[1] 1954年7月，印度在地图上公然将中印边境未定边界全部修改为已定界，并以冒险行动不断试图向中方边境一侧推进，最终在中印边境制造了"朗久事件"和"空喀山口事件"两起流血冲突。为缓和两国边境局势，防止冲突升级，周恩来总理建议双方武装部队沿当时的实际控制线各自后撤20千米并停止巡逻，印方以蛮横无理的姿态拒绝了这一合理建议，并一意孤行继续向中方一侧前进。1962年7月6日，印军开始进入加勒万河谷地区。从7月至10月，印军在中国境内不断设立据点多达43个，有的据点距离中国巡逻队仅约一百米。印军不断试探中国底线的行径已经到了退无可退、忍无可忍的地步。1962年10月20日，中国边防部队被迫进行自卫反击，将印军在西段边境中国境内设立的所有侵略据点全部"拔掉"，包括在加勒万河谷内的所有据点。在战场上取得全面胜利的情况下，中方才得以将印度逼回到谈判桌上。在此次事件中，中方表现出极大的善意，主动全线后撤到1959年11月7日边境线中方一侧，在边界西段只保留了在加勒万河谷、空喀山口和班公湖等地区的少数哨所。

位于加勒万河谷的哨所，地处我国西部边陲的喀喇昆仑高原深处。这里群山耸立，常年冰雪覆盖，高寒缺氧。就是在这样极寒缺氧的恶劣环境中，千千万万边防官兵以生命做碑，战斗在守卫和平与安宁的一线。官兵们始终保持着高度警惕，一刻不停地进行着严峻的边防斗争。这里是中印边界西段实控线中方一侧，并且长期以来始终处在中方实际控制下。

2020年4月，印度边防部队公然违反中印两国达成的协议，开始越线在加勒万河谷地区进行施工。印方不顾中国政府的抗议，持续地修建道路、桥梁等设施，意在挑衅中方，欲引发中印边境事端。在边境地区陡然升温的局势下，

---

[1] 金一南：《加勒万河谷冲突应该让印度清醒（一）》，《当代贵州》2020年第32期。

中方一方面加强边防部队对边境地区的管控，另一方面大力推动双方进行多渠道沟通。6月6日，中印两国边防部队举行第一次军长级会晤，双方就缓和边境地区局势达成了共识。印方承诺将正视两国边境实际控制线，不越过加勒万河谷巡逻和修筑设施，并通过现地指挥官商量其后续撤军事宜。但中方在解决中印边境分歧上的高度忍耐与克制并没有使印方清醒。15日，印方完全违背了他们的诺言，再次越过中方实际控制线并继续向我军挑衅，这一行为实际上直接破坏了6月6日中印双方军长级会晤达成的共识。中国边防官兵恪守共识约定，尽最大诚意力求谈判沟通解决问题。团长祁发宝仅带几名官兵，蹚过齐腰深的河流前往交涉。在交涉过程中，我军发现对方人数众多且早有预谋，祁发宝呵斥对方："你们破坏共识，要承担一切后果！"①对方企图以人多势众逼迫我方退让，并开始用钢管、棍棒、石块等暴力攻击我方交涉人员。我军战士面对数倍于己的敌人，以身体为盾，一步也不退让。双方发生激烈的肢体冲突，造成人员伤亡。中国边防部队某团团长祁发宝在交涉过程中身先士卒，身受重伤；营长陈红军和战士陈祥榕在敌人棍棒与石块的攻击下奋力反击，直至英勇牺牲；摄像取证的肖思远战士在突出重围后再一次返回战场营救战友，最终倒在了一线战场；王焯冉战士在支援途中4次蹚河，在生命的最后关头拼死救助战友，将生的机会留给他人，而自己24岁的生命永远地沉入了冰河……我军增援部队坚决回击印方暴力行径，一举击溃来犯的印军，捍卫了我国主权和领土完整。

这些英雄的边防官兵以血肉做碑，永远地驻扎在了一线边防。他们的精神将永远驻守边关，守卫着祖国领土完整和人民安全。为表彰在此次边防斗争中为国牺牲的烈士和负伤的英雄，中央军委决定授予祁发宝"卫国戍边英雄团长"荣誉称号，追授陈红军"卫国戍边英雄"荣誉称号，给战士陈祥榕、肖思远、王焯冉追记一等功！

中印边境问题始终是一个不能掉以轻心的问题。屹立在喀喇昆仑的英雄们以一颗颗赤诚爱国之心，视祖国和人民的利益高于一切，为了保卫祖国的主权和领土完整而奋不顾身，展现出中国军人的精神面貌和风骨，体现了新时代的

---

① 王天益：《英雄屹立喀喇昆仑——走近新时代卫国戍边的英雄官兵》，《解放军报》2021年2月19日，第1版。

抗美援朝精神。

第一，中国边防军人在加勒万河谷冲突中向世人展现出祖国和人民利益高于一切、为了祖国和民族的尊严而奋不顾身的爱国主义精神。回顾此次冲突事件，印方边防部队越过中方实际控制线在先，随后又单方面违背双方达成的共识，并不断向我方军人挑衅，最终造成了加勒万河谷冲突。在冲突发生之前，英雄团长祁发宝仅带领几名官兵与印方边防部队进行交涉，面对早有预谋的印方边防部队，我边防军人将个人生死置之度外，为了祖国的主权和领土完整，以血肉之躯为盾，决不退缩。面对生与死的考验，中印边境的四名英烈为了祖国和民族的尊严而奋不顾身。可以说，加勒万河谷冲突事件充分显示出祖国和人民的利益高于一切，为了祖国和民族的利益而奋不顾身的爱国主义精神。

第二，中印边境的四名英烈展现出英勇顽强、舍生忘死的革命英雄主义精神。在与印军边防部队交涉过程中，边防战士面对数倍于己的敌人，不害怕、不屈服。对方不断挑衅，甚至以钢管、棍棒、石块等攻击我军边防战士，并欲向中国实际控制线前进。面对这种恶劣的交涉环境，我边防军人毫不退缩，祁发宝首先张开双臂挡在印军面前，并组织官兵占据有利地形，组成战斗队形，与数倍于己的印军对峙。"团长顶在前面阻挡印军，营长救团长、战士救营长。"涌现出"卫国戍边英雄团长"祁发宝，以及陈红军、陈祥榕、肖思远、王焯冉四名英烈。正是这些英勇顽强、舍生忘死的边防战士，在祖国西部边陲的生命禁区保卫着祖国安全，守护着人民的幸福和安宁。

第三，在驻守边关的艰苦岁月中，中国边防战士始终发扬不畏艰难困苦、始终保持高昂士气的革命乐观主义精神。喀喇昆仑高原海拔5000多米，常年冰封雪裹，最低气温接近零下30℃。就是在这样恶劣缺氧的环境下，一批批年轻的爱国官兵，扎进茫茫雪山，挺立冰峰雪谷，战斗在卫国戍边一线。边防官兵们"诚既勇兮又以武，终刚强兮不可凌"。英雄的边防官兵把青春、热血乃至生命留在喀喇昆仑高原，谱写了一首首生命的赞歌。正是这种不畏艰难困苦、始终保持高昂士气的革命乐观主义精神，促使边防战士克服极度高寒缺氧的恶劣环境，守卫边关，宁洒热血不失寸土。

第四，中印边境的边防战士始终践行为完成祖国和人民赋予的使命，慷慨奉献自己一切的革命忠诚精神。对于边防战士来说，既有战场上生与死的较量，也有对自身的种种考验：恶劣的自然环境、艰苦的戍守生涯、对家人朋友的思念……陈红军烈士还有4个多月就要做爸爸了，肖思远烈士一直憧憬着要娶他心爱的姑娘；但是很可惜，他们没有能够等到这一天，而把生命和青春永远地留在了高原。驻扎在这片土地上，面对严峻的边防斗争，时间会荡去所有的杂念，留下的只有最澄澈的爱。戍边军人不是不会爱，而是没有时间去爱。他们把更多的爱留给了祖国，献给了边防斗争的战场。正是因为这种对革命忠诚的精神，他们可以舍小我为大我，舍小家为大家。直至今天，祁发宝所在团有5任团长仍然并肩奋战在边防斗争一线，陈祥榕所在连队服役期满的士官全部主动留队，所在团义务兵踊跃申请成为士官继续战斗……边防战士为了完成祖国和人民赋予的使命，慷慨地奉献自己的一切，用行动践行对祖国的革命忠诚精神。

第五，加勒万河谷冲突事件的胜利体现了中国军队为了人类和平与正义而奋斗的国际主义精神。中印边境问题是历史遗留问题，中方在解决边境争端时一贯保持高度清醒与克制，始终遵循国际准则，以最大的诚意维护世界和平。与中方态度截然不同的是，印度方面一而再、再而三地试探中国底线，试图以中印边境争端挑起国内民粹主义的浪潮，从而转移自新冠病毒感染疫情以来日益激化的国内矛盾。这种做法实在是居心叵测，严重危害世界和平与安全，应受到国际社会的抵制。中国坚定不移走和平发展道路，始终致力于通过对话和谈判解决争端，推动构建人类命运共同体，是坚守国际正义的大国。

三、赓续红色血脉：逆境中弘扬抗美援朝精神

走进新时代，完成建设中国特色社会主义现代化强国的目标，实现中华民族伟大复兴的中国梦，更需要伟大抗美援朝精神的指引。面对新情况、新难题，只有敢于斗争、善于斗争，不断激发守正创新、奋勇向前的民族智慧，才能夺取社会主义事业新的伟大胜利。实现梦想的过程不是一帆风顺的，必然是布满荆棘、困难重重的。暂时陷入某些困境并不可怕，只要在逆境中始终保持爱国的赤子之心，坚持祖国和人民的利益至上，英勇顽强、不怕困难，始终对社会主义建设事业坚定信念，就一定能完成祖国和人民赋予的任务和使命。

（一）在贸易战困境中加强科技创新

在经济全球化高速发展的今天，世界上几乎所有国家的经济发展都与其他国家密切相关。特朗普执政时的美国，挥舞着单边主义、霸权主义的大棒，执意退出或搁置了跨太平洋伙伴关系协议（TPP）、跨大西洋贸易与投资伙伴协议（TTIP）和国际服务贸易协议（TISA）等多个国际协议，重启了北美自由贸易协定（NAFTA），并多次威胁退出世界贸易组织（WTO）。美国作为世界唯一超级大国，在很大程度上影响了世界经济的发展，其在国际上的一系列"退群"操作显示出了反全球化的政治潮流。

中国积极顺应世界经济全球化发展，改革开放向纵深发展。中国用几十年走过了资本主义国家几百年的路程。改革开放40多年来，中国已经超越日本成为世界第二大经济体，并在国民生产总值（GDP）方面逐渐缩小与美国的差距。随着我国综合实力的上升，"中国威胁论"的说法甚嚣尘上，究其本质是"新冷战思维"在作祟。美国发动对华贸易战，表面上看是特朗普政府为保护本国经济、保护美国国民利益，想要改变美中日益增加的贸易逆差，实际上美国早在20世纪末就将中国视为潜在的战略竞争对手，认为中国在世界上崛起威胁到了美国的霸主地位。这种"零和思维"是美国挑起中美贸易摩擦的内在原因，其目的是遏制中国的崛起。

近年来，出于选举和转移国内视线的需要，历任美国总统上台后都会把矛头指向中国，向中国发难。特朗普早在竞选总统时就在演讲中攻击中国抢了美国的生意，对美国整个国家安全构成了威胁……"美中贸易逆差问题是由两国经济结构、产业竞争力和国际分工地位的不同所决定的，也受现行贸易统计制度、美方对华高技术出口管制等因素影响，短时间内难以有效解决。"[①]特朗普团队打着"中国威胁"的大旗，迎合本国民粹主义者和传统制造业者的论调以获得选票支持，并构成了其上台后施政方针的一部分，以获取额外的政治利益。

---

① 孙丽、王厚双：《特朗普启动对华"301调查"的目的与影响透视》，《国际贸易》2017年第9期。

2017年12月18日，也就是特朗普上台后不到一年的时间里，美国发布新版《国家安全战略报告》，明确把中国视为美国的战略竞争对手之一。"《国家安全战略报告》重申了'美国优先'政策，即'在特朗普政府执政期间，美国人民可以确信，其安全和繁荣永远优先'。""具体到贸易政策，主要表现为谈判有利于美国的双边贸易协定，以向美国引入更多的产业和工作机会。"①报告体现出特朗普"美国优先"的治国思想，其核心内容传递出特朗普政府"经济安全即国家安全"的政治考量。因此，特朗普上台后加快了对中国出口美国产品加征关税的步伐。

2018年3月23日，特朗普签署了对从中国进口的600亿美元商品征收惩罚性关税的备忘录。"7月6日，美国政府正式对340亿美元中国输美产品加征25%关税，打响贸易战第一枪。"②9月24日，美国政府正式宣布再对约2000亿美元中国商品加征关税。与500亿美元加征关税清单相比，美国2000亿美元清单所覆盖的商品更广，几乎覆盖中国制造业各个领域……美国举着关税大棒，悍然挑起对华贸易摩擦。作为对美国恶意加征关税的反击，中国政府分别在8月8日和9月24日公布对价值160亿和600亿美元的美国产品加征关税。

在此次中美贸易摩擦中，美国相继利用"201条款"③和"232调查"④，对中国输美光伏产品、家用大型洗衣机和钢铁、铝产品进行调查并加征关税。又进一步地，再次启动了对华"301调查"⑤。8月18日，莱特希泽正式宣布将在涉及技术转让、知识产权和创新领域正式启动"301调查"。"301调查报告第一章就紧紧抓住中国《国家中长期科技发展规划纲要》和《中国制造

---

① 彭岳：《中美贸易战中的安全例外问题》，《武汉大学学报(哲学社会科学版)》2019年第1期。
② 人民日报海外版编著《中美贸易摩擦：怎么看怎么办》，东方出版社，2018，第2页。
③ 201条款，即201调查，是美国《1974年贸易法》201~204节的统称，该条授权美国国际贸易委员会（USITC）对输美产品实施全球保障措施调查，并向总统提交报告和建议，由后者做出最终决定。
④ 232调查，指美国商务部根据《1962年贸易扩展法》第232条款授权，对特定产品进口是否威胁美国国家安全进行立案调查，并在立案之后270天内向总统提交报告，总统在90天内做出是否对相关产品进口采取终止措施的决定。
⑤ 301调查，是美国《1974年贸易法》第301条的俗称。一般而言，301条款是美国贸易法中有关对外国立法或行政上违反协定、损害美国利益的行为采取单边报复措施的立法授权条款。

2025》两份核心文件"，"特别强调中国的政策其实剥夺了美国企业从他们的创新技术中获益的权利"，"第二、三章则重点分析了中国技术转移机制的'歧视性'"①。根据"301条款"，一旦美国单方面认为某贸易国家的某项政策违反贸易协定，USTR（美国贸易代表办公室）就可以启动单方面的报复措施，而且有几乎不受限的自由裁量权。该调查具有极强的单边主义色彩，逼迫其贸易伙伴要么接受美国提出的强制条件，要么对其加征关税，迫使其放弃广阔的美国市场。USTR发布的立案说明中明确指出，"301调查"所涉产品针对"中国制造2025计划"重点领域，包括中国关于技术转让、知识产权、创新行为等做法，价格总额从500亿美元逐步升级到2500亿美元。加征关税清单中"有相当部分涉及'中国制造2025'，直指我国高端制造业发展"②。实际上，中美全面的贸易摩擦已经开始进入实质性的博弈阶段。透过现象看本质，美国发动贸易摩擦的主要打击对象是中国的中高端制造业，其发动中美贸易摩擦"司马昭之心"昭然若揭——遏制中国高新科技产业发展，阻碍中国向"制造强国"转型升级，进而迟滞中国现代化发展进程。

当前，中国正在崛起，抛开贸易摩擦的表象，中美关系实际上发生了质变。从历史发展上来看，英语民族对于其他民族的挑战者一贯是打压的，而中国的发展对美国单极霸权的存在是一个挑战；从现实因素来看，中国的崛起带来了全球资源的再分配；最后，特朗普任期内，美国内部问题层出不穷，从美国国内形势来看，美国的国内矛盾需要转嫁。实际上，中美已经进入了一个全球博弈的时代。

面对中美贸易摩擦，中国不愿打、不怕打，必要时不得不打。改革开放以来，中国坚定不移地走中国特色社会主义道路，坚持"一个中心、两个基本点"不动摇。中国的国力已经发生了翻天覆地的变化。国内生产总值异军突起，增长非常迅速，相对数值很高。在新冠肺炎疫情和中美贸易摩擦发生以前，中国的GDP是日本的两倍多，而且是日本、德国、英国及俄罗斯的总

---

① 关雪凌、李祥峰：《美国301调查与中国高新科技产业的发展》，《人民论坛》2018年第12期。
② 陈晓、郭瑞兵：《中美贸易摩擦与关税转嫁——基于美日贸易战的启示》，《地方财政研究》2019年第9期。

和。据统计，2017年中国对美货物贸易出口额4298亿美元，自美国进口只有1539亿美元。2017年中国GDP总值为82.7万亿元人民币，按照平均汇率计算，折合12.3万亿美元。美国GDP总值为19.4万亿美元，比中国高出7.1万亿美元。2018年中美双边贸易进出口总值为6335.2亿美元，同比增长8.5%。其中，出口4784.2亿美元，增长11.3%；进口1551亿美元，增长0.7%；贸易顺差3233.2亿美元，同比扩大17.2%。面对贸易摩擦，中国的举国体制能够集中力量办大事，中国人拥有强大的民族向心力和民族自豪感。

诚然，中美综合实力仍然存在差距。综合国力竞争，说到底是创新的竞争。在新一轮科技革命和产业变革大势中，科技创新作为提高社会生产力、提升国际竞争力、增强综合国力、保障国家安全的战略支撑，必须摆在国家发展全局的核心位置。习近平总书记强调，要牢牢抓住振兴制造业特别是先进制造业，不断推进工业现代化，推进中国制造向中国创造转变、中国速度向中国质量转变、制造大国向制造强国转变。面对贸易摩擦，中国不愿打，不怕打，必要时不得不打。在此次贸易摩擦中，美国重点打压中国高技术产业，对中国高科技产业和企业的发展造成了较为严重的冲击。"科技是国家强盛之基，创新是民族进步之魂。"面对美国对中国高新科技产业和企业的打压，中国继续坚定不移地走科技创新之路，把科技创新摆在国家发展全局的核心位置，充分发挥其在提高社会生产力和综合国力方面的战略支撑作用，走出美国政府妄图为中国"量身定制"的"贸易困境"。

新中国成立以来，中国的高新技术产业取得了长足的发展。在革命、建设、改革各个历史时期，我们党都高度重视科技事业，科技事业始终在党和人民的事业中居于十分重要的战略地位。改革开放以来，特别是进入21世纪，中国政府密集出台了各项政策，为科技创新提供制度保障，做好顶层设计。

2006年2月，国务院制定了《国家中长期科学和技术发展规划纲要（2006—2020）》，明确提出了自主创新的概念，为我国在21世纪中叶成为世界科技强国奠定了基础。2010年10月，国务院作出《关于加快培育和发展战略性新兴产业的决定》，提出中国必须加快培育和发展战略性新兴产业的任务。党的十八大以来，以习近平同志为核心的党中央高度重视科技创新工作，坚持把创新作为引领发展的第一动力。明确提出"科技创新是提高社会生产力和综合国力的战略支撑，必须摆在国家发展全局的核心位置"，实施创新驱动发展战略。2013年11月12日,党的十八届三中全会通过了《中共中央关于全面深化改革若干重大问题的决定》,从供给侧一端对深化科技体制改革、促进科学技术发展进行了深度谋划。2014年8月18日,中央财经领导小组第七次会议集中研究实施创新驱动发展战略问题。习近平在会议上发表重要讲话强调,创新始终是推动一个国家、一个民族向前发展的重要力量。我国是一个发展中大国,正在大力推进经济发展方式转变和经济结构调整,必须把创新驱动发展战略实施好。实施创新驱动发展战略,就是要推动以科技创新为核心的全面创新。2014年10月28日,《中共中央关于全面推进依法治国若干重大问题的决定》发布,标志着我国实施创新驱动发展战略进入法治建设阶段。2015年3月13日,《中共中央 国务院关于深化体制机制改革加快实施创新驱动发展战略的若干意见》(以下简称《意见》)发布实施,指导深化体制机制改革、加快实施创新驱动发展战略。该《意见》从营造激励创新的公平竞争环境,建立技术创新市场导向机制,强化金融创新的功能,完善成果转化激励政策,构建更加高效的科研体系,创新培养、用好和吸引人才机制,推动形成深度融合的开放创新局面,加强创新政策统筹协调八个方面,"全面系统地提出了加快实施创新驱动发展战略必须要改革的系统和方面,为我国实施创新驱动发展战略指出了明确的改革路线图和发展方向"[1]。2015年5月,国务院印发《中国制造2025》,提出要紧紧抓住新一轮科技革命和产业变革的历史机遇,按照"四个全面"战略布局要求,实施制造强国战略,加强统筹规划和前瞻部署,力争通过"三步走"实现制造强国的战略目标:到2025年,迈入制造强国行列;到2035年,制造业整体达到世界制造强国阵营中等水平;到2049年,综合实力进入世界制造强国前列。

通过全社会共同努力,我国科技事业取得了历史性成就,发生了历史性变革。重大创新成果竞相涌现,一些前沿领域开始进入并跑、领跑阶段,科技实力正在从量的积累迈向质的飞跃,从点的突破迈向系统能力提升。面对新一轮科技革命和产业变革,面对美国强势发起的对华贸易摩擦,"十四五"规划对加快科技创新提出了更为迫切的要求。我们要在关键领域、"卡脖子"技术上下大功夫,集合精锐力量,做出战略性安排,尽早取得突破,力争在重要科技

---

[1] 杨东占:《创新驱动发展战略研究》,人民出版社,2017,第3页。

领域成为领跑者，在新型前沿交叉领域成为开拓者，创造更多竞争优势。

一是要发挥我国社会主义制度能够集中力量办大事的优势，推动重要领域关键核心技术攻关。首先要整合和优化科技资源配置。对于科技创新来说，科技资源优化配置至关重要。"两弹一星"研制成功，有赖于一批领军人才，也有赖于我国强有力的组织系统。我国科技战线充分发挥新型举国体制优势，竞相涌现出天宫、蛟龙、高铁、北斗等一大批重大创新成果。面对全球新一轮科技革命和产业变革，要对现有国家重点实验室进行优化组合，组建一批国家重点实验室，推动重要领域关键核心技术攻关。其次要持之以恒地加强基础研究。我国基础研究水平同国际先进水平相比还有明显的差距，当前我国面临的很多"卡脖子"技术问题，其根本在于基础理论研究跟不上。要明确我国基础研究领域方向和发展目标，挖掘基础研究这一科技创新的源头活水。最后要加大国家财政投入力度，并且在财政、金融、税收等方面给予政策支持。

二是要深化科技体制改革，以供给侧结构性改革释放科技创新新动能。2015年3月，《中共中央 国务院关于深化体制机制改革加快实施创新驱动发展战略的若干意见》出台，指导深化体制机制改革加快实施创新驱动发展战略。"长期以来我国科技与经济脱节现象得不到根本的解决，科技体制改革实质上是围绕如何使科技与经济相结合的要求而展开。"[1]我国在促进科技与经济相结合的实践中长期存在着两方面的巨大浪费：一是科技成果转化率低，科研机构、高校的科研成果往往无法应用以实现其经济价值；二是过于依赖国外技术，不注重消化吸收。"加快科技体制改革，解决的突破口应该从创新系统的结构入手，结构决定系统的功能，构筑以企业为主体、市场为导向、政府为引导、高等院校和科研院所为依托的政产学研联盟的科技创新体系，使科技创新上、中、下游各环节实现有机对接和融合，迅速提升我国的科技创新能力和产业核心竞争力。"[2]"企业是主体，企业是创新投资的主体、创新成果应用的主体、创新活动的主体。"[3]企业最贴近市场，"只有使企业真正成为技术创新的主体，包括成为科技人力和经费投入的主体、科技成果转化的主体尤其是高技

---

[1] 张云霞：《科技创新与现代化进程》，中国社会科学出版社，2017，第100页。
[2] 同上。
[3] 同上书，第102页。

术产业化的主体,才能集科技与经济于一身,才能从根本上解决科技与产业界的断层问题,才能使科技、经济真正一体化。"当前我国在市场经济体制初步建立条件下,"科技与经济之间的通道处于部分畅通状态,亟待通过深化科技体制改革、加快实施创新驱动发展战略、建设国家创新体系,实现科技经济的一体化"①。

三是要加强创新型科技人才队伍建设,为建设社会主义现代化强国提供智力支持。《中国科技人才发展报告(2020)》显示,我国研究与开发(R&D)人员全时当量快速增长,年均增速超过7%,从2016年的387.8万人年,增长到2020年的509.2万人年,连续多年居世界第一位。但是我国R&D人员总数虽大,人均研究与开发支出额和批准授予国民专利件数相对还较低,说明我国人力资源数量不小,但素质和科研效率还需要提高。功以才成,业由才广。习近平总书记庄严宣告,我们已经全面建成了小康社会,正意气风发地向着全面建成社会主义现代化强国的第二个百年奋斗目标迈进,党和国家的事业发展迫切需要培养造就大批德才兼备的高层次人才。首先要加强创新人才教育培养。"十年树木,百年树人。"要把教育摆在更加重要的位置,全面提高教育质量,注重培养学生创新意识和创新能力。中小学是培养科技创新人才的关键期,大力培养科技创新后备人才是我国在未来国际竞争中博得先机的重要保障;高等院校是培养创新型人才和科技创新(特别是原始创新)的重要源泉,应当承担起培养创新型人才的重任——加强数学、物理、化学、生物等基础学科建设,鼓励具备条件的高校积极设置基础研究、交叉学科相关学科专业,加强基础学科本科生培养;要高度重视研究生教育,推动研究生教育适应党和国家事业发展需要。要加强科技人才队伍建设,打造高层次人才体系,服务社会主义现代化建设。此外,习近平总书记对科技界和广大科技工作者提出了新任务新要求:敢于提出新理论、开辟新领域、探索新路径,在独创独有上下功夫;多出高水平的原创成果,为不断丰富和发展科学体系作出贡献;鼓励科技工作者专注于自己的科研事业,勤奋钻研,不慕虚荣,不计名利。"新时代呼唤国家高端智库新发展",在党的领导下,"我国智库承担着提升国家创新力的重要使命",要"培养一支能够担当时代使命、政策理论功底扎实、学术造诣深厚、

---

① 张云霞:《科技创新与现代化进程》,中国社会科学出版社,2017,第101页。

充满活力和创造力的国家高端智库人才队伍"。①迈进新时代，习近平总书记再次向人才队伍发出响亮号召：要把握大势、抢占先机，直面问题、迎难而上，瞄准世界科技前沿，引领科技发展方向，肩负起历史赋予的重任，勇做新时代科技创新排头兵。

四是要加强国际科技合作，更加主动地融入全球创新网络，在开放合作中提升自身科技创新能力。面对美国政府对我国高科技产业的封锁和打压，我们要实施更加开放包容、互惠共享的国际科技合作；面对我国"双循环"新发展格局，我们要持续深耕国际科技合作；面对国际科技合作发展大势，我们更要主动融入全球创新网络。随着我国经济科技实力愈发壮大，我国在国际科技合作方面的处境日益恶化，单边主义、保护主义上升。我们强调自主创新，绝不是要关起门来搞创新，我们要以更加开放的思维和举措推进国际科技交流合作。党的十九届五中全会和"十四五"规划对我国国际国内形势进行战略研判，作出了加快构建"双循环"新发展格局的重要战略部署。习近平总书记指出，新发展格局绝不是封闭的国内循环，而是开放的国内国际双循环。"学界普遍认为，'一带一路'倡议为我国与沿线国家进行国际科技合作提供广阔发展空间和无限增长潜力，具有重要的时代价值。""党的十九大以来，我国积极开展科技外交，积极与世界科技创新大国和关键小国开展广泛而务实的科技合作，国际科技合作深度广度不断拓展。"②在全球抗击新冠肺炎疫情过程中，中国不但首先遏制住了疫情，还将"测定的病毒全基因组序列第一时间与各国分享"，研制出了"全球首个安全有效的新冠疫苗"，"更在疫苗研发完成并投入使用后将其作为全球公共产品，为国际社会共同应对疫情作出了重要贡献，充分展现了大国的责任担当"。③在经济全球化深入发展的大背景下，我国要坚持创新全球化和对外开放的根本方向，深化国际交流合作，为应对全球共同挑战作出应有贡献。推动"建立以合作共赢为核心的新型国际关系。积极承担国际义务和责任"，"积极参与全球创新秩序、规则、标准等的制定"打造人类命运

---

① 马建堂：《推进新时代国家高端智库建设》，《呼和浩特经济》2018年第3期。
② 王智新：《国际科技合作融入全球创新网络研究评述与展望》，《科学管理研究》2021年第1期。
③ 本刊编辑部：《建设世界科技强国的战略擘画》，《求是》2021年第6期。

共同体。

世界第一、第二大经济体之间掀起的贸易摩擦引起了全球各国的广泛关注。对于美国单方面率先发起的对华贸易摩擦，中国外交部发言人耿爽在例行记者会上鲜明地表达了中国的立场，中方不愿打、不怕打，必要时不得不打。经历了近两年的博弈与谈判，应美方邀请，美国时间2020年1月15日上午，中美第一阶段经贸协议签署仪式在美国白宫东厅举行。中共中央政治局委员、国务院副总理、中美全面经济对话中方牵头人刘鹤与时任美国总统特朗普共同签署协议文本。2021年拜登政府上台以来，中美外交高层总计展开过三轮交锋。在这一过程中，中方保持着一贯的立场，而美方的态度逐渐软化，从最初的目中无人到平等对话，最后又积极对华示好。"批判的武器不能代替武器的批判，物质的力量只能用物质力量来摧毁。"实际上，美国很多高科技企业离不开中国市场。正因如此，就连曾鼓吹对华重启"301调查"的美国贸易代表戴琪也不得不承认，美国不可能与中国在贸易上"脱钩"，反而要考虑如何"重新挂钩"。美国挥舞着政治大棒，任意对其他国家进行贸易讹诈，其"不战而屈人之兵"的图谋不言而喻。

70多年前，一身单衣的中国人民志愿军雄赳赳、气昂昂，跨过鸭绿江，与美国王牌部队战斗；70多年后，中美双方再一次在经济领域交手。经历了70多年综合发展和40多年改革开放的中国，已经茁壮成长起来了。面对中美贸易摩擦，中国人的立场和决心非常坚定。在认识到中国与美国在高精尖技术领域仍有较大差距后，我们要化竞争压力为发展动力，大力发展科技创新事业。中美贸易摩擦是一场持久战，中国要保持战略定力，坚定不移地走建设中国特色社会主义现代化强国之路。当今世界正经历百年未有之大变局，我们比历史上任何时期都更接近中华民族伟大复兴的目标，比历史上任何时期都更有信心、有能力实现这个目标。当前，我国科技体制改革和创新驱动发展战略已经进入全新的发展阶段，我们有改革开放40多年来积累的坚实物质基础，有持续创新形成的系列成果，实施创新驱动发展战略已经具备良好的基础和条件。我们必须清醒地认识到，有的历史交汇期可能产生同频共振，有的历史交汇期也可能擦肩而过。因此，我们要抓住和用好我国发展的重要战略机遇期，深入实施创新驱动发展战略，不断开创国家创新新局面，加快从经济大国走向经济强国。美国遏制中国科技进步的图谋不会得逞，中国国家统一和中华民族伟大复兴的中国梦一定会实现，我们不仅有信心，更有这个实力。

（二）新冠病毒感染阴霾下进行5G战"疫"

新冠肺炎疫情是百年来全球发生的最严重的疫情，严重危及人类安全与健康，给世界人民带来严重冲击和巨大挑战。在我国，自2019年12月发现新冠肺炎疫情，到疫情形势急剧变化，仅用了1个多月的时间。新冠病毒传播范围之广、速度之快，对我国公共卫生应急管理体系和疫情防控体制机制提出了更高的要求。面对这场没有硝烟的战争，2020年2月14日，习近平总书记在主持召开中央全面深化改革委员会第十二次会议时强调，要完善重大疫情防控体制机制，健全国家公共卫生应急管理体系，鼓励运用大数据、人工智能、云计算等数字技术，在疫情监测分析、病毒溯源、防控救治、资源调配等方面更好发挥支撑作用。面对疫情，我国充分发挥中国特色社会主义制度优势，集中主要力量，在疫情发生的第一时间加强科技攻关、加大科技投入，充分发挥以5G为代表的新一代信息技术优势，为打赢抗疫之战增添了数字技术自信。危机中育先机，以5G为代表的数字技术在防疫抗疫、复工复产和保障人民生活方面的应用，催生了许多新产业，孕育了一批新生企业，为我国产业转型升级提供了机遇。

5G指的是第五代移动通信技术，具有"高速度""泛在网""低功耗""低时延""万物互联"等特点，在"3D超高清视频等大流量增强移动宽带业务""大规模物联网业务""无人驾驶、工业自动化等需要低时延、高可靠连接的业务"①等场景广泛使用，将会加深我们对世界的认知，创新人类社会的运行模式。"5G作为一个庞大的系统工程，仅仅依靠企业投入，没有政府支持显然是很难建成的。"②习近平总书记高度关注我国5G技术的发展，指出，"要发展数字经济，加快推动数字产业化，依靠信息技术创新驱动，不断催生新产业新业态新模式，用新动能推动新发展。要推动产业数字化，利用互联网新技术新应

---

① 项立刚：《5G时代：什么是5G，它将如何改变世界》，中国人民大学出版社，2019，第95-110页。
② 同上书，第144页。

用对传统产业进行全方位、全角度、全链条的改造,提高全要素生产率,释放数字对经济发展的放大、叠加、倍增作用。要推动互联网、大数据、人工智能和实体经济深度融合,加快制造业、农业、服务业数字化、网络化、智能化。"① "中国5G建设在超前预判、顶层设计与实践操作上实现了弯道超车。"②

中国5G技术取得了迅速发展。自2019年12月以来,新冠肺炎疫情的阴霾一直笼罩着全国,"传统的方法已经不能满足疫情防控的需要,数字信息技术的不断发展为重大疫情的预防、诊治、管制提供了有效的技术途径"③。"在抗击疫情的关键阶段,5G凭借其高速率、低时延、广连接的技术能力和网络优势,在疫情防控的各种场景中广泛应用,发挥了无线宽带网络的重要作用和信息传播价值。"④5G在新冠肺炎疫情防控场景中的应用是多方面的。通过与人工智能、大数据、云计算等技术相融合,在疫情防控、疫情阻击和助力复产复工的过程中开展了大量新尝试,并取得了一定的应用效果。

在疫情防控过程中,5G主要应用于"协助防控筛查"和"助力民生保障"方面。防控筛查对于打赢疫情防控攻坚战,阻止疫情持续性地在全国范围传播和扩散具有重大意义。5G技术在此次防控筛查中承载的新型业务主要包括6种类型,分别是"基于热成像系统的体温监测、基于人工智能的人员筛查、基于无人机的社区巡检、基于机器人的远程巡查、基于大数据的隔离监控以及基于超高清视频的疫情报告"。在民生保障方面,由于新冠肺炎具有"人传人"的特点,因此居家隔离和减少社交在一定时期内成为人们新的生活方式。为方便公众的生活,5G在民生保障中的应用场景主要包括4种业务类型,分别是"电力无人巡检、公共生活场所消毒防控、物流行业无人配送以及

---

① 习近平:《敏锐抓住信息化发展历史机遇 自主创新推进网络强国建设》,《人民日报》2018年4月22日,第1版。

② 金元浦:《全球竞争下5G技术与中国文化创意产业的融合新变》,《山东大学学报(哲学社会科学版)》2020年第5期。

③ 朱学芳、冯秋燕、王金婉:《数字信息技术在疫情监测防控中的应用研究》,《情报科学》2020年第10期。

④ 卢迪、邱子欣:《5G在突发公共卫生事件信息传播中的应用与价值体现——以新冠肺炎疫情防控期间的5G技术应用为例》,《电视研究》2020年第11期。

公众娱乐活动"①。

在疫情阻击过程中，5G主要应用于"患者诊治及医疗服务"方面。在患者诊治方面，5G技术创新拓展了医学治疗和医疗资源在疫情中的使用范围，"推动了实施远程筛查、诊断、治疗等医疗方式在全国范围内的应用"，开拓构建"新冠肺炎疫情防控5G智慧医疗服务体系"②。在医疗保障方面，"基于5G的远程视频监控、超高清视频直播、智能机器人自主作业等一大批新型应用被投入到医疗保障工作中"，如"医院建设直播和智能机器人辅助医疗工作"③。

在助力复工复产方面，5G"催生复工复产新模式"，"构筑现场复工新防线"④。为了助力人们在疫情中逐步恢复日常工作和学习的常态，依托5G技术衍生出了新型的商业、生产、办公和教学模式以及相应日常工作保障措施。"5G技术与视频会议系统、云平台和机械自动化设备融合运用，分别面向政务、工业、教育等领域提供新型办公方式，助力复工复产，推广了异地远程实时办公方式。""复工复产新模式应用场景主要包括三种业务类型：远程实时视频会议、异地协同办公以及远程教学互动。"⑤在疫情逐步得到控制的前提下，各企事业单位在保证员工健康的前提下逐步开始复工复产。"5G技术与红外热成像、无人机/车和机器人创新融合应用"，通过减少人员接触避免疫情传播，助力构筑现场复工复产新防线。现场复工新防线应用场景主要包括3种业务类型："非接触式测温防护、无人机/车厂区消杀和无人物流配送。"⑥事实上，在中国的这场新冠肺炎疫情阻击战中，5G技术大显身手，已成为疫情防控中的"神兵利器"。

有不少学者对疫情结束后的国际局势进行科学研判，认为"疯狂施虐全球的新冠肺炎疫情终将过去"，"一个不容忽视的现实是"，"真正的'后疫情时

---

① 中国信息通信研究院：《疫情防控中的数据与智能应用研究报告（1.0版）》，http://www.caict.ac.cn/kxyj/qwfb/ztbg/202003/t20200303_275553.htm，2020年3月。
② 李大灿、黄敏、赵彩莲、龚园园、张岩：《新冠肺炎疫情防控中5G智慧医疗服务体系的构建》，《中华急诊医学杂志》2020年第4期。
③ 中国信息通信研究院：《疫情防控中的数据与智能应用研究报告（1.0版）》，http://www.caict.ac.cn/kxyj/qwfb/ztbg/202003/t20200303_275553.htm，2020年3月。
④ 同上。
⑤ 同上。
⑥ 同上。

代'即将到来""世界正站在一个新的历史起点上"①。党的十九届六中全会指出,世界百年未有之大变局和新冠肺炎疫情全球大流行交织影响,外部环境更趋复杂严峻,国内新冠肺炎疫情防控和经济社会发展各项任务极为繁重艰巨。

新冠病毒感染疫情是一次危机,也是对我国经济和社会持续健康发展能力的一次"大考"。当前全国疫情防控形势正在向积极向好的态势发展。在抗击疫情的过程中,中国始终秉持人类命运共同体理念,彰显负责任大国形象,为全球公共卫生事业作出了重要贡献。在党的领导和全国人民艰苦卓绝的努力下,中国率先控制住新冠病毒感染疫情,全面推进复产复工,率先实现经济增长"由负转正"②。我们要善于在危机中育先机,于变局中开新局。在疫情给世界发展带来很大负面影响的客观、严峻的形势下,推动5G技术逐渐落地使用,在疫情防控、一线疫情阻击和推动社会复产复工方面发挥重要作用,为防疫抗疫注入新动力,赋能疫情防控新模式,催生产业模式新业态。中国用发展不断向好的实践证明,我们经受住了这次考验,同时,中国的许多抗疫经验还被其他国家加以借鉴。

第一,中国共产党的领导是疫情抗击过程取得决定性胜利的根本保证。在以习近平同志为核心的党中央坚强领导和全国人民共同奋战下,中国人民"进行了一场惊心动魄的抗疫大战,经受了一场艰苦卓绝的历史大考,付出巨大努力,取得抗击新冠肺炎疫情斗争重大战略成果,创造了人类同疾病斗争史上又一个英勇壮举!"③在中国的抗疫实践中,中国共产党的领导是我国取得一切成就与胜利的前提条件和根本保证。在当前世界发展面临百年未有之大变局的背景下,中国防疫进程已经取得决定性的胜利,社会复产复工顺利展开,人民日常生活几乎与疫情发生前相差无几。与之形成鲜明对比的是国外民众的日常生活仍然暴露在疫情中,有着被感染的巨大风险。中国共产党在抗疫防疫过程中

---

① 习近平:《在联合国成立75周年纪念峰会上的讲话》,《人民日报》2020年9月22日,第2版。
② 颜晓峰:《开启全面建设社会主义现代化国家新征程》,《解放军报》2020年11月6日,第7版。
③ 习近平:《在全国抗击新冠肺炎疫情表彰大会上的讲话》,《人民日报》2020年10月16日,第2版。

以强烈的使命担当与作为，交出了一份让人民满意与感动的答卷。第二，充分发挥中国特色社会主义制度能够集中力量办大事的制度优势。在抗击疫情的过程中，全国"一盘棋"，调动一切积极因素率先驰援武汉等高危地区，同时，人民的生活并没有受到太大影响，这一切得益于"中国特色社会主义制度所具有的显著优势"①。第三，伟大抗疫精神的指引。在抗疫斗争中，中国人民和中华民族"铸就了生命至上、举国同心、舍生忘死、尊重科学、命运与共的伟大抗疫精神"②。五千年源远流长的中华文明孕育了中华民族精神，历史上每一次考验都没有吓倒中华民族，反而迸发出更顽强的生命力。在这场同疫情的生死较量中，中国人民万众一心，不惧生死，在抗疫的各条战线上涌现出无数英雄，铸就了伟大抗疫精神，丰富了中国精神的宝库。第四，以5G为代表的中国技术的应用。在这场抗击新冠病毒感染疫情的"战争"中，5G通信技术表现亮眼。5G通过与大数据、AI和互联网等相结合，在一定程度上克服了地域空间为救助和就诊带来的不便，还创新了疫情救助的新模式，孕育了产业模式新业态，并将逐步改变整个社会。

（三）新时代征程里谱写中国复兴

习近平总书记在党的十九大报告中深刻指出："中国特色社会主义进入新时代，我国社会主要矛盾已经转化为人民日益增长的美好生活需要和不平衡不充分的发展之间的矛盾。"在我国社会主要矛盾转变的基础上，"中国特色社会主义进入了新时代，这是我国发展新的历史方位"③。新时代有着丰富的具体内涵。

"这个新时代，是承前启后、继往开来、在新的历史条件下继续夺取中国特色社会主义伟大胜利的时代。"④40多年前，中国共产党召开了十一届三中

---

① 习近平：《在全国抗击新冠肺炎疫情表彰大会上的讲话》，《人民日报》2020年10月16日，第2版。
② 同上。
③ 习近平：《决胜全面建成小康社会 夺取新时代中国特色社会主义伟大胜利——在中国共产党第十九次全国代表大会上的报告》，人民出版社，2017，第10页。
④ 同上。

全会，作出了改革开放的历史决策，并成功开创了中国特色社会主义。改革开放使中国乘上了经济和科技发展的快车，中国大踏步赶上了时代。改革开放40多年来，在中国共产党的领导下，中国人民用几十年的时间走过发达国家几百年的历程，迎来了从站起来到富起来、强起来的伟大飞跃，走出了一条走向现代化的道路。这条道路就是中国特色社会主义道路。"改革开放以来党和国家全部理论和实践的主题是中国特色社会主义。"① 经过40多年的改革开放，中国社会发生了翻天覆地的变化，我们取得了巨大的成就，改革已经进入"深水区"。站在新的历史方位，必须协调推进"四个全面"战略布局，全面深化改革，为在新的历史条件下推进国家治理体系和治理能力现代化提供根本动力，从而"不断使中国特色社会主义制度得到完善、中国特色社会主义现代化建设不断推进"②。

这个新时代，"是决胜全面建成小康社会、进而全面建设社会主义现代化强国的时代，是全国各族人民团结奋斗、不断创造美好生活、逐步实现全体人民共同富裕的时代，是全体中华儿女勠力同心、奋力实现中华民族伟大复兴中国梦的时代"③。站在"两个一百年"的历史交汇点上，当前，我国已经全面建成小康社会，实现了第一个百年奋斗目标，要乘势而上，向着实现第二个百年奋斗目标奋勇前进，到新中国成立一百年时，完成建成富强民主文明和谐美丽的社会主义现代化强国的宏伟目标。这个目标，关乎全体中华儿女的共同利益，既是中国梦，也是每一位中华儿女内心最朴素的情感。

这个新时代，"是我国日益走近世界舞台中央、不断为人类作出更大贡献的时代"④。中国道路既是中国的，也是世界的。"中国特色社会主义道路、理论、制度、文化不断发展，拓展了发展中国家走向现代化的途径，给世界上那些既希望加快发展又希望保持自身独立性的国家和民族提供了全新选择，为解决人类问题贡献了中国智慧和中国方案。"⑤中国在自身发展的同时不忘向第三

---

① 何毅亭：《百年大党何以引领新时代》，红旗出版社，2021，第310页。
② 董振华：《深刻把握"四个全面"战略布局新内涵》，《党课》2020年第22期。
③ 习近平：《决胜全面建成小康社会 夺取新时代中国特色社会主义伟大胜利——在中国共产党第十九次全国代表大会上的报告》，人民出版社，2017，第10页。
④ 同上。
⑤ 同上。

世界国家伸出援手，这符合中国传统文化中的"仁本"思想。修铁路、修高铁、挖隧道，推动"一带一路"建设等，中国身影在世界上越来越活跃。2017年3月，中国以负责任的大国提出的"构建人类命运共同体"理念被写入联合国大会决议，说明这一理念符合全世界人民的共同利益。

党的十八大以来，中国特色社会主义进入新时代，党和国家事业取得历史性成就、发生历史性变革。今天，我们比历史上任何时期都更接近、更有信心和能力实现中华民族伟大复兴的目标。"行百里者半九十"，在新的历史条件下实现党的历史使命，意味着面临的新情况新问题越来越多，矛盾和困难越来越多，风险和挑战越来越多，阻力和压力也会越来越大，必须付出更为艰巨、更为艰苦的努力。当今世界，和平与发展仍然是时代的主题。同时，世界面临的不稳定性和不确定性突出，人类面临许多共同挑战。零和思维、逆全球化"抬头"，不利于世界和平与发展，对我国的发展也造成了考验。如何更好地统筹国内国际两个大局，在激烈的国际竞争中坚定捍卫我国主权、安全和发展利益？这对于我国来说是一个考验，需要以更加艰苦的努力和作为作出回答。当前我国经济社会发展呈现良好势头，同时，改革进入"深水区"，在经济新常态压力下，各种风险挑战前所未有。如何破解我们前进道路上的难题？同样需要我们付出更加艰苦的努力。

迎接国内外新挑战，解决新难题，关键在于党的建设新的伟大工程。以伟大工程推进伟大斗争、伟大事业和伟大梦想。这就要求在新的历史条件下，我们党加强自身建设，全面从严治党一刻也不能放松，始终成为走在时代前列、自身素质过硬的马克思主义执政党。中国特色社会主义进入新时代，全党全国各族人民紧密团结在以习近平同志为核心的党中央周围，全面贯彻落实习近平新时代中国特色社会主义思想，统筹推进"五位一体"总体布局，协调推进"四个全面"战略布局，增强中国特色社会主义道路自信、理论自信、制度自信、文化自信，坚定不移沿着中国特色社会主义道路前进，一定会实现中华民族伟大复兴的中国梦、实现全面建成中国特色社会主义现代化强国的目标。

回望70多年前伟大抗美援朝战争，进行具有许多新的历史特点的伟大斗争，展望中华民族伟大复兴的光明前景，我们无比坚定、无比自信。"天行健，君子以自强不息。"一个民族之所以伟大，根本就在于在任何困难和风险面前都从来不放弃、不退缩、不止步，百折不挠为自己的前途命运而奋斗。从五千年文明发展的苦难辉煌中走来的中国人民和中华民族,必将在新时代的伟大征程上一路向前,任何人任何势力都不能阻挡中国人民实现更加美好生活的前进步伐!让我们更加紧密地团结在以习近平同志为核心的党中央周围,弘扬伟大抗美援朝精神,雄赳赳、气昂昂,向着全面建设社会主义现代化国家新征程,向着实现中华民族伟大复兴的中国梦,继续奋勇前进!

第五章 05
抗美援朝精神的当代价值

一、新时代党和人民宝贵的精神财富

气势磅礴的抗美援朝战争，孕育出伟大抗美援朝精神。它是新时代党和人民弥足珍贵的精神财富，不断激励着华夏儿女英勇奋进、披荆斩棘、砥砺前行，创造出一曲曲风雨兼程的壮丽史诗。今天，世界正处于百年未有之大变局，国内发展环境面临着深刻变化，经济由高速增长阶段转向高质量发展阶段，社会主要矛盾也发生了转变，我们党坚持统揽推动伟大斗争、伟大工程、伟大事业、伟大梦想的进行，改革、发展、稳定的任务依然艰巨，机遇与风险并存。我们要深刻理解伟大抗美援朝战争的丰富时代内涵，传承并发扬蕴藏在中华民族、中国人民和人民军队中的宝贵抗美援朝精神，敢于担当、勇往直前、勠力同心，为实现中华民族伟大复兴的中国梦提供强劲动力。

（一）展示中华民族不畏强权的钢铁意志

抗美援朝精神是中华民族传统美德和优秀品格的集中展示。中华民族面对骄横的美帝国主义而迸发出的不畏强权的钢铁意志生生不息、历久弥新，是永不枯竭的精神资源。

70多年前，由中华民族优秀儿女组成的中国人民志愿军，肩负着祖国的重托、民族的期望，高举保卫和平、反抗侵略的正义旗帜，雄赳赳、气昂昂，跨过鸭绿江，发扬伟大的爱国主义精神和革命英雄主义精神，同朝鲜人民和军队一道，经过两年零9个月艰苦卓绝的浴血奋战，赢得了抗美援朝战争的伟大胜利[①]。

云山战役是抗美援朝战争的开战之役。1950年10月19日，朝鲜半岛的战火蔓延到了中朝边境，对人民生命安全和国家安全造成了严重的威胁。危急关

---

① 习近平：《在纪念中国人民志愿军抗美援朝出国作战70周年大会上的讲话》，《人民日报》2020年10月24日，第2版。

头，中国及时派兵进入朝鲜，与朝鲜人民一道在云山地区抵御"联合国军"。该战役持续12天，共歼敌1.3万余人，收复了云山、博川、温井、宁边、德川等重要城镇，粉碎了敌人短期内迅速占领朝鲜全境的企图，稳定了当时的局势。11月27日，长津湖战役打响，这是抗美援朝战争第二次战役的东线战场，位于朝鲜东北部的长津湖地区。长津湖地势低洼，东西两岸被群山环抱，加之11月下旬气温已降至零下27℃左右，山高路窄、白雪覆地、道路冰封。在此恶劣的处境下，志愿军节节击退敌人，在东、西两线同时大捷，收复了"三八线"以北的东部广大地区，成功地扭转了战场态势。1952年10月14日，上甘岭战役开始。这是抗美援朝战争中敌我双方争夺最激烈的一场战斗，时间长达43天，炮兵火力密度已经超过二战时期的最高水平，可谓"小山头上打大仗"。交战双方在不足4平方千米的土地上投入超过10万的兵力进行反

图5-1 上甘岭战役中模范卫生员陈振安接下石壁缝中滴落的水用于救护伤员

复争夺，从高地争夺的战术仗升级到两军对抗的战役仗再到战争胜败的战略性决战，其火力之猛、战斗之残酷、意义之重大，在世界战争史上罕见。上甘岭战役是我军与当时拥有世界上最现代化装备的敌人比素质、比智慧、比战力的一次全面较量①，最后以我军的胜利而告终。

长津湖战役中，面对美国主力部队，129名中国人民志愿军战士临危受命，冒着零下40℃的严寒匆匆赶赴前线，在美军后退的必经之路上埋伏了六天六夜。志愿军入朝时寒衣来不及发放，他们只有单薄的衣服和有限的冰冻土豆，加之山路险峻，缺乏高寒地区作战经验，面对美军飞机的猖狂轰炸，我军大量汽车被毁，粮食、被服、弹药补给运不上去，而战区内人烟稀少，就地筹措粮食也十分困难②。尽管条件如此艰苦，饥寒交迫，但他们依然在雪中屹立不倒，直至活生生被冻成了冰雕，其艰苦程度已经超过红军长征。可见，我军

---

① 李德生：《李德生回忆录》，人民出版社，2012，第243页。
② 宋群基：《抗美援朝征战纪实》，人民出版社，2021，第69页。

图 5-2　中国人民志愿军战士通过长津湖大桥

钢铁般的意志,其震撼的场面足以震慑敌军。

战争中涌现出许多革命勇士:特级战斗英雄杨根思率全排击退美军 8 次进攻,在敌人第九次进攻时,他抱起最后的炸药包与 40 多个敌人同归于尽;一级战斗英雄邱少云凭借坚强的革命意志,经烈火烧身而纹丝不动;特级战斗英雄黄继光顽强战斗,在敌火力点久攻不下的关键时刻毫不犹豫地用胸膛堵住敌人的枪口;一级战斗英雄孙占元英勇抗敌,在弹药告罄的情况下,拉响手雷与敌人同归于尽;一级爱民模范罗盛教为抢救落入冰河的朝鲜少年壮烈牺牲……历经 2 年 9 个月艰苦的浴血奋战,最终中国人民志愿军赢得了铭刻史册的伟大胜利。这些英雄背后所展现的正是对党、对祖国、对民族的无限忠诚和中华民族不畏强权的钢铁意志!

1950 年 9 月 30 日,经毛泽东决定,周恩来发出严正警告:"中国人民热爱和平,但是为了保卫和平,从不也永不害怕反抗侵略战争。中国人民决不能容忍外国的侵略,也不能听任帝国主义者对自己的邻人肆行侵略而置之不理。"[①] 在抗美援朝战争中,中国人民志愿军代表着祖国人民和世界爱好和平人民的意志和愿望,捍卫了新中国的安全,保护了中国人民的健康生活,也保卫了远东和世界和平的伟大光荣任务。中国人民志愿军中的广大指战员充分发挥了我军的政治优势和光荣传统,他们不畏强暴、不怕牺牲、敢于斗争,打出了新中国的国威和军威,充分展示了中华民族的浩然正气和不畏强权的钢铁意志。

---

① 周恩来:《为巩固和发展人民的胜利而奋斗》,《人民日报》1950 年 10 月,第 1 版。

美军第八集团军司令范佛里特曾说："从单兵能力来讲，中国的士兵可以称作极其顽强的敌人。他们的装备很差，没有我们一样的防弹背心、头盔。他们的武器也并不先进，大多都是些步枪，配上一些劣质的手榴弹。""他们的伙食只是一些杂粮混合而成，单纯只是为了解决饥饿的。他们的医疗也很简陋，跟我们的无法相提并论。但是，他们永远都是奋不顾身、无所畏惧地向前作战，这真的令我们束手无策。在我看来，这几乎是不可思议的。"①

中华民族不畏强敌、敢于奉献、不怕牺牲、英勇奋进的精神品质，是深深印刻在中国人民骨子里的。正所谓气为兵神，勇为兵本。在战斗中，"气"是本源，人民军队正是因为有了钢铁般的战斗勇气和意志，才能战无不胜、攻无不克！

（二）塑造中国人民万众一心的顽强品格

红色是中国人民血脉里永不褪色的赤诚。中华民族在数千年风雨征程中面对无数次外敌入侵的威胁与挑战，中国人民凝心聚力、风雨同舟、团结一心，一次次战胜灾难，一次次渡过难关，锻造出中国人民独有的精神力量与顽强品格。抗美援朝战争所孕育出的抗美援朝精神，不仅极大地增强了中国人民的民族自豪感和民族自信心，而且是强化全民族、全社会、全中国人民团结一心的精神纽带。

伟大抗美援朝精神的本源，就是浇筑于中国人民心中最深层、最持久的爱国主义情怀和举国同心、众志成城、风雨同舟、精诚团结的顽强品格。面对美国的步步紧逼，全国各条战线和广大人民积极响应党和政府的号召，掀起了一场轰轰烈烈的"抗美援朝，保家卫国"的伟大爱国群众运动，全国城乡出现父母送儿女、妻子送丈夫、兄弟争相入伍的感人场面；成千上万的民工、铁路工作人员、汽车司机、医务工作者奔赴朝鲜前线，担负各种战场勤务；全国广泛开展慰问志愿军、捐献武器、优待志愿军烈军属运动，人民群众击退敌人的爱国热情和生产积极性空前高涨，全力以赴地支援前线，深深地提振了前方志愿

---

① 陈万金、韦伟：《评说难忘的战争》，《解放军报》2000年10月。

军将士奋勇杀敌的高昂士气①。这再次证明了毛泽东揭示的颠扑不破的真理："战争的伟力之最深厚的根源，存在于民众之中。"②

中共中央总书记、国家主席、中央军委主席习近平在 2020 年 10 月 23 日纪念中国人民志愿军抗美援朝出国作战 70 周年大会上指出："中国人民不惹事也不怕事，在任何困难和风险面前，腿肚子不会抖，腰杆子不会弯，中华民族是吓不倒、压不垮的！""面对来自各方面的风险挑战，面对各种阻力压力，中国人民总能逢山开路、遇水架桥，总能展现大智大勇、锐意开拓进取，'杀出一条血路'！"③这番话足以证明中国人民同心合力、和衷共济的精神风貌。美国外交学者网站报道也指出，在中国人心中，抗美援朝战争"不仅是一场正义之战，也是对新生的中华人民共和国的一个重大考验，最终它是一场对技术上占优的敌人所取得的胜利。在今天的中国，抗美援朝战争是全国团结一致反对好战主义的一个普遍认同的象征"。

弘扬抗美援朝精神，就是要在推进祖国现代化建设进程中始终做到万众一心、勠力同心。在抗美援朝战争时期，党中央本着"一切服从战争，一切为了战争"的原则，围绕抗美援朝这一中心任务，在推进各方面建设上取得了巨大成就。经过增产节约、"三反""五反"运动，不仅有力地保证了志愿军在朝鲜作战的需要，而且全面顺利完成了国民经济恢复工作。1952 年 1 月 1 日《人民日报》社论指出："抗美援朝不但是我们一切工作的目的，而且又是我们一切工作的动力……这个斗争不是推迟了而是加速了我们国内的建设工作和建设的准备工作的进行。"④现今，在抗美援朝精神的积淀上和中国共产党的坚强领导下，在"两个一百年"奋斗目标的历史交汇点，统筹推进"五位一体"总体布局，协调推进"四个全面"战略布局，坚定不移贯彻落实新发展理念、构建新发展格局，持续巩固和发展全国各族人民的大团结，增强海内外中华儿女的团结力量，我们每一个中国人都要汇聚起团结一心、众志成城的磅礴力量，心往

---

① 习近平：《在纪念中国人民志愿军抗美援朝出国作战 60 周年座谈会上的讲话》，《人民日报》2010 年 10 月 26 日，第 3 版。

② 毛泽东：《毛泽东选集》第 2 卷，人民出版社，1991，第 511 页。

③ 习近平：《在纪念中国人民志愿军抗美援朝出国作战 70 周年大会上的讲话》，《人民日报》2020 年 10 月 24 日，第 2 版。

④ 颜慧：《赓续伟大抗美援朝精神 推进中华民族伟大复兴》，《党建》2021 年第 6 期。

一处想、劲往一处使,同心同德、同向同行,就一定可以实现中华民族伟大复兴的中国梦!

(三) 证明中国军队敢打必胜的血性铁骨

军人生来为战胜,须臾不可无血性。一部波澜壮阔的抗美援朝战争史,就是一部志愿军将士人人争当英雄、争立战功、争先杀敌的历史,志愿军中涌现出30多万名英雄功臣和近7000个功臣集体。面对敌人的优势装备和狂轰滥炸,中国人民志愿军能坚守阵地、战胜敌人,靠的就是一个字:敢!——敢于近战、敢于夜战、敢于拼刺刀、敢于牺牲。军队为战而存,军人为战而生。在抗美援朝战场上,志愿军将士以"钢少气多"力克"钢多气少"。当志愿军将士面对气势汹汹、武器精良的强大敌人时,他们发出了"三个不相信"的英雄宣言:"不相信有完不成的任务,不相信有克服不了的困难,不相信有战胜不了的敌人!"[①]英雄的人民军队取得的一次次英勇无畏的辉煌胜利,尽显中国军队的血性胆气。

在朝鲜战场上,西方世界头号强国的第一流军队,使用了除原子弹以外的所有现代化武器,但最终还是被推回到战争的起点"三八线"。[②]这铁一般的事实足以打破美帝国主义不可战胜的神话,并给美国侵略者以严重教训。正如彭德怀在《关于中国人民志愿军抗美援朝工作的报告》中所说:"它雄辩地证明:西方侵略者几百年来只要在东方一个海岸上架起几尊大炮就可霸占一个国家的时代是一去不复返了。"[③]

中国军队的血性铁骨深深根植于中国人民坚如磐石的理想信念之中。历史证明,没有中国共产党,就不可能有一支新型的人民军队;没有一支听党话、跟党走的中国人民军队,也就不可能完成取得民主革命胜利、建立新中国的重要任务,更不可能取得抗美援朝战争的伟大胜利。中国共产党在领导中国各族

---

① 刘轶丹、林骊珠、刘缔:《锻造敢打必胜的血性铁骨》,《解放军报》2020年11月16日,第7版。
② 曲青山:《从三个维度看中国共产党的初心和使命》,《中共党史研究》2019年第3期。
③ 中共中央文献研究室编《建国以来重要文献选编》第4册,中央文献出版社,1993,第379页。

人民为新民主主义而斗争的过程中历经北伐战争、土地革命战争、抗日战争和解放战争，而人民军队早在这时就已经确立了坚持党对军队的绝对领导的根本原则，确立了坚持全心全意为人民服务的宗旨，坚持开展革命的政治工作，坚持官兵一致、军民一致等一整套优良传统。只有中国共产党的性质、宗旨明确，我军才会有一往无前的拼劲。这些优良传统既体现了人民军队的本质，也是人民军队不断走向胜利的传家宝。

面对美国威胁如果中国参战就把中国"炸回到石器时代"的狂妄[①]，志愿军将士毫无惧色，不屈服、不低头，顶着狂轰滥炸坚守阵地，冒着枪林弹雨勇敢冲锋，烈火烧身岿然不动，忍饥受冻决不退缩，敢于"空中拼刺刀"，硬生生让全副武装、不可一世的强大对手回到谈判桌前，打破了美军不可战胜的神话。这一切就是因为他们继承和弘扬了中华民族几千年来从未间断的自强不息的精神特质和中国军队敢打必胜的刚毅品格。

在抗美援朝战争中，面对拥有现代化优势装备的敌人，志愿军不仅继承了人民军队优良传统，还在战争中学习战争，在守正的基础上创新发展，焕发出强大的精神力量。无论自然环境多么恶劣，无论对手多么强大，都难不倒、压不垮人民军队。凛然血性、铮铮铁骨是军人的可贵品质。新时代军人，必须时刻保持居安思危、枕戈待旦的战备姿态，不断提升自身不畏艰险、战胜强敌的本领，锻造出敢打必胜的精兵劲旅，做到眼中有敌情、脑中有任务、肩上有责任！在纪念中国人民志愿军抗美援朝出国作战70周年大会上，习近平总书记全面总结了抗美援朝的伟大意义，并高度评价了志愿军的革命英雄主义精神："这一战，人民军队战斗力威震世界，充分展示了敢打必胜的血性铁骨！"[②]

总而言之，抗美援朝战争的伟大胜利，离不开中华民族不畏强权的钢铁意志，离不开中国人民万众一心的顽强品格，更离不开中国军队敢打必胜的血性铁骨[③]，是中国人民站起来后屹立于世界东方的宣言书，更是中华民族走向伟

[①] 王守学：《砥砺不畏强暴、反抗强权的民族风骨——弘扬抗美援朝精神提高备战打仗能力⑤》，《解放军报》2020年10月28日，第6版。

[②] 习近平：《在纪念中国人民志愿军抗美援朝出国作战70周年大会上的讲话》，《人民日报》2020年10月24日，第2版。

[③] 本报评论员：《伟大抗美援朝精神必须永续传承、世代发扬》，《人民日报》2020年10月24日，第2版。

大复兴的重要里程碑，对于中国和世界都有着重大而深远的意义。

二、军队现代化建设的力量之源

抗美援朝战争是第二次世界大战结束后，中华民族与世界头号强敌交战并取得重大胜利的一次保家卫国的正义之战。在这场现代化战争中，我军不仅打退了残暴的敌人，而且在与强敌过招中经受现代化的洗礼，获得了现代战争作战经验，为我军发展成为一支强大的现代化革命军队提供了力量之源。毛泽东曾说："抗美援朝战争是个大学校。""我们的经验是：依靠人民，再加上一个比较正确的领导，就可以用我们劣势装备战胜优势装备的敌人。"[①]通过这场战争，我军的军事思想和理论都得到了极大丰富，科学技术有了提高，人民军队建设也迈入了一个新的发展阶段。

（一）政治建军：培养听党话、跟党走的人民军队

政治建军是我军独有的组织优势和立军之本，坚持党对军队的绝对领导是政治建军的核心要义。毛泽东特别重视思想建党、政治建军。在建军之初，井冈山时期的农村游击战争中，毛泽东就认识到红军是以农民为主体组织起来的，红军中农民和小资产阶级出身的党员占多数。在这种条件下，怎样克服党内和军内的非无产阶级思想，怎样把党建设成为无产阶级先锋队，怎样把军队建设成为一支无产阶级领导的听党话、跟党走的新型人民军队，就成为人民军队建设中最首要、最根本且亟须解决的问题。他深刻认识到，要想赢得人民解放战争的完全胜利，要想正确调整党与红军的关系，就必须明确军队的指挥权和领导权，中国共产党必须掌握自己的军队，军队必须接受党的领导。他明确提出了"党指挥枪"的原则。

关于新中国成立后人民解放军建设原则，毛泽东早在1952年抗美援朝时

---

① 毛泽东：《毛泽东军事文集》第6卷，军事科学出版社、中央文献出版社，1993，第355页。

期就给出了答案。他在军事学院训词中指出:"与现代化装备相适应的,就是要求部队建设正规化,就是要求实行统一的指挥、统一的制度、统一的编制、统一的纪律、统一的训练,就是要求实现诸兵种密切的协同动作。为此就要克服在过去时期曾经是正确的,而现在则是不正确的那种不集中、不统一、纪律不严、简单现象和游击习气等等,而必须加强在整个工作上、指挥上,而首先又应该是从教育训练上来培养的那种组织性、计划性、准确性和纪律性。这是建设正规化、现代化的国防部队所不可缺少的重要的条件之一"[①]。这一论述为我国新型人民军队建设做出了强有力的指导,在政治、组织和理论原则上统一了全军的思想。

毛泽东政治建军思想发端于南昌起义,奠基于三湾改编,定型于古田会议。1929年12月,古田会议召开,通过了《中国共产党红军第四军第九次代表大会决议案》(即古田会议决议),回答了如何保持党的无产阶级先锋队性质和建设无产阶级领导的新型人民军队的问题,提出了一系列涵盖党的建设,尤其是人民军队建设方面内容的独创性理论原则,产生了深远影响。它标志着毛泽东政治建军思想的最终确立,中国共产党开始运用正确的理论指引人民军队的方向。

抗美援朝战争的胜利使爱国主义情怀厚植于每一个中国人的心中,振奋了中华民族精神,激发了每一位爱国将士的革命热情和拼劲韧劲。抗美援朝运动最大限度地把全国人民动员起来,投入到支援前方的伟大斗争中。这场战争极大地提高了中国共产党在人民群众和人民军队中的威信。1957年3月17日,毛泽东在天津市党员干部会议上说:"在我们过去几十年,主要的工作就是阶级斗争。打倒蒋介石,抗美援朝,土地改革,还有社会主义改造,这些都是属于阶级斗争的范围。""在作这个斗争的时候,人们对于我们在开头也是不相信的。现在人们就相信了,说共产党行了。"[②]

[①] 中共中央文献研究室、中国人民解放军军事科学院:《建国以来毛泽东军事文稿》中卷,军事科学出版社、中央文献出版社,2010,第39页。
[②] 王颖:《抗美援朝战争的五大意义——毛泽东是如何评价抗美援朝战争的》,《北京日报》2020年9月,第15版。

军事不过硬，一打就垮；政治不过硬，不打自垮。①培养听党话、跟党走、军事素质过硬的人民军队，首先政治上要过硬。坚持从思想上、政治上建设和掌握部队，是永葆人民军队性质、宗旨、本色和能打仗、打胜仗的根本保证。习近平总书记在党的十九大报告中提出了新时代政治建军思想，这是时代的产物，也是对毛泽东政治建军思想的延续，是历史发展的必然。面对复杂的国际国内环境，习近平总书记指出："坚持党对人民军队的绝对领导。建设一支听党指挥、能打胜仗、作风优良的人民军队，是实现'两个一百年'奋斗目标、实现中华民族伟大复兴的战略支撑。"②世界一流的人民军队建设，是实现中华民族伟大复兴中国梦的军事保障。一直以来，人民军队面临的内外环境是复杂的，同时影响人民军队先进性、弱化人民军队纯洁性的因素也是复杂的。人民军队内部的郭伯雄③、徐才厚④、房峰辉⑤、张阳⑥四个"军虎"的流毒给军队带来的污染是全方位、深层次的，说到底是他们在政治上出了问题，根本原因就是对党不忠诚，没有听党指挥，动摇了理想信念，背离了初心。这对于我军政治建设、政治生态的伤害是灾难性的。在外部，西方国家持续对我国施行"和平演变"战略，近年来采用"拉出去、打进来"的方法，加紧对我党我军渗透、分化、西化，妄图动摇我们的理想信念，从精神上击垮我们。当前，军内存在的党员思想、组织、作风不纯等问题尚未得到彻底清除。要想营造风清

---

① 本报评论员：《锻造听党话、跟党走的过硬基层——二论认真学习贯彻习主席在中央军委基层建设会议上的重要讲话》，《解放军报》2019年11月12日，第2版。

② 习近平：《决胜全面建成小康社会 夺取新时代中国特色社会主义伟大胜利》，《人民日报》2017年10月28日，第1版。

③ 2015年7月30日，中共中央决定给予郭伯雄开除党籍处分。2016年7月25日，军事法院判处郭伯雄无期徒刑，剥夺政治权利终身，取消其上将军衔。

④ 2014年6月30日，中共中央决定给予徐才厚开除党籍处分。2015年，徐才厚病亡，军事检察院对徐才厚作出不起诉决定，其涉嫌受贿犯罪所得依法处理。

⑤ 2018年10月，中共中央决定给予房峰辉开除党籍处分。此前，中央军委已决定给予房峰辉开除军籍处分，取消其上将军衔。2019年2月20日，军事法院判处房峰辉无期徒刑，剥夺政治权利终身。

⑥ 2017年8月28日，经党中央批准，中央军委决定对张阳进行组织谈话，调查核实其涉郭伯雄、徐才厚等案问题线索。经调查核实，张阳严重违纪违法，涉嫌行贿受贿、巨额财产来源不明犯罪。接受组织谈话期间，张阳一直在家中居住。11月23日上午，张阳在家中自缢身亡。2018年10月，中共中央决定开除张阳党籍。此前，中央军委已决定开除张阳军籍，取消其上将军衔。

气正的军内政治生态,首先在思想认识上要做到坚定自觉地坚持党对军队的绝对领导,在思想上政治上行动上同以习近平同志为核心的党中央保持高度一致,坚决维护党中央、中央军委和习主席权威,坚决听从党中央、中央军委和习主席指挥。只有坚持党对军队的绝对领导,才能确保我军性质宗旨本色作风不变,才能把革命先辈用鲜血和生命铸就的优良传统一代代传下去,才能培养出军事素质过硬、听党话、跟党走的人民军队。

(二)科技强军:练强能打仗、打胜仗的人民军队

科技强军思想始终是中国共产党一以贯之的指导思想。在党中央的坚强领导下,人民军队国防高精尖技术实现了从无到有、由弱至强的伟大飞跃,形成了中国特色科技强军理论。习近平强军思想深刻把握了世界军事发展局势和我军发展的历史方位,将科技强军作为军队建设、改革和军事斗争准备的重要方略纳入强军总体布局,不仅在理论上丰富了马克思主义科技强军思想,而且在实践上具有鲜明的导向性,是新时代推进强军兴军伟大实践的科学行动指南。

习近平总书记《在纪念中国人民志愿军抗美援朝出国作战70周年大会上的讲话》中指出:"必须加快推进国防和军队现代化,把人民军队全面建成世界一流军队。没有一支强大的军队,就不可能有强大的祖国。坚持和发展中国特色社会主义,必须统筹发展和安全、富国和强军。要贯彻新时代党的强军思想,贯彻新时代军事战略方针,毫不动摇坚持党对人民军队的绝对领导,坚持政治建军、改革强军、科技强军、人才强军、依法治军,全面提高捍卫国家主权、安全、发展利益的战略能力,更好履行新时代人民军队使命任务。只要我们与时俱进加强国防和军队建设,向着党在新时代的强军目标阔步前行,就一定能够为实现中华民族伟大复兴提供更为坚强的战略支撑!"[①]

历史和现实都充分表明,如果没有一个独立的国防科技,国家的和平和发展就没有保障,中国梦就难以实现。抗美援朝是新中国成立以来中国军队首次参加的大规模反侵略战争。中国人民志愿军虽然凭借领导人的智慧、人民群众

[①] 习近平:《在纪念中国人民志愿军抗美援朝出国作战70周年大会上的讲话》,《人民日报》2020年10月24日,第2版。

的力量、宣传爱国主义和民族团结等途径,在作战中充分发挥人民战争的优势,实施"边打、边稳、边建"方针,创新性运用穿插迂回、分割包围、坑道作业等作战方法,扬长避短、克敌制胜,成功地消耗了敌军的实力,为《朝鲜停战协定》签订创造了有利的条件,但是在武器装备方面仍不可否认地与美军存在较大的差距。党领导人民军队在与强敌较量的过程中逐渐认知国防、军队现代化的重要性,使中国军队在实战中获得了宝贵的经验,极大地增强了中国军队的作战能力。

抗美援朝战争的丰富实践,为新中国的军队开启了一个世界先进军事技术的窗口。毛泽东曾经说过,学习有几方面:向老师那里学习,这就是向马列主义和苏联学习;向群众学习;还有一条,我们要向敌人学习[①]。从新中国成立初期的实际情况来看,国内工业水平落后,不具备现代兵工制造的能力;但是,经历抗美援朝一战,我军深刻地感受到,过去可以用"小米加步枪"打天下,而在新中国成立后要对付世界先进水平的强敌就必须进行国防现代化建设。我军利用从苏联购买的苏式现代武器和苏联提供的技术蓝图成功地制造了第一批国产现代武器装备,直至1953年7月《朝鲜停战协定》签署,国内已建立炮兵学校7所、炮兵干部培训基地1所;空军一步跨越螺旋桨时代,步入喷气式时代;其他特殊兵种也在朝鲜战争后逐渐建立起来,新中国的国防工业从此开始初具规模。

党的十九大上,习近平总书记强调要牢固树立科技是核心战斗力的思想。科技强则国家强,科技兴则军队兴。科技强军始终是强军兴军的强大动力引擎,是推动我军建设向质量效能型和科技密集型转变的关键。只有具备了足够精尖的技术和战斗力,才能练就能打仗、打胜仗的人民军队。在新时代,必须坚持以习近平强军思想为战略引领,不断深化科技体制机制改革,不断解放和发展战斗力、增强军事创新活力,让一切战斗力要素的活力竞相迸发,从而汇聚成新时代强军兴军的强大力量,再创中国特色强军之路新的辉煌。

---

① 徐焰:《艰巨的使命——中国人民志愿军抗美援朝出国作战回眸(下)》,《人民武警报》2020年10月,第1版。

（三）依法治军：锻造法纪严、风气正的人民军队

依法治军是我们党建军治军的基本方式，是实现党在新时代强军目标的必然要求。中国共产党在领导人民军队进行抗美援朝战争、领导国防和军队现代化建设的历程中，提出和发展了一脉相承又不断与时俱进的依法治军理论。毛泽东的军事法制思想是中国共产党依法治军思想的萌芽；邓小平关于军队制度化建设的思想为依法治军奠定了理论基础；江泽民明确提出了依法治军指导思想并赋予其科学内涵；胡锦涛的进一步论述深化和丰富了依法治军理念；习近平关于依法治军的重要论述既继承了马克思主义军事理论与国家历代领导人的强军治军思想，又依据国内外新形势进行了强军理论创新，具有十分严谨的科学性。

新中国成立初期，毛泽东就非常重视人民军队的法治纪律建设，并审时度势地作出了依法建军的战略决策。在抗美援朝战争中汲取了丰富的精神动力以及作战经验后，1953年正式颁布了我军的三大条令，即《内务条令》《纪律条令》《队列条令》，为依法治军、从严治军打下了坚实的基础。随着众多军事法规的出台，士兵的法律意识不断增强，全军的法治观念和法律信仰也不断强化，依法治军、从严治军深入人心，持续向法纪严明、风清气正、各项素质过硬且更高水平的人民军队迈进。

习近平总书记在中央军委基层建设会议上鲜明指出："要锻造法纪严、风气正的过硬基层，以严明的法治和纪律凝聚铁的意志、锤炼铁的作风、锻造铁的队伍。"[①] 这一重要论述，深刻揭示了法纪、风气建设在军队基层建设中所发挥的根本作用，法纪严、风气正是战士们锤炼作风的加速器。抗美援朝战争中，志愿军将士以"气"胜"钢"的作战士气闻名遐迩，而这里的"气"就蕴含了军纪严明体现出的"正气"和内部之风纯正团结展现出的"风气"。在数字化、信息化战争条件下，一线战士必须具备适应现代化作战设备所要求的精细、严谨、高效的战斗精神。

[①] 本报评论员：《锻造法纪严、风气正的过硬基层——四论认真学习贯彻习主席在中央军委基层建设会议上的重要讲话》，《解放军报》2019年11月14日，第1版。

贯彻依法治军战略，就要统筹全局、突出重点，以重点突破带动整体推进，依照国家法律法规和军队条令条例以及部队各项制度，深化军事立法工作；实施军事法规制度；强化军队法规监督；加强涉外军事法治[①]。锻造一支法纪严、风气正的人民军队，就必须把依法治军、从严治军纳入依法治国的总体布局中，切实把作风建设不断引向深入，提高国防和军队建设法治化水平。军无法不立，法无严不威。这既指明了依法治军和从严治军的重要性和相互关联，也是对人民军队建设的新时代要求。必须发挥好法纪严明、气正风清在基层军队建设中的作用，构建一套完整的符合社会进步、军事发展规律并能体现我党军队特色的科学组织形式、制度安排和运作方案，推动依法治军水平全面提升。

三、开展党史学习教育的生动教材

百年风雨汹涌澎湃，百年初心历久弥坚。中国共产党于2021年迎来了百年华诞。在建党一百年的历史经验和光辉历程中，抗美援朝为世人谱写了爱党爱国，不忘初心、牢记使命的理想信念，加强爱国主义教育的同时也弘扬了爱国主义精神。中国共产党成立之初就坚定了立党为公、敢为人先、忠诚为民的奉献精神和政治立场，新时代更要赓续将抗美援朝精神与新的发展实践和时代特点相结合，时刻牢记党的性质、宗旨，全心全意为人民服务。"一个中心、两个基本点"，是1987年中国共产党第十三次全国代表大会提出的党的基本路线的核心内容。党的十八大以来，习近平总书记的系列重要讲话对其核心内容赋予了许多新思想、新论断、新观点和新要求，是我党进入新时代的巨大进步和伟大飞跃。总而言之，抗美援朝精神是中国共产党人精神谱系中的重要一环，我们要传承红色基因，赓续共产党人的精神血脉，不断地从抗美援朝精神中感悟信仰的力量。

---

① 习近平：《习近平谈治国理政》第4卷，外文出版社，2022，第386页。

（一）树立"不忘初心、牢记使命"的理想信念

百年风霜雪雨，百年大浪淘沙。追溯1921年7月23日，在浙江嘉兴南湖的红船上，中国共产党应运而生。那时的党虽力量单薄，但足以令中国革命焕然一新，足以指引中华民族发展的方向，足以改变中国人民和中华民族的前途和命运。毛泽东同志曾这样评价红船上的这一幕历史："自从有了共产党，中国革命的面貌就焕然一新了。"[①]

一船红中国，万众跟党走。中国共产党创建伊始，就把"为中国人民谋幸福、为中华民族谋复兴"确立为自己的初心和使命，就是一个以马克思主义为指导、以中国工人阶级先锋队和中国人民根本利益为代表的政党。党在成立时，虽然在中国政治舞台上还只是一个很小的政党，但它拥有马克思主义这个全世界最先进的思想武器。它所提出的纲领和奋斗目标，代表着中国社会发展的正确方向，代表着中国无产阶级和其他广大劳动群众的根本利益。[②]因此，不论中国共产党诞生时多么弱小，但它充满了勃勃的生机和活力，预示了中国的光明和希望。

一百多年来，中国共产党始终肩负着保卫祖国、保护人民的使命担当，坚持将马克思列宁主义基本原理与中国革命具体实践相结合，为民族独立、人民解放进行英勇斗争，先后领导了南昌起义、广州起义、秋收起义，成功地建立了工农武装，并以井冈山革命根据地为依托，走农村包围城市、武装夺取政权的道路；带领红军进行二万五千里长征，播撒革命火种；在遵义会议上确立了毛泽东同志在党中央和红军的领导地位；与国民党合作北伐打击军阀势力；发展工人运动，传播马克思主义；采取积极抗日的政策，紧紧依靠人民群众，团结并动员一切可以抗日的力量，与侵略者进行殊死搏斗；为争取和平民主，结束帝国主义、封建主义和官僚资本主义反动统治而与国民党进行解放战争；特别是中国人民志愿军为支援朝鲜人民抗击美国侵略者而进行抗美援朝战争……

[①] 毛泽东：《毛泽东选集》第4卷，人民出版社，1991，第1357页。
[②] 中共中央党史研究室：《中国共产党历史》第1卷（1921—1949），中共党史出版社，2011，第71页。

在革命战争年代,这些例子都切实地体现了中国共产党人始终坚定马克思主义信仰,始终高举马克思主义伟大旗帜,始终将中华民族复兴和中国人民幸福放在首位,初心终不变、使命永如一。

习近平总书记指出:"唯有不忘初心,方可告慰历史、告慰先辈,方可赢得民心、赢得时代,方可善作善成、一往无前。""当今世界正经历百年未有之大变局,我国正处于实现中华民族伟大复兴关键时期,我们党正带领人民进行具有许多新的历史特点的伟大斗争,形势环境变化之快、改革发展稳定任务之重、矛盾风险挑战之多、对我们党治国理政考验之大前所未有。我们党作为百年大党,要始终得到人民拥护和支持,书写中华民族千秋伟业,必须始终牢记初心和使命,坚决清除一切弱化党的先进性、损害党的纯洁性的因素,坚决割除一切滋生在党的肌体上的毒瘤,坚决防范一切违背初心和使命、动摇党的根基的危险。"①

抗美援朝战争时期,对于人民志愿军将士来说,他们的初心和使命就是保家卫国,保卫自己的祖国不受侵犯,保护人民和自己的家人平安顺遂。不忘初心、牢记使命是党的建设的不朽课题,是最容易做到也最不易做到的,只有历尽沧桑而初心不改、饱经风霜而本色依旧,我们党才能在极度困顿的逆境中战无不胜、所向披靡。

毛泽东同志曾说:"掌握思想教育,是团结全党进行伟大政治斗争的中心环节。"②中国共产党人的先进性和纯洁性不是随着时间推移和党龄增加而自然保持的,树立"不忘初心、牢记使命"的理想信念,就必须与时俱进,抓住每个时代独有的特点,用马克思主义中国化的最新理论成果武装思想,以刀刃向内的精神时刻进行党员教育的批评与自我批评,叩问自我初心是否变、使命是否担,加强思想建党、理论强党,牢固增强"四个意识"、坚定"四个自信"、做到"两个维护",并始终保持爱党爱国、保持马克思主义先进政党的赤子之心,做到初心如磐、使命在肩。

---

① 习近平:《在"不忘初心、牢记使命"主题教育总结大会上的讲话》,《人民日报》2020年1月9日,第2版。
② 毛泽东:《毛泽东选集》第3卷,人民出版社,1991,第1094页。

（二）坚定"立党为公、执政为民"的政治立场

中国共产党自成立时起，就果断提出了坚持立党为公、执政为民的思想观点。中国共产党作为忠诚的马克思主义信仰者、实践者和最坚定的马克思主义政党，人民立场是其最根本的政治立场。在马克思主义哲学的五个基本特性中，人民性是马克思主义最鲜明的品格。

2005年6月，习近平首次提出"红船精神"这一名词，并将其内涵概括为"开天辟地、敢为人先的首创精神，坚定理想、百折不挠的奋斗精神，立党为公、忠诚为民的奉献精神"[①]。其中，立党为公、执政为民，是我们党最根本的执政理念，也是至关重要且与时俱进的政治立场。

党的百年历史中充满了奋斗的艰辛，流淌着中华民族优秀儿女为国抗争的汪洋热血。在抗美援朝时期，中国人民志愿军同朝鲜人民军一道，为了国家的和平和人民群众的利益，视死如归、浴血奋战、反抗侵略、斗志昂扬，为全人类进步事业作出了巨大的贡献。从建党至今，中国共产党始终面临着两大历史任务：一是争取中华民族独立和人民解放；二是实现国家繁荣富强和人民共同富裕。时至今日，我们党已经改变了中国落后的局面，打破了民族受压迫和人民受剥削的状况，结束了旧的社会形态并不断为经济建设而解放生产力、发展生产力创造前提和基础，完成了新民主主义革命，实现了民族独立、人民解放；完成了社会主义革命，确立了社会主义基本制度；进行了改革开放新的伟大革命，开创、坚持并发展了中国特色社会主义。党在完成这三件大事的基础上还取得了三大历史性成就，即开辟了中国特色社会主义道路，形成了中国特色社会主义理论体系，确立了中国特色社会主义制度等。自从新中国成立，中国共产党提出的我国社会主要矛盾就不断地发生改变：社会主义革命和建设时期，党认识到我国国内的主要矛盾，是人民对于建立先进的工业国的要求同落后的农业国的现实之间的矛盾，是人民对于经济文化迅速发展的需要同当前经济文化不能满足人民需要的状况之间的矛盾；改革开放和社会主义现代化建设新时期，党提出我国主要矛盾转变为人民日益增长的物质文化需要同落后的社

[①] 习近平：《弘扬"红船精神" 走在时代前列》，《光明日报》2005年6月21日，第3版。

会生产之间的矛盾；中国特色社会主义进入新时代，党的十九大再次提出我国社会主要矛盾是人民日益增长的美好生活需要和不平衡不充分的发展之间的矛盾。但不管社会矛盾怎样变化，唯一不变的是党始终将人民的生产生活需要作为解决矛盾的出发点和落脚点，始终将人民的利益放在首位，立足于人民、服务于人民。

立党为公、执政为民，不仅烙印在党的精神层面，也体现在党为人民服务的实践之中。2020年伊始，新冠病毒肆虐全球，来势汹汹，从武汉蔓延至全国，给人民的健康和生命安全带来了极大威胁。在极其艰难的情况下，中国抗疫是如何创造人间奇迹的呢？这归根结底离不开中国共产党的正确领导，离不开党始终把人民放在第一位，始终以人民为中心，始终坚持人民的生命安全高于一切。抗疫期间，党真正做到了不惜代价，只为人民安康；不计得失，只为山河无恙。

习近平总书记指出："中国共产党作为马克思主义政党，党性和人民性从来都是一致的、统一的，除了国家、民族、人民的利益，没有任何自己的特殊利益。"[1]在中国特色社会主义新时代的推动下，中国共产党依然始终坚持团结带领人民统揽伟大斗争、伟大工程、伟大事业、伟大梦想，统筹推进"五位一体"总体布局、协调推进"四个全面"战略布局，使党和国家事业发生了新的历史性变革并取得了新的历史性成就。2020年，党实现了十八大提出的中国到2020年全面建成小康社会的奋斗目标，完成了实现中华民族伟大复兴中国梦的关键一步，开启了全面建设社会主义现代化国家的新征程。党在现阶段的总任务也逐渐转变为实现社会主义现代化和实现中华民族伟大复兴，直至本世纪中叶，建设一个富强、民主、文明、和谐、美丽的社会主义现代化强国。只有我国政治文明、物质文明、精神文明、生态文明、社会文明全面提升，才更加有能力、有信心做到立党为公、执政为民，人民群众更能够享有喜乐安康的幸福生活，中华民族也将能以更加昂扬的姿态屹立于世界民族之林。

---

[1] 中共中央宣传部：《习近平新时代中国特色社会主义思想学习纲要》，学习出版社、人民出版社，2019，第40页。

（三）落实"一个中心、两个基本点"的基本方略

党的十九大于2017年10月24日通过了部分修改后的《中国共产党章程》，其"总论"部分指出，党在社会主义初级阶段的基本路线是：领导和团结全国各族人民，以经济建设为中心，坚持四项基本原则，坚持改革开放，自力更生，艰苦创业，为把我国建设成为富强民主文明和谐美丽的社会主义现代化强国而奋斗。总体概括为"一个中心、两个基本点"。

中国革命、建设、改革递接转变的这三个阶段，都离不开"一个中心、两个基本点"。例如，新民主主义革命时期的国民经济发生了重大变化，出现了五种不同性质的经济成分，并且由以农业为中心逐渐变为工农业生产并重，最后转变为以工业为中心，重视民族工商业；社会主义革命和建设时期，中国社会主义实践虽刚刚起步，但其中心点和出发点离不开解放和发展社会生产力，大力发展经济，进行社会主义改造；在改革开放和社会主义现代化建设新时期，我们党更是在拨乱反正的基础上实现全党工作中心向经济建设的转移，找到了适合中国国情的中国特色社会主义道路。而抗美援朝时期，对于当时处在嫩芽期的中国来说，其后方经济建设的成功是我党能够最终取得胜利的基础保障。

抗美援朝战争期间，我国经济发展不仅没有倒退，而且取得了大幅度的增长。在这三年中，国家采取了"边打、边稳、边建"等正确的方针，有效地消除了通货膨胀，财政状况不断好转，"不但不是像帝国主义者所妄想的那样，使我们在经济上不能恢复和发展，相反的，我们的人民经济事业都在抗美援朝斗争中得到促使迅速进步的动力"[①]。我们以最快的速度有效地推进了国内在第二次世界大战后的经济恢复重建工作，国家财政收入不仅保持平衡而且还有结余，使东北成为新中国工业化最重要的孕育之地

在与各国的博弈中，中国经济的发展就如同逆水行舟，不进则退。今天，中国特色社会主义进入新时代，我们仍然要继续重视并加快经济建设。如若不再以经济建设为中心，不再将经济发展摆在首位，我们就不会再次取得阶段性

---

① 陈云：《关于经济工作和财政工作的报告》，《新华月报》1951年第11期。

的成就，那么，我们的整个社会发展就会停滞不前，从而由暂时领先变为落后，重蹈历史的覆辙。正因如此，在党的十九大报告中，一方面宣布中国特色社会主义进入了新时代；另一方面也强调，中国仍处于并将长期处于社会主义初级阶段，强调"坚持新发展理念。发展是解决我国一切问题的基础和关键，发展必须是科学发展，必须坚定不移贯彻创新、协调、绿色、开放、共享的发展理念……主动参与和推动经济全球化进程，发展更高层次的开放型经济，不断壮大我国经济实力和综合国力"。同时还强调必须坚定不移地把发展作为党执政兴国的第一要务，这也正是基于认识到了在新时代下我们仍然要继续坚持以经济建设为中心这一主题。

四、培育中华民族共同体意识的经典案例

忆往昔峥嵘岁月，中国人民志愿军于1950年10月19日毅然奔赴朝鲜作战，开启了伟大的抗美援朝战争。抗美援朝战争，是近代中国历史上第一次真正的立国之战，它创造了世界战争史上弱国打败强国的战争奇迹，对于刚刚成立的新中国政治、经济、军事、外交及世界战略格局等都产生了深远的影响。70多年来，伟大抗美援朝精神始终是中国人民战胜一切艰难困苦的强大精神动力，是建党一百年党史学习教育的生动课题，对于进一步学习和研究"四史"（党史、新中国史、改革开放史、社会主义发展史）具有非常重要的意义。

（一）抗美援朝精神增强中华民族自信心

伟大的抗美援朝战争的胜利告诉全世界：中国人民热爱和平！不好战，但绝不怯战！

毛泽东在评价抗美援朝战争取得胜利时曾说："中国人民有这么一条：和平是赞成的，战争也不怕，两样都可以干。"[①]

---

① 刘明钢：《毛泽东纵论抗美援朝》，《党史博采》2020年第12期（上）。

1950年10月13日，毛泽东就出兵朝鲜问题，与彭德怀和其他政治局委员再次商议，并致电周恩来：

（一）与高岗、彭德怀二同志及其他政治局同志商量结果，一致认为我军还是出动到朝鲜为有利。在第一时期可以专打伪军，我军对付伪军是有把握的，可以在元山、平壤线以北大块山区打开朝鲜的根据地，可以振奋朝鲜人民重组人民军。两个月后，苏联志愿空军就可以到达。六个月后可以收到苏联给我们的炮火及坦克装备，训练完毕即可攻击美军。在第一时期，只要能歼灭几个伪军的师团，朝鲜局势即可起一个对我们有利的变化。

（二）我们采取上述积极政策，对中国、对朝鲜、对东方、对世界都极为有利；而我们不出兵让敌人压至鸭绿江边，国内国际反动气焰增高，则对各方都不利，首先是对东北更不利，整个东北边防军将被吸住，南满电力将被控制。

（三）真日菲里波夫和你联名电上说，苏可以完全满足我们的飞机、大炮、坦克等项装备，不知它是用租借办法，还是要用钱买，只要能用租借办法，保持二十万万美元预算用于经济、文化等项建设及一般军政费用，则我军可以放心进入朝鲜进行长期战争，并能保持国内大多数人的团结。

（四）只要苏联能于两个月或两个半月内除出动志愿空军帮助我们在朝鲜作战外，又能出动掩护空军到京、津、沈、沪、宁、青等地，则我们也不怕整个的空袭，只是在两个月或两个半月内如遇美军空袭则要忍受一些损失。

（五）总之，我们认为应当参战，必须参战。参战利益极大，不参战损害极大。[1]

周恩来将毛泽东此电内容通过莫洛托夫转达斯大林。斯大林做出了这样的回答：苏联将只派空军到中国境内驻防，两个月或两个半月后也不准备进入朝鲜境内作战。

---

[1] 中共中央文献研究室编《毛泽东文集》第6卷，人民出版社，1999，第103-104页。

斯大林这个决定，虽然对中国出兵作战十分不利，但也没有动摇毛泽东的决心。①面对唯我独尊的美国，尚处于一贫如洗的新中国为什么敢出兵援助朝鲜与美军进行殊死搏杀呢？这就源自中国人民不怕鬼、不信邪，不畏强权，为国家的荣誉和利益奋不顾身、浴血奋战的爱国主义精神和不畏困苦、士气高昂的革命乐观主义精神！

1950年，美国堪称世界第一强国；而相比之下，刚刚成立不久的新中国，百废待兴。据统计，当时中美双方的国力数据对比，1950年新中国国内生产总值估算仅为100亿美元左右，同时期的美国却已经历过两次工业革命，国内生产总值约为2800亿美元，中美双方之比为1∶28；中国钢产量为60.6万吨，同时期的美国钢产量达到8772万吨②，工业产值占西方世界一半以上，双方钢产量之比为1∶144。在军事上，志愿军空军在战争初期基本上为空白，而美国在当时已经拥有最新式的喷气式战斗机F-86；海军方面，那时的中国没有一艘排水量超过1万吨的军舰，朝鲜战场早期也没有海军参战，而在经历"二战"后，美军已拥有航母和护航航母近百艘，以零抵百；机械化部队方面，中国人民志愿军最先入朝的6支部队中一辆坦克都没有，而美军在朝鲜战争中地面部队全部实现机械化或摩托化；在步兵武器对比上，志愿军的主要武器来源仍是战争缴获，而美军号称"武装到牙齿"，主要步兵武器如加兰德M1式半自动步枪等，都是"二战"中轻武器的杰作。服装对比上，志愿军最先仓促入朝的南方部队，防寒装备配给不足，志愿军衣着单薄，这在长津湖战役中导致士兵冻伤减员。提供补给后，服装也只是以棉衣棉裤为主，而美军则穿着兜式防寒帽、羊毛内衣裤，甚至还装备了刚刚研制成功的防弹背心。食物补给方面，志愿军的主要食物为炒面、炒黄豆或土豆，有时被切断补给，就靠喝雪水和吃野菜充饥，而美军的食品包括新鲜肉类、新鲜蔬菜、巧克力、饼干、可口可乐等，肉蛋奶供应充足，还有香烟、口香糖供应。在敌我力量对比如此悬殊的情况下，没有志愿军保卫祖国、保卫家乡、保卫和平、守护家人的坚定信念和信心，就没有《朝鲜停战协定》的顺利签订。

"不管风吹浪打，胜似闲庭信步。"抗美援朝精神衍生出的革命乐观主义精

---

① 逄先知、李捷：《毛泽东与抗美援朝》，中央文献出版社，2010，第28页。
② 同上书，第13页。

神和革命信心，是志愿军将士不论遇到任何艰难险阻都能气定神闲、从容面对的革命气魄和精神状态，抗美援朝战争的胜利吹响了中国人民奋勇搏击、披荆斩棘的号角，使人民的中国心拧成一股绳，信心倍增，一步一步地朝着中华民族伟大复兴的中国梦目标阔步前进。

（二）抗美援朝精神巩固中华民族共同体

习近平总书记在党的十九大报告中指出："全面贯彻党的民族政策，深化民族团结进步教育，铸牢中华民族共同体意识，加强各民族交往交流交融，促进各民族像石榴籽一样紧紧抱在一起，共同团结奋斗、共同繁荣发展。"①1950年，对于刚刚诞生不久的新中国而言，党的旗帜是全党全国各族人民的指导思想和行动指南。党的旗帜鲜明，人民才会有信仰，国家才能有力量。

增进各民族团结，凝聚全民族力量，是抗美援朝战争中不可或缺的重要一环。中华民族共同体是一个系统化的有机体，它并不是将中国各族人民进行简单的机械性相加，而是让各民族彼此相连接，形成一个休戚相关、命运与共的人类命运共同体。1939年，历史学家顾颉刚在《中华民族是一个——围绕1939年这一议题的大讨论》中写道："凡是中国人都是中华民族——在中华民族之内我们绝不该再析出什么民族——从今以后大家应当留神使用这'民族'二字。"②抗美援朝战争这场由中国共产党领导的人民的战争、正义的战争，解放军民掀起的这场轰轰烈烈的支援朝鲜前线的运动，齐心协力、披肝沥胆、共御外侮、同心同德、反抗侵略，这种坚不可摧的人民团聚力量是世界上任何反动派都战胜不了的。

抗美援朝战争伟大胜利再次证明，没有任何一支政治力量能像中国共产党这样，为了民族复兴、人民幸福，不惜流血牺牲，不懈努力奋斗，团结凝聚亿

---

① 习近平：《决胜全面建成小康社会 夺取新时代中国特色社会主义伟大胜利——在中国共产党第十九次全国代表大会上的报告》，《人民日报》2017年10月18日，第1版。
② 马戎主编《中华民族是一个——围绕1939年这一议题的大讨论》，社会科学文献出版社，2016，第34页。

万群众不断走向胜利。①正如习近平总书记所说:"今天,社会主义中国巍然屹立在世界东方,没有任何力量能够撼动我们伟大祖国的地位,没有任何力量能够阻挡中国人民和中华民族的前进步伐。"②人类历史是一部不断战胜各种艰难险阻的奋斗史,对于正处于百年未有之大变局的当今世界局势来说,中国人更要凝聚起势不可挡的磅礴力量,树立中华民族共同体意识。2020年,新冠肺炎疫情席卷全球,正是在党中央的正确决策和领导下,举国上下众志成城,一方有难,八方支援。各地区和各部队的医务人员奔走于国家最危难的地区,各种医疗物资也如期而至,疫情得到良好的预防和控制。世界上没有任何一个国家可以做到像中国这样迅速、准确地控制疫情,这源自我国的社会主义国家性质,源自中国共产党和中国政府有效且完善的防控方案和措施,源自中国最广大人民群众的拥护和支持!而今,《朝鲜停战协定》签订已经70年,再次提到这场战争所蕴含的抗美援朝精神、爱国主义精神、革命英雄主义精神、革命乐观主义精神、国际主义和创新精神,是因为它有穿越时空的震撼力和感召力,是推动我们赓续伟大历史、奔向未来的强大动力,是让中国人民巩固中华民族共同体意识,砥砺民族风骨,不畏强权的宝贵精神财富。弘扬伟大抗美援朝精神,要想在新征程中继续打败新的敌人和战胜新的困难,必须坚持党的旗帜不动摇。在坚定党的集中统一领导下,不忘初心、牢记使命,不断巩固和增强中华民族共同体意识,使人民安康幸福、社会安定富强。

(三)抗美援朝精神增强中华民族凝聚力

在抗美援朝战争中,一次战斗结束打扫战场时,有人发现烈士宋阿毛留下的一张卡片,上面写着:"我爱亲人和祖国,更爱我的荣誉,我是一名光荣的志愿军战士。冰雪啊,我绝不屈服于你,哪怕是冻死,我也要高傲地耸立在我的阵地上。"

---

① 习近平:《在纪念中国人民志愿军抗美援朝出国作战70周年大会上的讲话》,《人民日报》2020年10月24日,第2版。
② 习近平:《在庆祝中华人民共和国成立70周年大会上的讲话》,《人民日报》2019年10月2日,第2版。

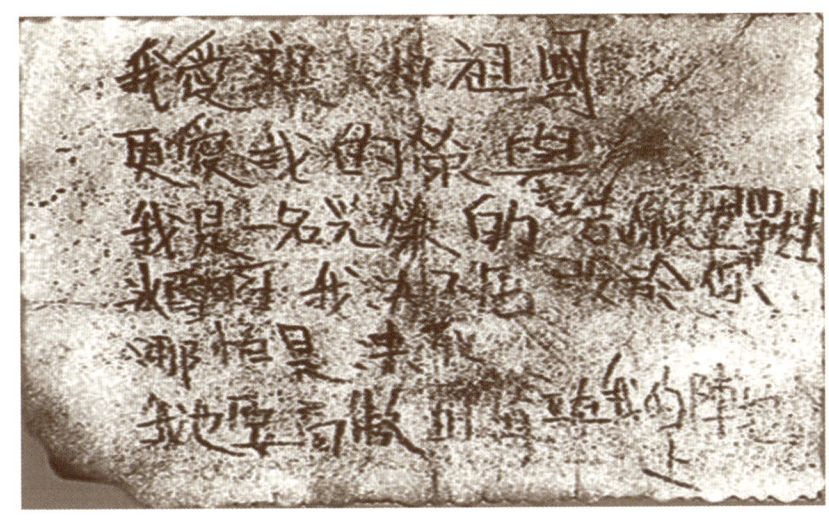

图 5-3 志愿军战士的绝笔信（写于 1950 年 11 月末）

　　2021 年 9 月 30 日起上映的电影《长津湖》，不仅弘扬了抗美援朝精神，凝聚了中国人民的力量，而且将党史学习教育进一步推向深入。长津湖战役是抗美援朝第二次战役的东线战争，中国人民志愿军第九兵团三个军，在极端困难的条件下，与武器装备世界一流的美军第十军，于 1950 年 11 月 27 日至 12 月 24 日在朝鲜长津湖地区进行了面对面的较量。志愿军战士，啃着冻土豆，缺衣少食，俯卧在零下 40℃的阵地上，仿佛"冰雕"群像。这是电影《长津湖》中的画面，也是抗美援朝战场上真实的场景。2021 年 96 岁的老军医于芝林，也曾亲历长津湖战役。于芝林哽咽着说："当时零下 40℃，手捏着铁，皮肤黏着了再放下就要掉一块皮。我们把被单白色的一面反过来披着，利于隐蔽，卧在雪山中，忍饥挨饿不能动。"我们党胜利的背后，正是因为有无数的革命志愿者愿意为祖国付出、为祖国奉献，他们具有强大的集体荣誉感和凝聚力。

　　古往今来，在革命、建设、改革的历史进程中，中华民族的凝聚力也在不断地更新其时代内涵。我国独创的中国特色社会主义制度为中华民族凝聚力的充分发挥铸造了历史平台，中国特色社会主义是中国人民团结一致、英勇向前的伟大旗帜。

　　在中华民族不断走向伟大复兴的历史进程中，中华民族凝聚力起到了至关重要的作用。实现中华民族伟大复兴的历史使命，也促使着中华民族凝聚力的持续增强。两者相辅相成，缺一不可。70 多年前，中国人民志愿军冲锋在前，用血肉之躯在中国边境立起一道钢铁长城，用铮铮铁骨照亮了祖国万里河山；70多年后，山河无恙，人民安康，那些为祖国抛头颅、洒热血的铮铮铁骨，祖国不会忘记！

习近平总书记指出："文化软实力集中体现了一个国家基于文化而具有的凝聚力和生命力，以及由此产生的吸引力和影响力。"[1]随着中国特色社会主义步入新时代，精神文化、思想观念逐渐成为人们生活中关注的重要角色。提高国家文化软实力，增强中华民族凝聚力，与我国所处的国际地位和国际影响力息息相关。当前，我国正处于开启全面建设社会主义现代化国家新征程、向第二个百年奋斗目标进军的第一个五年规划和二〇三五年远景目标的关键性发展阶段，为实现"两个一百年"奋斗目标和中华民族伟大复兴中国梦，我们需要在新时代不断挖掘抗美援朝精神的丰富内涵并加以弘扬，将其融入国家发展，以激活中华民族"聚是一团火"的强大凝聚力，使中国在国际舞台上更具话语权与影响力，从而为世界和平与繁荣发展作出更大的贡献。

---

[1] 习近平：《在十八届中央政治局第十二次集体学习时的讲话》，载中共中央文献研究室编《习近平关于社会主义文化建设的论述摘编》，中央文献出版社，2017，第201页。

后　记

　　70多年前，中国人民志愿军肩负着人民的重托、民族的期望，高举保卫和平、反抗侵略的正义旗帜，雄赳赳、气昂昂，跨过鸭绿江，同朝鲜人民和军队一道，历经两年零九个月艰苦卓绝的浴血奋战，赢得了抗美援朝战争的伟大胜利，也锻造出伟大抗美援朝精神。伟大抗美援朝精神，是中国共产党人及人民军队崇高风范的生动写照，是以爱国主义为核心的民族精神的最高体现，是中国共产党人精神谱系的重要组成部分，是党和国家的宝贵精神财富，具有跨越时空的恒久价值。为了永续传承伟大抗美援朝精神，激发奋进力量、实现伟大梦想，我们撰写了《新时代中国精神价值传承·抗美援朝精神》一书。

　　该书由陈松友、高梓航、唐浩宇、于胜男、魏广玉、田钊源共同撰写。陈松友教授负责全书统稿工作。

　　特别要感谢东北大学出版社郭爱民社长为本书策划和编辑所提出的许多宝贵意见和建议。

　　由于时间仓促和著者水平所限，书中难免有疏漏之处，敬请广大读者批评指正。

陈松友

2023年4月